Schriftenreihe

Studien zum Zivilrecht

Band 18

ISSN 1613-0952

Verlag Dr. Kovač

Die Auswirkungen der Insolvenz, Umwandlung und Vollbeendigung von Gesellschaften auf den anhängigen Zivilprozess

Dissertation

zur Erlangung des Grades eines Doktors der Rechte
der Rechts- und Wirtschaftswissenschaftlichen Fakultät
der Universität Bayreuth

vorgelegt von

Peter Meyer
aus Ansbach

Dekan: Prof. Dr. Dr. h. c. Peter Oberender
Erstberichterstatter: Prof. Dr. Wolfgang Brehm
Zweitberichterstatter: Prof. Dr. Karl-Georg Loritz

Tag der mündlichen Prüfung: 29.06.2005

Peter Meyer

Die Auswirkungen der Insolvenz, Umwandlung und Vollbeendigung von Gesellschaften auf den anhängigen Zivilprozess

Verlag Dr. Kovač

Hamburg
2005

VERLAG DR. KOVAČ

Leverkusenstr. 13 · 22761 Hamburg · Tel. 040 - 39 88 80-0 · Fax 040 - 39 88 80-55

E-Mail info@verlagdrkovac.de · Internet www.verlagdrkovac.de

Bibliografische Information Der Deutschen Bibliothek
Die Deutsche Bibliothek verzeichnet diese Publikation
in der Deutschen Nationalbibliographie;
detaillierte bibliografische Daten sind im Internet
über http://dnb.ddb.de abrufbar.

ISSN 1613-0952
ISBN 3-8300-2065-1

Zugl.: Dissertation, Universität Bayreuth, 2005

Printed in Germany

Gedruckt auf holz-, chlor- und säurefreiem Papier Alster Digital. Alster Digital ist alterungsbeständig und erfüllt die Normen für Archivbeständigkeit ANSI 3948 und ISO 9706.

Vorwort

Die vorliegende Arbeit wurde im Sommersemester 2005 von der Rechts- und Wirtschaftswissenschaftlichen Fakultät der Universität Bayreuth als rechtswissenschaftliche Dissertation angenommen (Stand von Rechtsprechung und Literatur: April 2005).

Sie entstand während meiner Zeit als wissenschaftlicher Mitarbeiter am Lehrstuhl für Bürgerliches Recht und Verfahrensrecht von Herrn Prof. Dr. Wolfgang Brehm. Ihm als meinem Doktorvater danke ich ganz besonders für die hervorragende Betreuung der Arbeit, vor allem für seine stete Diskussionsbereitschaft, viele aufmunternde Worte und die Gewährung des erforderlichen Forschungsfreiraumes. Die Zeit als Mitarbeiter an seinem Lehrstuhl war für mich in fachlicher wie in menschlicher Hinsicht ein sehr großer Gewinn.

Zu Dank verpflichtet bin ich ferner Herrn Prof. Dr. Karl-Georg Loritz für die zügige Erstellung des Zweitgutachtens sowie Herrn Prof. Dr. Markus Möstl für die Übernahme des Vorsitzes im Prüfungsausschuss und die freundliche Leitung des Rigorosums.

Dank gebührt auch allen Freunden und Kollegen, die durch ihre Anregungen in Gesprächen und Diskussionen zum Gelingen dieser Arbeit beigetragen haben.

Von Herzen danken möchte ich schließlich meinen Eltern für die zu jeder Zeit und in jeder Hinsicht großartige Unterstützung. Ihnen widme ich dieses Buch.

Dietenhofen, im Juli 2005 *Peter Meyer*

Inhaltsverzeichnis

§ 1 Einleitung

A. Gegenstand der Untersuchung

Personen- und Kapitalgesellschaften können während der Dauer ihrer Existenz vielfältigen Wandlungen ausgesetzt sein. So besteht die Möglichkeit, dass neue Gesellschafter hinzukommen und andere ausscheiden, die Geschäftsführer wechseln, sich die Firma ändert, sich die Gesellschaft auflöst, sich umwandelt oder über ihr Vermögen ein Insolvenzverfahren eröffnet wird.
Ist eine Gesellschaft an einem anhängigen gerichtlichen Verfahren als Partei[1] beteiligt, stellt sich die Frage, wie derartige Vorgänge in prozessualer Hinsicht bewältigt werden können.
Von geringerer Bedeutung sind dabei gesellschaftsrechtliche Vorgänge, die nicht in die Struktur der Gesellschaft eingreifen. Diese haben in der Regel keine Auswirkungen auf einen anhängigen Rechtsstreit. So erfordern ein Wechsel in der Geschäftsführung oder eine Änderung der Firma lediglich eine formale Modifikation, nämlich die Berichtigung des Rubrums[2]. Auch Verfügungen über Gesellschaftsanteile haben im Normalfall keine prozessualen Konsequenzen[3]. Selbst die Auflösung der Gesellschaft lässt – außer im Fall der Eröffnung des Insolvenzverfahrens[4] – einen von dieser geführten Prozess unberührt[5].
Aus prozessualer Sicht wesentlich bedeutendere Einschnitte im „Leben“ einer Personen- oder Kapitalgesellschaft stellen hingegen die Eröffnung eines Insolvenzverfahrens über das Gesellschaftsvermögen, die Änderung ihrer Identi-

---

[1] Im folgenden wird grundsätzlich davon ausgegangen, dass alle Gesellschaften parteifähig sind. Selbst im Hinblick auf die BGB-Gesellschaft dürfte dies seit der Entscheidung des BGH (BGHZ 146, 341 = NJW 2001, 1056 = ZIP 2001, 330) geklärt sein. Zur Parteifähigkeit ausländischer Gesellschaften nach Sitzverlegung ins Inland vgl. EuGH NJW 2002, 3614 = ZIP 2002, 2037; BGH NJW 2002, 3539 = ZIP 2002, 1763.

[2] *Happ*, § 11 Rn. 2.

[3] *Happ*, § 11 Rn. 4 f.

[4] Auch die Eröffnung des Insolvenzverfahrens ist ein Auflösungsgrund, vgl. BGB-Gesellschaft: §§ 730 Abs. 2 S. 2 Hs. 2 BGB i.V.m. § 714 BGB, 149 S. 2 HGB, 265, 269 Abs. 1 AktG, 66, 70 S. 1 GmbHG.

[5] Statt aller *Stein/Jonas/Bork*, § 50 Rn. 46 und MünchKommZPO/*Lindacher*, § 50 Rn. 14, 30.

tät im Rahmen eines Umwandlungsvorgangs und die Vollbeendigung dar. Diese Ereignisse bieten hinsichtlich ihrer Implikationen auf ein anhängiges zivilgerichtliches Verfahren umfangreiche Problemfelder, die Gegenstand der nachfolgenden Analyse sind.

B. Zielsetzung und Gang der Untersuchung

Nachfolgend soll untersucht werden, welche Auswirkungen die Eröffnung eines Insolvenzverfahrens über das Gesellschaftsvermögen (§ 2), die Umwandlung (§ 3) sowie die Vollbeendigung (§ 4) einer Gesellschaft auf einen zum Zeitpunkt des jeweiligen Ereignisses anhängigen Rechtsstreit haben. Zu klären sind folglich die prozessualen Konsequenzen von materiellrechtlichen Vorgängen bei Gesellschaften. Stellvertretend für die Personengesellschaften sollen die BGB-Gesellschaft (auch Gesellschaft bürgerlichen Rechts, kurz GbR genannt) und die Offene Handelsgesellschaft (OHG), für die Kapitalgesellschaften die Gesellschaft mit beschränkter Haftung (GmbH) sowie die Aktiengesellschaft (AG) näher beleuchtet werden.

Anliegen dieser Arbeit ist die Herstellung des Rückbezuges vom Zivilprozessrecht auf das materielle Zivilrecht für ausgewählte Bereiche des Gesellschaftsrechts. Die Beachtung dieser Wechselbeziehung wird häufig zugunsten einer lediglich isolierten Betrachtungsweise vernachlässigt. Durch die strikte Trennung von Prozessrecht und materiellem Recht entsteht jedoch eine Lücke[6], die geschlossen werden sollte. Materielles Recht und Prozessrecht sind als Elemente eines Systems zu verstehen[7]. Wenngleich die (Wieder-)Herstellung die-

[6] So ausdrücklich *Henckel*, PR und MR, S. 26. Eingehend dazu *Zöllner*, AcP 190 (1990), 471 ff. In neuerer Zeit wurde die isolierte Betrachtung im Zusammenhang mit der Anerkennung der Rechts- und Parteifähigkeit der BGB-Gesellschaft durch den BGH (BGHZ 146, 341) deutlich. Während das gesellschaftsrechtliche Schrifttum die Entscheidung überwiegend begrüßte (vgl. nur *K. Schmidt*, NJW 2002, 993; *Hadding*, ZGR 2001, 712; *Kellermann*, FS Wiedemann, S. 1069; *Ulmer*, ZIP 2001, 585; *Wertenbruch*, NJW 2002, 324), stand das prozessrechtliche dieser Entwicklung äußerst kritisch gegenüber (vgl. z.B. *Jauernig*, NJW 2001, 2231; *Jauernig/Stürner*, § 705 Rn. 1; *Prütting*, FS Wiedemann, S. 1177).

[7] So richtig *Oberhammer*, OHG im ZP, S. 3; *Zöllner*, AcP 190 (1990), 474 ff.

ser Sinneinheit als mühsames Detailgeschäft angesehen werden kann[8], so soll mit dieser Analyse dennoch ein solcher Versuch unternommen werden.

[8] So *Zöllner*, AcP 190 (1990), 495.

§ 2 Die Eröffnung des Insolvenzverfahrens über das Vermögen einer Gesellschaft

A. Einführung

Die Auflösung einer Gesellschaft führt, anders als nach dem Wortsinn zu vermuten wäre, im Regelfall nicht zu deren Ende. Nach einhelliger Ansicht tritt eine Gesellschaft bei Vorliegen eines Auflösungsgrundes in das Stadium der Liquidation ein. Bis zum Schluss der Abwicklung besteht die Gesellschaft fort, lediglich der Gesellschaftszweck ändert sich und ist nun auf die Auseinandersetzung und Beendigung der gesellschaftlichen Rechtsverhältnisse gerichtet[1]. In prozessrechtlicher Hinsicht hat die Auflösung keine Auswirkungen. Die aufgelöste Gesellschaft bleibt rechts- und parteifähig; die Vertretung erfolgt durch das dazu berufene Gesellschaftsorgan, die Liquidatoren (BGB-Gesellschaft: § 730 Abs. 2 S. 2 Hs. 2 BGB i.V.m. § 714 BGB; OHG: § 149 S. 2 HGB; AG: §§ 265, 269 Abs. 1 AktG; GmbH: §§ 66, 70 S. 1 GmbHG)[2]. Nach dem Wortlaut des Gesetzes ist auch die Eröffnung des Insolvenzverfahrens über das Vermögen einer Gesellschaft ein Auflösungsgrund (BGB-Gesellschaft: § 728 Abs. 1 S. 1 BGB; OHG: § 131 Abs. 1 Nr. 3 HGB; AG: § 262 Abs. 1 Nr. 3 AktG; GmbH: § 60 Abs. 1 Nr. 4 GmbHG). Dies könnte die Vermutung nahe legen, dass auch diese Situation keine Auswirkungen auf anhängige Verfahren zur Folge hat. Die Eröffnung des Insolvenzverfahrens weist aber im Vergleich zu den anderen Auflösungsgründen einige Besonderheiten auf, denen in verfahrensrechtlicher Hinsicht Rechnung getragen werden muss.

[1] Statt aller *Grunewald*, GesR, 1. A Rn. 180, 2. F Rn. 188; *Hachenburg/Ulmer*, § 60 Rn. 6; *K. Schmidt*, GesR, § 11 V 4; jeweils m.w.N.

[2] Allg. Ansicht, vgl. *Stein/Jonas/Bork*, § 50 Rn. 46; MünchKommZPO/*Lindacher*, § 50 Rn. 14, 30; *Thomas/Putzo*, § 50 Rn. 3; *Wieczorek/Hausmann*, § 50 Rn. 13; *Zöller/Vollkommer*, § 50 Rn. 4.

B. Die Unterbrechung rechtshängiger Prozesse gem. § 240 ZPO

Der Gesetzgeber hat mit der Vorschrift des § 240 S. 1 ZPO eine Sonderregel für den Fall der Eröffnung des Insolvenzverfahrens über das Vermögen einer Prozesspartei aufgestellt. Anhängige Prozesse werden, sofern sie die Insolvenzmasse betreffen, kraft Gesetzes unterbrochen, bis sie nach den für das Insolvenzverfahren geltenden Vorschriften aufgenommen werden oder das Insolvenzverfahren beendet wird.

I. Normzweck

Die Vorschrift des § 240 S. 1 ZPO berücksichtigt die Tatsache, dass mit der Verfahrenseröffnung der Insolvenzschuldner, hier die Gesellschaft[3], nach § 80 Abs. 1 InsO die Verwaltungs- und Verfügungsbefugnis einschließlich der Befugnis zur Prozessführung über das zur Insolvenzmasse gehörende Vermögen (§ 35 InsO) an den Insolvenzverwalter verliert[4]. Dies gilt unabhängig davon, welche „Rechtsstellung" man dem Verwalter zuerkennt. Sieht man ihn als „Partei kraft Amtes" an (so die herrschende Amtstheorie[5]), fehlt dem Schuldner mit der Eröffnung des Verfahrens die Prozessführungsbefugnis; folgt man der Ansicht, der Verwalter sei Vertreter des Schuldners (sog. Vertretertheorie)[6], wäre die Klage unzulässig, weil die Insolvenzmasse nicht nach Vorschrift der Gesetze vertreten wäre (§§ 51 Abs. 1, 56 Abs. 1 ZPO). Im praktischen Ergebnis stimmen die Theorien ohnehin überein: In einem Prozess, der

---

[3] Seit Einführung der InsO sind alle Gesellschaften insolvenzfähig, auch die Gesellschaften ohne Rechtspersönlichkeit, insbesondere die Gesellschaft bürgerlichen Rechts (§ 11 Abs. 2 InsO).

[4] OLG Celle DZWIR 2004, 87 (88); OLG Hamm FGPrax 2002, 75 (76); *Braun/Kroth*, vor §§ 85 bis 87 Rn. 1; MünchKommInsO/*Schumacher*, vor §§ 85 bis 87 Rn. 2; *Bork*, InsR, Rn. 125; *Henckel*, Parteilehre, S. 105 ff.; *Jauernig*, ZVIR, § 40 IV 1.

[5] St. Rspr. seit RGZ 29, 29; z.B. BGHZ 49, 11 (16); 88, 331 (334); 100, 346 (351); BAG EzA § 4 KSchG n.F. Nr. 62 (mit. Anm. *Brehm/Meyer*); aus der Lit. statt aller *Häsemeyer*, InsR, Rn. 15.06 m.w.N.

[6] In neuerer Zeit wird diese Lehre v.a. von *K. Schmidt* vertreten, vgl. KTS 1994, 309 ff.; NJW 1995, 911 ff.; FS Henckel, S. 749 ff.; jeweils m.w.N.

die Insolvenzmasse betrifft, ist allein der Insolvenzverwalter handlungsbefugt, gleichgültig ob man ihm die Stellung als Partei oder Vertreter zuerkennt[7]. Diesem gesetzlichen Wechsel der Prozessführungsbefugnis will jedenfalls § 240 S. 1 ZPO wie auch die benachbarten Vorschriften der §§ 239 ff. ZPO Rechnung tragen. Letztlich verwirklicht diese Vorschrift den Grundsatz des rechtlichen Gehörs (Art. 103 Abs. 1 GG) im gerichtlichen Verfahren. Dem Insolvenzverwalter wird die Gelegenheit gegeben, nach einer Überlegungs- und Prüfungszeit zu entscheiden, ob er das Verfahren weiter betreiben will oder nicht. Dazu muss er sich selbstverständlich mit dem Gegenstand des Rechtsstreits vertraut machen können. Die Unterbrechung rechtshängiger gerichtlicher Verfahren gibt aber auch der gegnerischen Partei die Möglichkeit, sich auf die durch die Eröffnung des Insolvenzverfahrens über das Vermögen der Gesellschaft in rechtlicher und wirtschaftlicher Hinsicht veränderten Gegebenheiten einzustellen[8].

Die Anordnung der Unterbrechung von zivilgerichtlichen Verfahren durch die Eröffnung eines Insolvenzverfahrens in § 240 ZPO ist nach einer im Schrifttum vertretenen Ansicht zudem vor dem Hintergrund zu betrachten, dass in dieser Situation Sonderregelungen zur Titulierung von Forderungen gegen den Insolvenzschuldner eingreifen. Insolvenzgläubiger können ihre Forderungen nur noch nach den Vorschriften über das Insolvenzverfahren verfolgen (§ 87 InsO), d.h. zur Tabelle anmelden. Die Feststellung wirke wie ein rechtskräftiges Urteil und führe damit zu einem Titel. Da keine Einzelzwangsvollstreckung mehr zulässig sei (§ 89 InsO) und statt dessen der Grundsatz der Gleichbehandlung aller Gläubiger in den Vordergrund rücke, mache ein neben dem speziellen insolvenzrechtlichen Titulierungsverfahren betriebenes normales Titulierungsverfahren keinen Sinn. Ein anhängiges Zivilverfahren müsse daher unterbrochen werden[9].

---

[7] *Brehm/Meyer*, EzA § 4 KSchG n.F. Nr. 62; vgl. auch *Jauernig*, ZVIR, § 43 VIII 3.

[8] *Hahn*, Materialien II, S. 249; MünchKommInsO/*Schumacher*, vor §§ 85 bis 87 Rn. 2; MünchKommZPO/*Feiber*, § 240 Rn. 1; *Musielak/Stadler*, § 240 Rn. 1; *Zöller/Greger*, § 240 Rn. 1; *K. Schmidt*, KTS 1994, 309 (311).

[9] *Gundlach/Frenzel/Schmidt*, NJW 2004, 3222 f.; *Smid*, Grundzüge, § 8 Rn. 21.

II. Anwendungsbereich

1. Allgemeines

Nach § 240 S. 1 ZPO werden alle Erkenntnisverfahren unterbrochen, wobei es keine Rolle spielt, ob die insolvente Gesellschaft ein Recht für die (spätere) Insolvenzmasse in Anspruch nimmt (sog. Aktivprozess) oder ob gegen diese ein Recht geltend gemacht wird (sog. Passivprozess). Nicht berücksichtigt wird ferner, in welchem Verfahrensstadium oder in welcher Instanz sich der Rechtsstreit befindet. Die Unterbrechung tritt auch ein, falls die Gesellschaft durch einen Rechtsanwalt vertreten war. In § 246 ZPO wird § 240 ZPO nicht genannt, da mit der Eröffnung des Insolvenzverfahrens die Prozessvollmacht nach § 117 InsO ebenso erlischt wie nach §§ 116, 115 InsO der zugrunde liegende Geschäftsbesorgungsvertrag. Eine Fortwirkung der Prozessvollmacht nach § 86 ZPO kommt nicht in Betracht, da diese Vorschrift im Insolvenzverfahren keine Anwendung findet[10].
Ein Verfahren wird nur dann unterbrochen, wenn es bereits begonnen hat und noch nicht beendet ist. Die Klage muss rechtshängig sein (§§ 261, 253 ZPO)[11]. Wird das Insolvenzverfahren gegen den Beklagten zwar nach Einreichung der Klage, aber vor deren Zustellung eröffnet, wird die Streitsache in Vorwirkung von § 240 ZPO nicht rechtshängig, solange nicht der Kläger durch bestimmenden Schriftsatz oder durch sachliche Einlassung im Termin erklärt hat, ob er den Rechtsstreit gegen den Insolvenzverwalter oder gegen den Insolvenzschuldner persönlich fortsetzen will[12].

2. Der Verfahrensbegriff des § 240 ZPO

a) Unterbrochen werden nicht nur Erkenntnisverfahren, sondern auch Verfahren des einstweiligen Rechtsschutzes, Beschwerdeverfahren und Kostenfest-

---

[10] OLG Brandenburg NJW-RR 2002, 265; MünchKommZPO/*Feiber*, § 240 Rn. 5; *Musielak/Stadler*, § 240 Rn. 1; *Zöller/Greger*, § 240 Rn. 3.
[11] MünchKommInsO/*Schumacher*, vor §§ 85 bis 87 Rn. 42; *Musielak/Stadler*, § 240 Rn. 6.
[12] *K. Schmidt*, NJW 1995, 911 (915); *Rosenberg/Schwab/Gottwald*, § 124 Rn. 26.

setzungsverfahren (§§ 103 ff. ZPO), sofern diese die Insolvenzmasse betreffen[13]. Eine Ausnahme wird teilweise für den Fall gemacht, dass das Kostenfestsetzungsverfahren die Kosten der ersten Instanz zum Gegenstand hat, die Unterbrechung nach § 240 ZPO aber erst während des Berufungsverfahrens eingetreten ist[14]. Unter den Verfahrensbegriff i.S.d. § 240 ZPO fällt auch das Mahnverfahren (§§ 688 ff. ZPO), wenn der Mahnbescheid zum Zeitpunkt der Eröffnung des Insolvenzverfahrens bereits zugestellt war[15]. Ebenfalls unterbrochen wird ein die Insolvenzmasse betreffendes Verfahren vor dem Arbeitsgericht, da nach §§ 46 Abs. 2, 64 Abs. 6, 72 Abs. 5 ArbGG die Vorschriften der ZPO entsprechend anwendbar sind[16]. Keine Anwendung findet § 240 ZPO hingegen im Zwangsvollstreckungsverfahren, da die Zulässigkeit der Zwangsvollstreckung während des Insolvenzverfahrens durch § 89 InsO gesondert und abschließend geregelt ist[17]. Unterbrochen wird aber ein Vollstreckbarerklärungsverfahren[18].

b) Bei den bisher genannten Verfahrensarten besteht weitestgehend Einigkeit über die Anwendbarkeit des § 240 ZPO. Hinsichtlich mehrerer anderer gerichtlicher Verfahren differieren die Ansichten jedoch.

---

13 Allg. Ansicht, vgl. *Braun/Kroth*, vor §§ 85 bis 87 Rn. 7; MünchKommInsO/*Schumacher*, vor §§ 85 bis 87 Rn. 44; MünchKommZPO/*Feiber*, § 240 Rn. 3; *Musielak/Stadler*, § 240 Rn. 6; jeweils m.w.N.

14 OLG Koblenz KTS 1988, 368 (369) und Rpfleger 1991, 335; OLG Hamburg MDR 1990, 349 (350); MünchKommInsO/*Schumacher*, vor §§ 85 bis 87 Rn. 44; *Stein/Jonas/Bork*, § 103 Rn. 2. – A.A. KG NJW-RR 2000, 731; OLG Brandenburg NJW-RR 2002, 265 (266).

15 Eingehend hierzu MünchKommZPO/*Holch*, Vor § 688 Rn. 433 ff.

16 *Braun/Kroth*, vor §§ 85 bis 87 Rn. 8; MünchKommInsO/*Schumacher*, vor §§ 85 bis 87 Rn. 49; MünchKommZPO/*Feiber*, § 240 Rn. 4; *Zöller/Greger*, § 240 Rn. 2.

17 KG NJW-RR 2000, 1075; MünchKommInsO/*Schumacher*, vor §§ 85 bis 87 Rn. 47; *Musielak/Stadler*, § 240 Rn. 6; *Stein/Jonas/Roth*, vor § 239 Rn. 4; *Thomas/Putzo*, vor § 239 Rn. 1 a.E.; *Zöller/Greger*, § 240 Rn. 2. – A.A. offenbar FK-InsO/*App*, § 85 Rn. 6; MünchKommZPO/*Feiber*, § 240 Rn. 3.

18 OLG Zweibrücken ZIP 2001, 301; MünchKommInsO/*Schumacher*, vor §§ 85 bis 87 Rn. 47.

aa) Keine Wirkung soll § 240 ZPO im **Prozesskostenhilfeverfahren**[19] und **Streitwertfestsetzungsverfahren**[20] entfalten, selbst wenn das Verfahren in der Hauptsache nach dieser Vorschrift unterbrochen worden ist. Das erscheint zumindest insofern bedenklich, als auch in diesen Verfahren das rechtliche Gehör des nun prozessführungsbefugten Insolvenzverwalters gewahrt werden muss[21].

bb) War der Insolvenzschuldner Partei eines **Schiedsverfahrens**, tritt mit Eröffnung des Insolvenzverfahrens der Insolvenzverwalter an dessen Stelle, weil er an die Schiedsabrede gebunden bleibt[22]. Davon zu trennen ist jedoch die Frage, ob das schiedsgerichtliche Verfahren infolge der Insolvenzeröffnung nach § 240 S. 1 ZPO (analog) unterbrochen wird. Überwiegend wird die Auffassung vertreten, dass bei Eröffnung des Insolvenzverfahrens keine Unterbrechung eintritt. Zur Begründung wird angeführt, dass das Schiedsverfahren nach dem freien Ermessen des Schiedsgerichts oder nach den Vereinbarungen der Parteien gestaltet wird (§ 1042 Abs. 3 und 4 S. 1 ZPO), weshalb die prozessualen Normen über die Verfahrensunterbrechung nicht passen. Zudem gebe es auch keine Fristen und Prozesshandlungen, die von einer Unterbrechung beeinflusst werden könnten[23].

Diese Ansicht vermag nicht zu überzeugen. Wie § 1046 ZPO zeigt, gibt es sehr wohl Fristen im schiedsgerichtlichen Verfahren. Außerdem ist zu berück-

---

[19] OLG Düsseldorf MDR 2003, 1018; *Haarmeyer/Wutzke/Förster*, Rn. 5/365; HK-InsO/*Eickmann*, § 85 Rn. 3; *Musielak/Stadler*, § 240 Rn. 6; *Stein/Jonas/Roth*, vor § 239 Rn. 4; *Thomas/Putzo*, vor § 239 Rn. 1 a.E.; *Zöller/Greger*, Vor § 239 Rn. 8; *Fischer*, MDR 2004, 255. – A.A. (ohne Begründung) *Rosenberg/Schwab/Gottwald*, § 124 Rn. 24.

[20] OLG Hamm MDR 1971, 495; OLG Neustadt NJW 1965, 591; *Braun/Kroth*, vor §§ 85 bis 87 Rn. 9; *Zöller/Greger*, Vor § 239 Rn. 8.

[21] So auch OLG Köln NJW-RR 2003, 264 (265); MünchKommZPO/*Feiber*, § 240 Rn. 3 und § 249 Rn. 23 (jedoch im Widerspruch zu § 239 Rn. 7 bei Unterbrechung des Verfahrens durch Tod der Partei); *Zöller/Philippi*, § 118 Rn. 15.

[22] BGHZ 24, 15 (18); *Stein/Jonas/Schlosser*, § 1029 Rn. 35; *Schwab/Walter*, Kap. 16 Rn. 49. Zur Bindung des Verwalters an Schiedsabreden eingehend MünchKomm-InsO/*Schumacher*, vor §§ 85 bis 87 Rn. 54 m.w.N.

[23] BGH KTS 1966, 246; MünchKommInsO/*Schumacher*, vor §§ 85 bis 87 Rn. 53; MünchKommZPO/*Feiber*, § 240 Rn. 3; MünchKommZPO/*Münch*, § 1029 Rn. 56 a.E.; *Musielak/Stadler*, § 240 Rn. 6; *Stein/Jonas/Schlosser*, § 1029 Rn. 35 und § 1042 Rn. 35; *Rosenberg/Schwab/Gottwald*, § 178 Rn. 47; *Schwab/Walter*, Kap. 16 Rn. 49; *Uhlenbruck*, § 85 Rn. 27. Ausführlich *Jestaedt*, Schiedsverfahren, S. 22 ff. (insbes. S. 44).

sichtigen, dass dem Schiedsspruch die Wirkung eines rechtskräftigen Urteils zukommt (§ 1055 ZPO). Daher ist im Schiedsverfahren zwingend der Grundsatz des rechtlichen Gehörs[24] zu beachten, vor allem im Hinblick auf den Aufhebungsgrund des § 1059 Abs. 2 Nr. 1 lit. b ZPO. Dieses nach der Insolvenzeröffnung dem Insolvenzverwalter zustehende Verfahrensgrundrecht darf durch die Fortsetzung des Schiedsverfahrens nicht eingeschränkt werden. In der Literatur wird daher vorgeschlagen, dass das Schiedsgericht durch verfahrensleitenden Beschluss der Unterbrechung ähnliche Wirkungen anordnen könne, indem es z.B. das Verfahren aussetzt, damit der Verwalter Zeit habe, sich über die Sinnhaftigkeit der Verfahrensfortsetzung Klarheit zu verschaffen[25] Genau dieser Gedanke liegt auch der Regelung des § 240 ZPO zugrunde. Wenngleich sich das schiedsgerichtliche Verfahren dadurch auszeichnet, dass die Parteien das Verfahren in Abweichung von den durch die ZPO vorgegebenen Verfahrensvorschriften weitestgehend selbst gestalten können (§ 1042 Abs. 3, 4 ZPO), sollte meines Erachtens im Fall der Eröffnung des Insolvenzverfahrens über das Vermögen einer Partei aus Gründen der Rechtssicherheit – soweit in der Schiedsabrede eine Vereinbarung fehlt – die für diese Situation passende und eindeutige Regelung des § 240 ZPO analog angewandt werden[26]. Die Eröffnung eines Insolvenzverfahrens unterbricht folglich auch ein schiedsgerichtliches Verfahren.
Nach § 240 ZPO unterbrochen werden auf jeden Fall die auf einem Schiedsverfahren beruhenden staatlichen Gerichtsverfahren, wie z.B. das Verfahren auf Bestellung eines Schiedsrichters nach §§ 1034, 1035 ZPO, ein Verfahren zur Aufhebung oder Vollstreckbarerklärung eines Schiedsspruchs (§§ 1059 ff. ZPO) sowie die in § 1062 ZPO genannten Verfahren[27].

cc) Ob durch die Insolvenzeröffnung auch ein **selbständiges Beweisverfahren** (§§ 485 ff. ZPO) nach § 240 ZPO unterbrochen wird, ist in der instanzge-

[24] Dazu *Rosenberg/Schwab/Gottwald*, § 178 Rn. 3 ff.
[25] *Stein/Jonas/Schlosser*, § 1029 Rn. 35 und § 1042 Rn. 35; ebenso HK-InsO/*Eickmann*, § 85 Rn. 3 a.E.; MünchKommInsO/*Schumacher*, vor §§ 85 bis 87 Rn. 53; MünchKomm-ZPO/*Münch*, § 1056 Rn. 19.
[26] So auch *Lenzen*, NZBau 2003, 430; *Lüke*, ZZP 101 (1988), 95.
[27] *Jestaedt*, Schiedsverfahren, S. 45 ff.; MünchKommInsO/*Schumacher*, vor §§ 85 bis 87 Rn. 55.

richtlichen Rechtsprechung und in der Literatur umstritten[28]. Der BGH hat diese Frage kürzlich eindeutig verneint. Zur Begründung führt er insbesondere die Eilbedürftigkeit des Verfahrens an. Infolge der durch die Unterbrechung verursachten Verzögerung könnten Beweismittel verloren gehen oder bedeutsame tatsächliche Umstände nicht mehr festgestellt werden. Eine Unterbrechung sei auch nicht geboten, weil den Beteiligten eine Überlegungsfrist hinsichtlich des weiteren Vorgehens eingeräumt werden müsste. Der Insolvenzverwalter könne sich schließlich binnen kurzer Zeit einen angemessenen Überblick über den Sach- und Streitstand verschaffen, da Gegenstand des selbständigen Beweisverfahrens lediglich eine vorweggenommene Beweisaufnahme sei und nicht die Entscheidung über schwierige Rechtsfragen[29].

Dieser Auffassung kann aus mehreren Gründen nicht beigetreten werden. § 240 ZPO stellt eine allgemeine Vorschrift dar, die für alle Verfahren kontradiktorischer Natur gilt, zu denen auch das selbständige Beweisverfahren zu rechnen ist. Nach seiner systematischen Stellung wäre § 240 ZPO somit anwendbar, zumal in den §§ 485 ff. ZPO keine Ausnahmeregelung existiert. Bei genauerer Betrachtung erweist sich auch das Argument der Eilbedürftigkeit als nicht tragfähig. Zum einen kommt der Eilcharakter nur in § 485 Abs. 1 2. Alt. ZPO zum Ausdruck und nicht etwa auch im heute bedeutsameren § 485 Abs. 2 ZPO. Des weiteren dürfte das selbständige Beweisverfahren nicht eilbedürftiger sein als die Verfahren des einstweiligen Rechtsschutzes, welche unstreitig bei Eröffnung des Insolvenzverfahrens unterbrochen werden. Entscheidender Gesichtspunkt ist aber wiederum das dem Insolvenzverwalter zu gewährende rechtliche Gehör. Dieser muss prüfen können, ob eine Fortsetzung der unter Umständen kostenintensiven Beweisaufnahme im Hinblick auf den Hauptprozess überhaupt sinnvoll wäre. Die Gegner einer Verfahrensun-

[28] Für eine Unterbrechung sprechen sich aus OLG Hamm ZIP 2004, 431; OLG München NJW-RR 2002, 1053; LG Karlsruhe NJW-RR 2002, 266; MünchKommZPO/*Feiber*, § 240 Rn. 3; *Musielak/Stadler*, § 240 Rn. 6; *Bork*, InsR, Rn. 182 Fn. 3; *Rosenberg/Schwab/Gottwald*, § 124 Rn. 23; *Uhlenbruck*, § 85 Rn. 26. – A.A. (keine Unterbrechung) OLG Frankfurt/M. NJW-RR 2003, 50; *Braun/Kroth*, vor §§ 85 bis 87 Rn. 9; *Gundlach/Frenzel/Schmidt*, NJW 2004, 3224; *Haarmeyer/Wutzke/Förster*, Rn. 5/365; *Meyer*, NZI 2005, 15; MünchKommInsO/*Schumacher*, vor §§ 85 bis 87 Rn. 46; *Thomas/Putzo*, vor § 239 Rn. 1; *Zöller/Greger*, Vor § 239 Rn. 8. Widersprüchlich *Binz/Hess*, Rn. 528 (Unterbrechung) und Rn. 802 (keine Unterbrechung).

[29] BGH ZIP 2004, 186.

terbrechung fordern daher auch, dass das Gericht das rechtliche Gehör des Insolvenzverwalters durch „geeignete Maßnahmen“ sicherstellen muss[30]. Damit kann nur ein zeitlicher Aufschub im Sinne einer gewissen Einarbeitungszeit gemeint sein, was gerade dem Argument der Eilbedürftigkeit widerspricht. Zudem muss mit einer Unterbrechung des Verfahrens nicht notwendigerweise eine langwierige Verzögerung verbunden sein, da der Insolvenzverwalter, sollte die Gefahr des Beweisverlustes drohen, eine eilige Verfahrensaufnahme betreiben kann. Sowohl das verfassungsrechtliche Gebot des rechtlichen Gehörs als auch die praktischen Auswirkungen sprechen somit dafür, ein selbständiges Beweisverfahren bei Eröffnung des Insolvenzverfahrens nach § 240 ZPO zu unterbrechen[31].

dd) Vielfach wird auch behauptet, dass § 240 ZPO im **Verfahren der freiwilligen Gerichtsbarkeit** grundsätzlich nicht anwendbar sei[32]. Dem kann zumindest hinsichtlich der sog. echten privatrechtlichen Streitsachen[33] nicht zugestimmt werden. Entspricht die Situation derjenigen des normalen Zivilprozesses und stehen auch die Verfahrensgrundsätze der freiwilligen Gerichtsbarkeit nicht entgegen, muss das Verfahren, sofern die übrigen Voraussetzungen des § 240 ZPO vorliegen, unterbrochen werden[34].

ee) Zwischenergebnis

Festzuhalten ist, dass alle zivilgerichtlichen Verfahren mit Ausnahme des Vollstreckungsverfahrens bei Eröffnung des Insolvenzverfahrens über das Vermögen einer Partei nach § 240 ZPO (direkt oder analog) unterbrochen werden. Die Anwendung dieser gesetzlichen Vorschrift stellt sicher, dass dem

---

30 MünchKommInsO/*Schumacher*, vor §§ 85 bis 87 Rn. 46.

31 Ebenso OLG Hamm ZIP 2004, 431 (432); OLG München NJW-RR 2002, 1053 f.; HK-InsO/*Eickmann*, § 85 Rn. 3; MünchKommZPO/*Feiber*, § 239 Rn. 7; *Lenzen*, NZBau 2003, 429; *Stickelbrock*, EWiR 2004, 310.

32 KG MDR 1988, 329; OLG Köln ZIP 2001, 1553; *Musielak/Stadler*, § 240 Rn. 6; *Zöller/Greger*, § 240 Rn. 2. Differenzierend OLG Zweibrücken NJW-RR 2000, 815 (816); OLG Naumburg NJW-RR 2004, 1349 (1350).

33 Zum Begriff eingehend *Brehm*, FGG, Rn. 56 ff.

34 Ebenso *Häsemeyer*, InsR, Rn. 13.22; *Haarmeyer/Wutzke/Förster*, Rn. 5/365; HK-InsO/*Eickmann*, § 85 Rn. 3; *Keidel/Winkler*, § 12 Rn. 230; MünchKommInsO/*Schumacher*, vor §§ 85 bis 87 Rn. 48; MünchKommZPO/*Feiber*, § 240 Rn. 4; *Stürner*, FS Uhlenbruck, S. 672; *Uhlenbruck*, § 85 Rn. 28.

nunmehr prozessführungsbefugten Insolvenzverwalter rechtliches Gehör gewährt wird. Reine Behelfskonstruktionen zur Wahrung dieses rechtsstaatlichen Gebotes sind damit überflüssig.

III. Voraussetzungen der Unterbrechung

1. Eröffnung des Insolvenzverfahrens über das Vermögen einer Partei

Erste Voraussetzung für die Unterbrechung eines gerichtlichen Verfahrens nach § 240 S. 1 ZPO ist die Eröffnung des Insolvenzverfahrens über das Vermögen einer Partei.

a) Inländisches Insolvenzverfahren

Maßgeblicher Zeitpunkt für die Unterbrechung eines gerichtlichen Verfahrens ist der Erlass des Eröffnungsbeschlusses (§ 27 InsO) durch das Amtsgericht als Insolvenzgericht (§§ 2, 3 InsO), wobei es auf dessen Rechtmäßigkeit nicht ankommt[35]. Wird gegen den Eröffnungsbeschluss erfolgreich sofortige Beschwerde nach § 34 Abs. 2 InsO eingelegt, endet die Unterbrechung erst mit Rechtskraft der Aufhebungsentscheidung, da letztere keine Rückwirkung entfaltet[36].

b) Bestellung eines Insolvenzverwalters oder Anordnung der Eigenverwaltung

Nach h.M. enthält § 240 S. 1 ZPO als ungeschriebenes Tatbestandsmerkmal, dass gleichzeitig mit der Verfahrenseröffnung ein Insolvenzverwalter bestellt wird, auf den die Verwaltungs- und Verfügungsbefugnis übergeht. Dies stellt zwar den Regelfall dar (vgl. § 27 Abs. 1 S. 1 InsO), aber es besteht für das Insolvenzgericht auch die Möglichkeit, statt dessen die Eigenverwaltung anzuordnen (§ 270 Abs. 1 S. 1 InsO). Dann soll § 240 S. 1 ZPO nicht zur Anwendung kommen, weil kein Wechsel der Prozessführungsbefugnis vorliegt[37]. Diese verbleibt vielmehr beim Schuldner, der wiederum durch einen Sachwalter beaufsichtigt wird.

---

[35] MünchKommZPO/*Feiber*, § 240 Rn. 9; *Musielak/Stadler*, § 240 Rn. 3; *Uhlenbruck*, § 85 Rn. 6; *Zöller/Greger*, § 240 Rn. 3.

[36] MünchKommZPO/*Feiber*, § 240 Rn. 9; *Thomas/Putzo*, § 240 Rn. 3; *Uhlenbruck*, § 85 Rn. 6.

[37] MünchKommZPO/*Feiber*, § 240 Rn. 10; *Musielak/Stadler*, § 240 Rn. 3.

In neuerer Zeit wird durch eine im Vordringen befindliche Ansicht auch die Unterbrechung des Verfahrens bei Eröffnung eines Eigenverwaltungsverfahrens vertreten. Zur Begründung wird angeführt, dass sich bei Anordnung der Eigenverwaltung schließlich die Interessenlage des Schuldners ändere. Statt ausschließlich eigener Interessen müsse er dann vor allem die Gläubigerinteressen wahrnehmen, was eine veränderte Konzeption der Prozessführung und dementsprechende Bedenkzeit erfordern könne[38]. Bei Aufhebung der Eigenverwaltung soll dann der Fremdverwalter analog §§ 239, 242, 246 ZPO ohne erneute Unterbrechung in den Prozess eintreten[39].

Dieser Auffassung kann nicht uneingeschränkt beigetreten werden. § 240 S. 1 ZPO will die Situation erfassen, dass wegen der Insolvenz einer Partei deren Prozessführungsbefugnis auf eine andere Person, den Insolvenzverwalter, übergeht. Diesem ist, weil er neu in das Verfahren eintritt, Zeit zur Einarbeitung und rechtliches Gehör zu gewähren. Bei Anordnung der Eigenverwaltung kommt es aber gerade nicht zu einem solchen Wechsel in der Prozessführungsbefugnis. Diese Konstellation als „Parteiwechsel bei gleichbleibender Partei“ zu erfassen, weil der Schuldner nun Partei kraft seines Amtes als Eigenverwalter sei, wirkt gekünstelt[40]. Allein die Tatsache, dass der Schuldner nun nicht allein im Eigeninteresse, sondern auch im Interesse der Masse handeln muss, stellt noch keinen triftigen Grund für eine Unterbrechung des Verfahrens dar. Es handelt sich dabei jedenfalls nicht um eine Änderung des Prozesszwecks, sondern es tritt lediglich ein neues Motiv hinzu.

Richtigerweise ist zu differenzieren. Grundsätzlich führt die Anordnung der Eigenverwaltung nicht die Rechtsfolge des § 240 S. 1 ZPO herbei. Zu unterbrechen wäre der Prozess nur, wenn die Eigenverwaltung aufgehoben wird (§ 272 InsO) und ein Fremdverwalter in den Prozess eintritt. Eine Ausnahme muss jedoch für den Fall gelten, dass in einem Passivprozess eine Insolvenzforderung gegen die Gesellschaft geltend gemacht wird. Zweck eines Passivprozesses ist, einen vollstreckbaren Titel gegen den Beklagten zu erlangen.

---

[38] OLG München MDR 2003, 412; MünchKommInsO/*Schumacher*, vor §§ 85 bis 87 Rn. 6; *Uhlenbruck*, § 85 Rn. 5; *Häsemeyer*, InsR, Rn. 8.14; *Rosenberg/Schwab/Gottwald*, § 124 Rn. 23; *Stein/Jonas/Roth*, § 240 Rn. 3; *Gundlach/Frenzel/Schmidt*, NJW 2004, 3224; *Henckel*, FS Schumann, S. 224 f.

[39] MünchKommInsO/*Schumacher*, vor §§ 85 bis 87 Rn. 6.

[40] So aber *Henckel*, FS Schumann, S. 224.

Wird über dessen Vermögen ein Insolvenzverfahren – und dazu zählt schließlich auch die Eigenverwaltung – eröffnet, können die Insolvenzgläubiger ihre Forderungen nur noch nach den Vorschriften der InsO verfolgen (§ 87 InsO). Diese müssen zur Tabelle angemeldet werden (§ 174 InsO). Werden sie dann festgestellt, wirkt die Eintragung in die Tabelle hinsichtlich der Forderung wie ein rechtskräftiges Urteil (§ 178 Abs. 3 InsO), aus dem nach Aufhebung des Insolvenzverfahrens die Zwangsvollstreckung betrieben werden kann (§ 201 Abs. 2 S. 1 InsO). Zwar kann der mit der Eigenverwaltung beauftragte Insolvenzschuldner die geltend gemachte Forderung im Prüfungstermin bestreiten (§ 283 Abs. 1 S. 1 InsO), aber bis zu diesem Zeitpunkt ist der Rechtsstreit auf jeden Fall zu unterbrechen, da ein Prozesshindernis vorliegt[41].

c) Bestellung eines vorläufigen Insolvenzverwalters

Dass § 240 S. 1 ZPO von einem Wechsel der Prozessführungsbefugnis ausgeht, verdeutlicht insbesondere Satz 2 der Vorschrift. Danach wird ein Verfahren auch unterbrochen, wenn bereits im Eröffnungsverfahren, d.h. vor der eigentlichen Eröffnung, durch das Insolvenzgericht ein vorläufiger Insolvenzverwalter bestellt (§ 21 Abs. 2 Nr. 1 InsO) und dem Schuldner zusätzlich ein allgemeines Verfügungsverbot (§ 21 Abs. 2 Nr. 2 Fall 1 InsO) auferlegt wird. In diesem Fall wechselt die Verwaltungs- und Verfügungsbefugnis und damit auch die Prozessführungsbefugnis auf den vorläufigen Insolvenzverwalter (§ 22 Abs. 1 InsO), weshalb es nur konsequent war, auch für diese Konstellation ausdrücklich die Unterbrechung des Verfahrens anzuordnen[42]. Die Unterbrechungswirkung tritt mit der Entscheidung des Insolvenzgerichts ein. Normalerweise ergehen die Anordnungen nach § 21 Abs. 2 Nr. 1 und 2 in einem einheitlichen Beschluss. In Ausnahmefällen können sie aber auch zeitlich auseinanderfallen. Dann tritt die Unterbrechungswirkung erst mit dem zweiten Beschluss ein, da erst zu diesem Zeitpunkt die Voraussetzungen des § 240 S. 2 ZPO kumulativ vorliegen[43].

[41] Zur Frage der Aufnahme bei Bestreiten der Forderung s. unten II 3 b.
[42] FK-InsO/*App*, § 85 Rn. 2.
[43] MünchKommZPO/*Feiber*, § 240 Rn. 13.

Eine spätere Eröffnung des Insolvenzverfahrens bewirkt keine erneute Unterbrechung, selbst wenn der Rechtsstreit durch den vorläufigen Insolvenzverwalter zu diesem Zeitpunkt bereits aufgenommen worden ist[44].
Verfügt das Insolvenzgericht dem Schuldner gegenüber andere Sicherungsmaßnahmen i.S.d. § 21 InsO, findet § 240 S. 2 ZPO seinem Wortlaut nach keine Anwendung. Wird lediglich die vorläufige Insolvenzverwaltung ohne weitere Sicherungsmaßnahmen angeordnet, bewirkt dies keine Unterbrechung eines anhängigen Rechtsstreits[45].
Ferner besteht die Möglichkeit, dass das Insolvenzgericht gegen den Insolvenzschuldner ein allgemeines Verfügungsverbot (§ 21 Abs. 2 Nr. 2 Fall 1 InsO) verhängt, ohne gleichzeitig einen vorläufigen Insolvenzverwalter zu bestellen. Eine derartige Vorgehensweise ist zwar unzweckmäßig, weil ein isoliertes Verfügungsverbot bewirkt, dass niemand über die Insolvenzmasse verfügen darf und eine solche Situation grundsätzlich vermieden werden sollte, aber nicht von vorneherein ausgeschlossen. Das OLG Jena hat in einem dieser Konstellation entsprechenden Fall das Verfahren analog § 148 ZPO ausgesetzt. Der Schuldner sei schließlich nicht in der Lage, materiellrechtlich wirksame Handlungen vorzunehmen, die aufgrund des Prozessverlauf möglicherweise erforderlich würden (z.B. der Abschluss eines Prozessvergleichs)[46]. Das OLG Jena hat jedoch offenbar übersehen, dass mit der Anordnung eines allgemeinen Verfügungsverbots der Schuldner auch die Befugnis zur Prozessführung verliert. Daher sollte auf diese Konstellation § 240 S. 2 ZPO analog angewandt und ein anhängiges Verfahren unterbrochen werden[47]. Der Rechtsstreit kann freilich solange nicht aufgenommen werden, bis das Insolvenzgericht einen vorläufigen oder endgültigen Insolvenzverwalter ernennt. Einer Unterbrechung steht dies aber nicht entgegen[48].
In der Praxis verbreitet ist die Bestellung eines vorläufigen Insolvenzverwalters bei gleichzeitiger Anordnung eines Zustimmungsvorbehalts (§ 21 Abs. 2

[44] MünchKommInsO/*Schumacher*, vor §§ 85 bis 87 Rn. 19; MünchKommZPO/*Feiber*, § 240 Rn. 14; *Stein/Jonas/Roth*, § 240 Rn. 2.
[45] KG KGR 2001, 38; OLG Celle OLGR 2000, 107; *Stein/Jonas/Roth*, § 240 Rn. 2; *Zöller/Greger*, § 240 Rn. 5.
[46] OLG Jena NJW-RR 2000, 1075.
[47] So auch *Henckel*, FS Schumann, S. 212 f.; *Stein/Jonas/Roth*, § 240 Rn. 2. – A.A. *Zöller/Greger*, § 240 Rn. 5.
[48] *Henckel*, FS Schumann, S. 213.

Nr. 2 Fall 2 InsO). In diesem Fall behält der Insolvenzschuldner zwar grundsätzlich die Verwaltungs- und Verfügungsbefugnis über die Insolvenzmasse, darf aber Verfügungen nur mit Zustimmung des Insolvenzverwalters vornehmen[49]. Verfügungen ohne die erforderliche Zustimmung sind absolut unwirksam (§ 24 Abs. 1 i.V.m. § 81 Abs. 1 S. 1 InsO). Da die Verfügungsbefugnis und damit auch die Befugnis zur Prozessführung nicht auf den vorläufigen Insolvenzverwalter übergeht, wird ein anhängiges gerichtliches Verfahren jedoch nicht gem. § 240 S. 2 ZPO unterbrochen[50]. Die Anordnung des Zustimmungsvorbehalts bleibt aber nicht ohne Auswirkungen auf das Prozessrechtsverhältnis. Der Insolvenzschuldner darf nämlich nur noch gemeinsam mit dem vorläufigen Insolvenzverwalter über den Streitgegenstand verfügen. Insgesamt betrachtet ist die prozessrechtliche Situation wegen der gemeinschaftlichen Berechtigung vergleichbar mit Klagen von und gegen eine Gemeinschaft, die nach den Grundsätzen der Gesamthand gestaltet ist[51]. Daher muss im Falle der Anordnung der vorläufigen Insolvenzverwaltung mit Zustimmungsvorbehalt der vorläufige Insolvenzverwalter im Wege der Parteierweiterung in den Rechtsstreit eintreten. Er bildet zusammen mit dem Insolvenzschuldner eine notwendige Streitgenossenschaft (§ 62 Abs. 1 Alt. 1 ZPO).

Erteilt das Insolvenzgericht dem vorläufigen schwachen Insolvenzverwalter nur auf einzelne Vermögensgegenstände beschränkte besondere Verfügungsbefugnisse (z.B. die Ermächtigung zur Einziehung von ausstehenden Forderungen), so verliert der Insolvenzschuldner die Verwaltungs- und Verfügungsbefugnis hinsichtlich dieser Vermögenswerte. Der vorläufige schwache Insolvenzverwalter erlangt folglich vermögensbezogen die Stellung eines starken vorläufigen Verwalters[52]. Falls ein solcher Vermögenswert Streitgegenstand eines anhängigen Verfahrens ist, muss dieses daher analog § 240 S. 2 ZPO unterbrochen werden.

---

[49] Auf diese Weise kann z.B. ein Unternehmen vom bisherigen Geschäftsführer weitergeführt werden, vgl. MünchKommInsO/*Haarmeyer*, § 21 Rn. 69.

[50] BGH NJW 1999, 2822; *Stein/Jonas/Roth*, § 240 Rn. 2.

[51] Dazu *Stein/Jonas/Bork*, § 62 Rn. 17 ff.

[52] MünchKommInsO/*Haarmeyer*, § 22 Rn. 31.

d) Vermögen der Partei

aa) Grundsatz

§ 240 ZPO setzt ferner die Eröffnung des Insolvenzverfahrens über das Vermögen einer „Partei" voraus. Maßgebend ist der formelle Parteibegriff, d.h. Partei ist, wer für sich Rechtsschutz vom Gericht begehrt und gegen wen Rechtsschutz begehrt wird[53].
Tritt der Insolvenzschuldner daher nur als Nebenintervenient (§§ 66, 67 ZPO) oder als rechtsgeschäftlicher bzw. gesetzlicher Vertreter einer anderen Partei auf, wird das Verfahren nicht unterbrochen[54].

bb) Ausnahmen

Von diesem Grundsatz existieren allerdings mehrere Ausnahmen und das Verfahren wird unterbrochen, obwohl der Schuldner keine Parteistellung innehat.

(1) § 17 AnfG

(a) Nach § 17 Abs. 1 S. 1 AnfG werden bei Eröffnung des Insolvenzverfahrens auch bereits rechtshängige Anfechtungsprozesse unterbrochen, die (jetzige) Insolvenzgläubiger gegen Dritte führen. Die Unterbrechung erfolgt aber nur im Hinblick auf den Anfechtungsanspruch. Vom Kläger im gleichen Prozess im Wege der objektiven Klagehäufung (§ 260 ZPO) geltend gemachte andere Ansprüche werden von der Unterbrechungswirkung nicht erfasst[55].

(b) Die Vorschrift des § 17 Abs. 1 S. 1 AnfG wird zudem in Fällen entsprechend angewandt, in denen mit Eröffnung des Insolvenzverfahrens über das

[53] BGH NJW 1998, 156 (157); MünchKommZPO/*Feiber*, § 240 Rn. 15; *Jauernig*, ZPR, § 18 II.

[54] OLG Düsseldorf MDR 1985, 504; OLG Hamburg NJW 1961, 610 (611); MünchKommInsO/*Schumacher*, vor §§ 85 bis 87 Rn. 9; MünchKommZPO/*Feiber*, § 240 Rn. 15; *Uhlenbruck*, § 85 Rn. 5.

[55] RGZ 143, 267 (269 f.); *Huber*, AnfG, § 17 Rn. 4; MünchKommInsO/*Schumacher*, vor §§ 85 bis 87 Rn. 10.

Vermögen der Gesellschaft die Einziehungsbefugnis für den rechtshängigen Anspruch und damit auch die Prozessführungsbefugnis auf den Insolvenzverwalter übergeht.

Dies gilt zum einen für die persönliche Haftung des Kommanditisten gegenüber Gesellschaftsgläubigern, die während der Dauer des Insolvenzverfahrens über das Vermögen der KG nur durch den Insolvenzverwalter geltend gemacht werden kann (§ 171 Abs. 2 HGB)[56].

Analog § 17 Abs. 1 S. 1 AnfG zu unterbrechen wäre daher ebenfalls ein Prozess, in dem über einen Anspruch auf Ersatz eines Gesamtschadens (§ 92 InsO) zu entscheiden ist[57].

Das gleiche gilt für Rechtsstreitigkeiten, in denen die persönliche Haftung des Gesellschafters für eine Verbindlichkeit einer KGaA oder einer Gesellschaft ohne Rechtspersönlichkeit (§ 11 Abs. 2 Nr. 1 InsO) geltend gemacht wird (§ 93 InsO). Allein zur Einziehung und Prozessführung befugt ist auch hier der Insolvenzverwalter, obwohl die Gläubiger materiell Anspruchsinhaber bleiben[58]. Der Regierungsentwurf zur InsO sah in §§ 103 Abs. 2, 104 Abs. 1 S. 1, 105 Abs. 3 in Anlehnung an § 17 Abs. 1 S. 1 AnfG noch ausdrücklich die Unterbrechung rechtshängiger Verfahren i.S.d. § 93 InsO vor[59]. In das Gesetz wurden diese Vorschriften jedoch nicht übernommen, da die praktische Ausführung der Rechtsprechung überlassen bleiben sollte[60]. Die Interessenlage entspricht in dieser Konstellation aber genau der Situation des § 17 Abs. 1 S. 1 AnfG, weshalb diese Vorschrift analog anzuwenden ist[61].

---

56 BGHZ 82, 209 (216 ff.) = ZIP 1982, 177 (179 f.); MünchKommInsO/*Schumacher*, vor §§ 85 bis 87 Rn. 11; MünchKommZPO/*Feiber*, § 240 Rn. 15; *Zöller/Greger*, § 240 Rn. 7. – A.A. HK-InsO/*Eickmann*, § 92 Rn. 8 (Anwendung von § 240 ZPO).

57 MünchKommInsO/*Schumacher*, vor §§ 85 bis 87 Rn. 13 m.w.N.

58 *Fuchs*, ZIP 2000, 1092; *Wessel*, DZWIR 2002, 55.

59 Begründung zu § 104 und § 105 des Regierungsentwurfes, BR-Drucks. 1/92, S. 139 f.

60 So die Beschlussempfehlung des Rechtsausschusses zu § 104, BT-Drucks. 12/7302, S. 165.

61 BGH NJW 2003, 590 = ZIP 2003, 39; HK-InsO/*Eickmann*, § 92 Rn. 6; MünchKommInsO/*Schumacher*, vor §§ 85 bis 87 Rn. 12; *Uhlenbruck*, § 85 Rn. 5; *Zöller/Greger*, § 240 Rn. 7; *Bork*, RWS-Forum InsR 2003, 104. – A.A. MünchKommInsO/*Brandes*, § 93 Rn. 41 i.V.m. § 92 Rn. 25, der § 240 ZPO analog anwenden will. Im umgekehrten Fall, der Eröffnung des Insolvenzverfahrens über das Vermögen eines Gesellschafters, erfolgt freilich keine Unterbrechung des Rechtsstreits gegen die Gesellschaft, vgl. MünchKommInsO/*Schumacher*, vor §§ 85 bis 87 Rn. 12 a.E.; *Musielak/Stadler*, § 240 Rn. 2; *Uhlenbruck*, § 85 Rn. 5.

(2) Streitgenossenschaft

(a) Wird das Insolvenzverfahren über das Vermögen eines einfachen Streitgenossen eröffnet, wird das Verfahren hinsichtlich der weiteren Streitgenossen im Regelfall ohne Unterbrechung fortgesetzt, weil es sich um mehrere voneinander unabhängige Rechtsverhältnisse handelt[62]. Eine Ausnahme davon stellt aber die Situation dar, dass eine Gesellschaft ohne Rechtspersönlichkeit (§ 11 Abs. 2 Nr. 1 InsO) oder eine KGaA gemeinsam mit einem Gesellschafter wegen einer Verbindlichkeit der Gesellschaft verklagt wird. Obwohl diese nach überwiegender Ansicht als einfache Streitgenossen zu behandeln sind[63], wird – wie bereits dargestellt – bei Eröffnung des Insolvenzverfahrens über die Gesellschaft wegen § 93 InsO auch der Prozess gegen den Gesellschafter analog § 17 Abs. 1 S. 1 AnfG unterbrochen[64].

(b) Umstritten ist die Rechtsfolge, falls es sich um notwendige Streitgenossen (§ 62 ZPO) handelt. Nach (wohl noch) überwiegender Ansicht unterbricht die Eröffnung des Insolvenzverfahrens über das Vermögen eines Streitgenossen (bzw. der Übergang der Verfügungsbefugnis auf einen vorläufigen Insolvenzverwalter) auch das Verfahren der anderen Streitgenossen[65]. Die Gegenauffassung lässt hingegen die Unterbrechungswirkung nur hinsichtlich des insolventen Streitgenossen eintreten. Wegen des Gebots einheitlicher Entscheidung dürfe der Prozess gegen die übrigen Streitgenossen aber nicht fortgesetzt werden. Das Gericht müsse diesen vielmehr analog § 148 ZPO bis zur Aufnahme

---

[62] BGH NJW-RR 2003, 1002; MünchKommInsO/*Schumacher*, vor §§ 85 bis 87 Rn. 17; *Musielak/Stadler*, § 240 Rn. 2; *Zöller/Greger*, § 240 Rn. 7.

[63] BGH NJW 1988, 2113; BGHZ 54, 251 (254 f.); 63, 51 (54 f.); OLG Frankfurt a.M. NJW-RR 2002, 1277; MünchKommZPO/*Schilken*, § 62 Rn. 14; *Stein/Jonas/Bork*, § 62 Rn. 12; *Zöller/Vollkommer*, § 62 Rn. 7; *Rosenberg/Schwab/Gottwald*, § 49 Rn. 10; *Henckel*, Parteilehre, S. 202 f.; *Jaeger*, FG Sohm, S. 19. – A.A noch RGZ 123, 151 (154); 136, 266 (268).

[64] Eingehend dazu bereits soeben unter (1) (b). Ebenso MünchKommInsO/*Schumacher*, vor §§ 85 bis 87 Rn. 17.

[65] OLG Frankfurt a.M. NJW-RR 2002, 1277; *Baumbach/Hartmann*, ZPO, §240 Rn. 8; MünchKomm-ZPO/*Feiber*, § 239 Rn. 10; *Musielak/Stadler*, § 240 Rn. 2; *Zöller/Greger*, § 240 Rn. 7; *Zöller/Vollkommer*, § 62 Rn. 29; wohl auch *Uhlenbruck*, § 85 Rn. 5.

des unterbrochenen Verfahrens aussetzen[66]. In der praktischen Auswirkungen unterscheiden sich die Ansichten somit kaum[67].

(3) Prozessstandschaft

Nach überwiegender Ansicht im Schrifttum tritt die Unterbrechungswirkung des § 240 S. 1 ZPO auch ein, wenn der Insolvenzschuldner ein Recht klageweise in gewillkürter Prozessstandschaft geltend macht und das Insolvenzverfahren über das Vermögen des Rechtsinhabers eröffnet wird. Gleiches soll für den Fall gelten, dass die klagende Gesellschaft nach Rechtshängigkeit die streitbefangene Forderung abtritt, den Prozess nach § 265 Abs. 2 ZPO weiterführt und dann der Zessionar insolvent wird[68].
Demgegenüber wendet insbesondere der BGH zu Recht ein, dass es nur auf die formelle Parteistellung des Insolvenzschuldners ankommt. Es genügt nicht, dass er materiell Inhaber des streitgegenständlichen Rechts ist. Dafür spricht auch die Vorschrift des § 85 InsO. Der Insolvenzschuldner hat mit Eröffnung des Insolvenzverfahrens die Verwaltungs- und Verfügungsbefugnis über sein Vermögen an den Insolvenzverwalter verloren (§ 80 InsO), der nach § 85 Abs. 1 S. 1 InsO einen Rechtsstreit nur in der Lage aufnehmen kann, in der sich dieser zum Zeitpunkt der Verfahrenseröffnung befindet. Der Insolvenzschuldner ist aber nicht Partei des Verfahrens. Vielmehr ist es ihm nach § 265 Abs. 2 S. 2 ZPO grundsätzlich sogar verwehrt, den Prozess ohne Zustimmung des Gegners als Hauptpartei anstelle des Rechtsvorgängers zu über-

66 MünchKommZPO/*Schilken*, § 62 Rn. 50; *Rosenberg/Schwab/Gottwald*, § 49 Rn. 53; *Stein/Jonas/Bork*, § 62 Rn. 36; *Thomas/Putzo*, § 62 Rn. 18. *Jaeger/Henckel*, KO, § 10 Rn. 9, differenziert weiter danach, ob es sich um eine notwendige Streitgenossenschaft im engeren oder weiteren Sinne handelt. Eine Streitgenossenschaft i.e.S. soll vorliegen, wenn die Streitgenossen nur gemeinsam klagen oder verklagt werden dürfen. Dann darf der Prozess auch mit den übrigen Streitgenossen nicht fortgesetzt werden. Beruht die notwendige Streitgenossenschaft hingegen auf einer Rechtskrafterstreckung (von *Henckel*, a.a.O., als „besondere Streitgenossenschaft aus prozessrechtlichen Gründen" bezeichnet), soll das Verfahren mit den nicht in Insolvenz befindlichen Streitgenossen nur dann nicht fortgesetzt werden können, wenn die Rechtskraft der gegen diese ergangenen Urteil auch gegen die Insolvenzmasse wirken würde.

67 Ebenso MünchKommInsO/*Schumacher*, vor §§ 85 bis 87 Rn. 18.

68 MünchKommInsO/*Schumacher*, vor §§ 85 bis 87 Rn. 15; *Musielak/Stadler*, § 240 Rn. 2; *Stein/Jonas/Roth*, § 240 Rn. 7.

nehmen. Der Insolvenzverwalter kann das Verfahren somit nicht nach § 85 Abs. 1 InsO aufnehmen, da er nicht dazu befugt ist, die Prozessführung anstelle einer mit dem Insolvenzschuldner nicht identischen Partei auszuüben. Rechtsfolge wäre eine dauerhafte Unterbrechung des Verfahrens, die im Ergebnis nicht beabsichtigt sein kann[69].

Davon zu unterscheiden ist jedoch die Frage nach den Erfolgsaussichten der Klage. Durch die Eröffnung des Insolvenzverfahrens über sein Vermögen verliert der Rechtsinhaber die Verfügungsmacht über sein Vermögen an den Insolvenzverwalter (§ 80 InsO). Dieser ist zur ordnungsgemäßen Verwaltung und Verwertung der Insolvenzmasse befugt und verpflichtet. Im Rahmen dieser Aufgabe darf er nicht durch die Tätigkeit eines Dritten gehindert werden, den der Insolvenzschuldner hinsichtlich eines zur Masse gehörenden Gegenstandes beauftragt hat. Aus diesem Grund erlöschen mit Eröffnung des Insolvenzverfahrens das der Ermächtigung zugrunde liegende Rechtsverhältnis und die Ermächtigung zur Prozessführung analog § 117 InsO[70]. Die Klage ist daher als unzulässig abzuweisen[71].

Kein Problem bereitet umgekehrt die Eröffnung des Insolvenzverfahrens über das Vermögen der Gesellschaft als Prozessstandschafterin. Der Prozess wird nach § 240 S. 1 ZPO unterbrochen, sofern die weiteren Voraussetzungen vorliegen. Es stellt sich in dieser Konstellation insbesondere die Frage, ob die Insolvenzmasse betroffen ist (dazu sogleich unter 2.).

e) Ausländisches Insolvenzverfahren

Unter den Verfahrensbegriff des § 240 ZPO fällt auch ein ausländisches Insolvenzverfahren.

[69] BGH NJW 1998, 156 (157). Im Ergebnis ebenso MünchKommZPO/*Feiber*, § 240 Rn. 15; *Zöller/Greger*, § 240 Rn. 7.

[70] So BGH NJW 2000, 738 (739) noch in analoger Anwendung von § 23 KO i.V.m. § 168 S. 1 BGB. Diesen Vorschriften entspricht jedoch die heutige Regelung des § 117 InsO (vgl. MünchKommInsO/*Ott*, § 117 Rn. 2). Ebenso HK-InsO/*Marotzke*, § 117 Rn. 8. Im Ergebnis übereinstimmend MünchKomm-InsO/*Ott*, § 117 Rn. 11, allerdings ohne § 117 InsO entsprechend anzuwenden.

[71] BGH NJW 2000, 738 (740).

Dies war früher umstritten. Der BGH ging zunächst davon aus, dass ein im Ausland eröffnetes Insolvenzverfahren einen im Inland anhängigen Prozess, an dem der Insolvenzschuldner als Partei beteiligt war, aus Gründen der Rechtssicherheit nicht unterbricht[72]. Diese heftig kritisierte[73] Auffassung hat der BGH jedoch später aufgegeben. Demnach sollte auch ein ausländisches Insolvenzverfahren die Unterbrechung eines in Deutschland anhängigen Gerichtsverfahrens herbeiführen, sofern nach dem Recht des Eröffnungsstaates (ebenso wie im Inland) die Prozessführungsbefugnis vom Schuldner auf einen Insolvenzverwalter übergeht[74].
Heute ergeben sich die Rechtsfolgen eines im Ausland eröffneten Insolvenzverfahrens aus der am 31.05.2002 in Kraft getretenen EG-Verordnung über Insolvenzverfahren (EuInsVO)[75] sowie dem im Jahr 2003 neu gefassten autonomen deutschen Internationalen Insolvenzrecht (§§ 335-358 InsO)[76].

aa) EuInsVO

Die Eröffnung eines Insolvenzverfahrens in einem Mitgliedstaat der EU (mit Ausnahme von Dänemark)[77] wird in allen anderen Mitgliedstaaten anerkannt (Art. 16 Abs. 1 S. 1 EuInsVO) und entfaltet dort grundsätzlich die Wirkungen, die das Recht des Staates der Verfahrenseröffnung dem Verfahren beilegt, sofern die EuInsVO nicht anderes bestimmt (Art. 17 Abs. 1 EuInsVO). Eine sol-

---

72 BGH NJW 1988, 3096 m.w.N. zur bis dato ergangenen Rechtsprechung.

73 Vgl. nur *Grasmann*, KTS 1990, 157 ff.; *Habscheid*, KTS 1998, 183 ff.; *Leipold*, FS Schwab, S. 289 ff. Selbst die Instanzgerichte wollten dem BGH nicht folgen, vgl. OLG Karlsruhe ZIP 1990, 665; OLG München ZIP 1996, 385 (386).

74 BGH NJW 1997, 2525 (Vorbereitungsanfrage zum Großen Senat) und ZIP 1998, 659 = NJW 1998, 928 (Ls.) (Vorlagebeschluss). Zum Abschluss des Vorlageverfahrens vgl. Pressemitteilung des BGH Nr. 27-1998 vom 26.03.1998 betreffend das Verfahren IX ZR 309/96, abgedruckt in: NJW 1998, 1543. Vgl. zum Ganzen auch *Schollmeyer*, IPRax 1999, 26 ff.

75 Verordnung (EG) Nr. 1346/2000 des Rates über Insolvenzverfahren, ABl. EG 2000 Nr. L 160, S. 1.

76 Gesetz vom 14.03.2003, BGBl. I, 345. Vgl. dazu auch den Regierungsentwurf samt Begründung, BT-Drucks. 15/16, S. 5 ff.

77 Vgl. Erwägungsgrund Nr. 33 EuInsVO. Die EuInsVO gilt auch in den am 01.05.2004 neu hinzugekommenen Mitgliedstaaten, vgl. Art. 1 Abs. 2 des Beitrittsvertrags, ABl. EG 2003, Nr. L 236, S. 17 ff. (22) i.V.m. Art. 20 der Beitrittsakte (a.a.O., S. 33 ff.) und Anhang II Nr. 18 (a.a.O., S. 711 ff.).

che kollisionsrechtliche Sonderregel stellt Art. 15 EuInsVO dar, der anordnet, dass für die Wirkungen auf einen anhängigen Rechtsstreit über einen Gegenstand oder ein Recht der Masse ausschließlich das Recht des Mitgliedstaats gilt, in dem der Rechtsstreit anhängig ist. Dies bedeutet, dass ein Prozess vor einem deutschen Zivilgericht nach § 240 ZPO unterbrochen wird und für die Aufnahme auf die Vorschriften der §§ 85-87 InsO zurückzugreifen ist[78].
Das deutsche Gericht muss nur darüber befinden, ob es sich bei dem ausländischen Verfahren um ein „Insolvenzverfahren" i.S.d. Art. 15 EuInsVO handelt. Darunter versteht die EuInsVO Gesamtverfahren, welche die Insolvenz des Schuldners voraussetzen und den vollständigen oder teilweisen Vermögensbeschlag gegen den Schuldner sowie die Bestellung eines Verwalters zur Folge haben (Art. 1 Abs. 1 EuInsVO). Welche mitgliedstaatliche Verfahren darunter fallen, ergibt sich aus Anhang A zur EuInsVO (Art. 2 lit. a EuInsVO).

bb) Deutsches Internationales Insolvenzrecht

Daneben gilt das autonome deutsche Internationale Insolvenzrecht, das seit dem Jahr 2003 in den §§ 335 bis 358 InsO geregelt ist. Es stellt sich zunächst die Frage nach dem sachlichen und räumlichen Anwendungsbereich. Im Geltungsbereich der EuInsVO wird das autonome deutsche Internationale Insolvenzrecht jedenfalls durch diese verdrängt. Die EuInsVO beschränkt sich in räumlicher Hinsicht allerdings auf grenzüberschreitende Regelungen zwischen den Mitgliedstaaten; sie soll keine Wirkung im Verhältnis zu Drittstaaten entfalten[79]. Damit verbleiben als räumlicher Anwendungsbereich des deutschen Internationalen Insolvenzrechts Insolvenzverfahren, die in Dänemark sowie in Staaten, die nicht Mitgliedstaaten der EU sind, eröffnet werden[80]. Außerdem

---

[78] HK-InsO/*Stephan*, § 352 Rn. 2; MünchKommInsO/*Reinhart*, Art. 15 EuInsVO Rn. 1; *Uhlenbruck*, § 85 Rn. 7; *Ehricke/Ries*, JuS 2003, 318; *Huber*, ZZP 114 (2001), 166; *Leible/Staudinger*, KTS 2000, 558 f.; *Smid*, IntInsR, Art. 15 EurInsVO Rn. 6.
[79] Vgl. Erwägungsgründe Nr. 11, 14 EuInsVO; *Leible/Staudinger*, KTS 2000, 538; *Liersch*, NZI 2003, 303.
[80] HK-InsO/*Stephan*, Vor §§ 335 ff Rn. 19; *Ehricke/Ries*, JuS 2003, 313 f.; *Huber*, ZZP 114 (2001), 138; *Ludwig*, Neuregelungen, S. 38.

gelten die §§ 335 bis 358 InsO in sachlicher Hinsicht für Rechtsfragen, die in der EuInsVO bewusst nicht geregelt worden sind[81].
Inhaltlich wurde das deutsche Internationale Insolvenzrecht anlässlich der Neuregelung aber weitgehend an die EuInsVO angelehnt[82]. Nach § 343 Abs. 1 S. 1 InsO wird grundsätzlich die Eröffnung eines ausländischen Insolvenzverfahrens im Inland anerkannt, wobei sich die Wirkungen nach dem Recht des Staates richten, in dem das Verfahren eröffnet worden ist (§ 335 InsO). Die Anknüpfung an diese „lex fori concursus" gilt jedoch nur, sofern nichts anderes bestimmt ist (sog. eingeschränkte Universalität[83]). Eine solche Ausnahme von § 335 InsO und damit eine Sonderanknüpfung enthält § 352 Abs. 1 InsO. Diese Vorschrift bestimmt ausdrücklich, dass durch die Eröffnung eines ausländischen Insolvenzverfahrens ein Rechtsstreit, der zur Zeit der Eröffnung anhängig ist und die Insolvenzmasse betrifft, unterbrochen wird, bis er von einer Person aufgenommen wird, die nach dem Recht des Staates der Verfahrenseröffnung zur Fortführung des Rechtsstreits berechtigt ist, oder bis das Insolvenzverfahren beendet ist.
Es stellt sich mithin auch hier die Frage, welche ausländische Verfahren als „Insolvenzverfahren" zu qualifizieren sind. Im Gegensatz zur EuInsVO findet sich in den §§ 335-358 InsO keine Definition. Nach der Vorstellung des Gesetzgebers muss das ausländische Verfahren im Wesentlichen den gleichen Zielen dienen wie ein deutsches Insolvenzverfahren, wobei zur Auslegung die Anhänge A und B der EuInsVO herangezogen werden können[84]. Wegen der Vielfalt ausländischer Verfahren und deren unterschiedlicher wirtschaftspolitischer Ausprägung ist eine exakte Definition ausgeschlossen. Man wird vielmehr auf den kleinsten gemeinsamen Nenner zurückgreifen und alle ausländischen Verfahren als „Insolvenzverfahren" qualifizieren müssen, die einen insolvenzrechtlichen Tatbestand regeln, nämlich die Insuffizienz des Vermögens des Insolvenzschuldners. Der Schuldner kann seine Gläubiger nicht mehr be-

[81] HK-InsO/*Stephan*, Vor §§ 335 ff Rn. 20; *Ludwig*, Neuregelungen, S. 38.
[82] In gewissen Bereichen sollte das autonome deutsche Internationale Insolvenzrecht bewusst weniger kooperationsfreundlich sein als die EuInsVO, vgl. Begr. RegE, BT-Drucks. 15/16, S. 13 f.
[83] HK-InsO/*Stephan*, § 335 Rn. 3, 4. Eingehend zu § 343 InsO *Ludwig*, Neuregelungen, S. 59 ff.
[84] Begr. RegE, BT-Drucks. 15/16, S. 18, 21.

friedigen und als Reaktion darauf wird ein Verfahren angestrengt, in dessen Rahmen sich die Rechte der Beteiligten (Gläubiger und Schuldner) im Hinblick auf die Vermögenssituation nach einem gesetzlich vorgegebenen Rahmen richten[85].

Darüber hinaus stellt sich im Hinblick auf die Anwendbarkeit des § 352 Abs. 1 S. 1 InsO die Frage, ob das ausländische Recht mit dem deutschen Recht (d.h. der Vorschrift des § 240 S. 1 ZPO) insoweit vergleichbar sein muss, dass es ebenfalls den Übergang der Prozessführungsbefugnis auf einen Verwalter vorsieht. Wie bereits mehrfach ausgeführt, wird die Unterbrechung eines gerichtlichen Verfahrens nach § 240 S. 1 ZPO bei Insolvenzeröffnung gerade damit gerechtfertigt, dass die Verwaltungs- und Verfügungsbefugnis und damit auch die Prozessführungsbefugnis des Schuldners auf eine andere Person übergeht und dieser rechtliches Gehör zu gewähren ist. Der gleiche Gedanke liegt auch § 352 Abs. 1 S. 1 InsO zugrunde, so dass dessen Anwendung grundsätzlich ebenfalls einen Wechsel in der Befugnis zur Prozessführung voraussetzt[86]. Ob der Insolvenzschuldner die Prozessführungsbefugnis verliert und an wen bzw. welche Befugnisse dieser dritten Person zustehen, richtet sich bei der Auslandsinsolvenz freilich nach dem Recht des Staates der Verfahrenseröffnung (§ 335 InsO). Der ausländische „Verwalter“ braucht selbstverständlich nicht die gleiche Rechtsstellung wie ein deutscher Insolvenzverwalter innehaben, es muss sich dabei lediglich um eine vom Insolvenzschuldner verschiedene Person oder Stelle handeln, deren Aufgabe es ist, die Masse zu verwalten oder zu verwerten oder die Geschäftsführung des Schuldners zu überwachen[87].

Behält der Schuldner nach dem ausländischen Recht die Verwaltungs- und Verfügungsbefugnis über sein Vermögen, muss ebenso wie im deutschen

---

[85] Eingehend MünchKommInsO/*Reinhart*, Art. 102 EGInsO Rn. 17 ff. (insbes. Rn. 21); HK-InsO/*Stephan*, § 343 Rn. 6; *Smid*, IntInsR, § 352 InsO Rn. 2 ff.

[86] So zu Recht BGH, NJW 1997, 2525 f.; MünchKommInsO/*Schumacher*, vor §§ 85 bis 87 Rn. 7 m.w.N.; MünchKommZPO/*Feiber*, § 240 Rn. 11. Auch die EuInsVO (vgl. Erwägungsgrund Nr. 10 S. 3 a.E., Art. 1 Abs. 1) sowie die Begr. des RegE zu § 352 InsO gehen davon aus, vgl. BT-Drucks. 15/16, S. 24. – A.A. aber MünchKommInsO/*Reinhart*, Art. 102 EGInsO Rn. 352; HK-InsO/*Stephan*, § 352 Rn. 5; *Ludwig*, Neuregelungen, S. 102 f.

[87] So die Definition des „Verwalters” in Art. 2 lit. b EuInsVO (die einzelnen Personen sind dort für jeden Mitgliedstaat in Anhang C aufgeführt).

Recht (bei Anordnung der Eigenverwaltung) differenziert werden[88]. Grundsätzlich wird das anhängige Verfahren nicht unterbrochen, es sei denn, es handelt sich um einen Passivprozess, in dem eine Insolvenzforderung gegen die nun insolvente Gesellschaft geltend gemacht wird. Ein solcher Prozess würde zu einem Titel gegen die Gesellschaft führen, aber im Insolvenzverfahren dürfen die Insolvenzgläubiger ihre Forderungen nur nach den Vorschriften der InsO geltend machen (§ 87 InsO). Um nicht gegen wesentliche Grundsätze des deutschen Rechts zu verstoßen, was dann zur Nichtanerkennung der Eröffnung des ausländischen Insolvenzverfahrens führen könnte (sog. ordre public-Vorbehalt, § 343 Abs. 1 Nr. 2 InsO), sollte daher im Gleichlauf mit dem deutschen Recht eine Unterbrechung erfolgen.

2. Die Insolvenzmasse als Verfahrensgegenstand

a) Die Insolvenzmasse betreffende Verfahren (Grundsatz)

§ 240 S. 1 ZPO enthält als weitere Tatbestandsvoraussetzung für eine Unterbrechung, dass das Verfahren die Insolvenzmasse (in aktiver oder passiver Richtung) betreffen muss. Der Streitgegenstand des Prozesses muss sich folglich grundsätzlich auf das gegenwärtige bzw. während der Dauer des Insolvenzverfahrens erlangte, der Zwangsvollstreckung unterliegende Vermögen des Insolvenzschuldners, die sog. Sollmasse i.S.d. §§ 35, 36 InsO, beziehen[89]. Der Begriff „Bezug zur Insolvenzmasse“ ist weit zu verstehen. Es fallen darunter sowohl unmittelbare als auch mittelbare Bezugnahmen. Die Verbindung muss allerdings zwingend rechtlicher Natur sein, ein rein wirtschaftlicher Zusammenhang reicht nicht aus[90]. Da nur Vermögensrechte zur Insolvenzmasse gehören können, tritt bei nichtvermögensrechtlichen Streitigkeiten keine Unterbrechung ein. Nicht zur Masse zu rechnen sind zudem unpfändbare Gegens-

[88] S. dazu bereits oben B III 1 b.

[89] Eine Darstellung der nahezu unüberschaubaren Kasuistik bieten MünchKomm-InsO/*Schumacher*, vor §§ 85 bis 87 Rn. 22 ff.; *Stein/Jonas/Roth*, § 240 Rn. 11; *Uhlenbruck*, § 85 Rn. 8; jeweils m.w.N.

[90] MünchKommZPO/*Feiber*, § 240 Rn. 16; *Stein/Jonas/Roth*, § 240 Rn. 11. – A.A. *Uhlenbruck*, § 85 Rn. 8.

tände (vgl. § 36 InsO) sowie die Gegenstände, die der Insolvenzverwalter durch Erklärung gegenüber dem Insolvenzschuldner freigegeben hat, bevor eine Klage erhoben war[91]. Falls mehrere Ansprüche im gleichen Prozess geltend gemacht werden, aber nur Teile des Streitgegenstandes die Insolvenzmasse betreffen, wird der Rechtsstreit einheitlich unterbrochen[92].

b) Besonderheiten bei Gesellschaften

aa) Das Insolvenzverfahren als besonders ausgestaltetes Liquidationsverfahren

Nach dem Wortlaut des § 240 ZPO werden auch im Fall der Eröffnung des Insolvenzverfahrens über das Vermögen einer juristischen Person oder einer Gesellschaft ohne Rechtspersönlichkeit i.S.d. § 11 Abs. 2 Nr. 1 InsO nur diejenigen Prozesse der Gesellschaft unterbrochen, die die Insolvenzmasse betreffen. Aus diesem Grund sollen nach der bislang herrschenden Ansicht alle Verfahren, die das sog. „insolvenzfreie" Vermögen berühren, gegenüber den zuständigen Organen ohne Unterbrechung weitergeführt werden[93].
Seit dem Inkrafttreten der InsO am 01.01.1999 dürfte diese Auffassung aber überholt sein. Die geltende Rechtslage sieht für den Insolvenzfall zwei Arten der Verwertung des Schuldnervermögens vor: zum einen die Liquidation mit anschließender Verteilung des Erlöses und zum anderen die Sanierung des Unternehmens als „investive Verwertung" (§ 1 S. 1 InsO). Wesentliches Verfahrensprinzip ist der Grundsatz der Vollabwicklung, d.h. das Insolvenzverfahren soll bei Gesellschaften regelmäßig zugleich die Aufgabe der gesellschaftsrechtlichen Abwicklung bis zur Vollbeendigung und der anschließenden Löschung im Handelsregister übernehmen, so dass es keines weiteren außergerichtlichen Liquidationsverfahrens mehr bedarf[94]. Im Regierungsentwurf zur InsO war dieses bereits unter Geltung der Konkursordnung vertretene[95]

[91] *Uhlenbruck*, § 85 Rn. 13; *Zöller/Greger*, § 240 Rn. 8. Einzelheiten sogleich unter b cc.
[92] MünchKommZPO/*Feiber*, § 240 Rn. 18; *Musielak/Stadler*, § 240 Rn. 5; *Zöller/Greger*, § 240 Rn. 8. – A.A. MünchKommInsO/*Schumacher*, vor §§ 85 bis 87 Rn. 26.
[93] Statt aller *Uhlenbruck*, § 85 Rn. 34 m.w.N.; vgl. auch die Darstellung bei MünchKomm-InsO/*Schumacher*, vor §§ 85 bis 87 Rn. 39 ff.
[94] Begr. RegE zur InsO, BT-Drucks. 12/2443, S. 83 f.
[95] *K. Schmidt*, Wege, S. 99 ff., 151 ff.; *ders.*, GesR, § 11 VI 4; *ders.*, KTS 1994, 309 ff.

Prinzip noch ausdrücklich in § 1 Abs. 2 S. 3 InsO verankert[96]. Diese Vorschrift wurde zwar vom Rechtsausschuss des Bundestages gestrichen, um den Gesetzestext zu straffen[97], eine inhaltliche Änderung war damit aber nicht beabsichtigt[98]. Das Ziel, eine Gesellschaft im Insolvenzverfahren bis zur Löschungsreife abzuwickeln, ergibt sich zum einen aus der Gesetzesbegründung zur Regelung des Art. 22 Nr. 1 EGInsO/§ 141a FGG[99], zum anderen setzt das Gesetz selbst diese Auffassung voraus. So bestimmt § 199 S. 2 InsO, dass – falls der Schuldner keine natürliche Person ist – der Insolvenzverwalter jeder am Schuldner beteiligten Person den Teil des Überschusses herauszugeben hat, der ihr bei einer Abwicklung außerhalb des Insolvenzverfahrens zustünde. Das Insolvenzverfahren über das Vermögen von Gesellschaften stellt eben kein reines Gesamtvollstreckungsverfahren dar, welches nur der Vermögensverwertung dient[100], sondern ist *gleichzeitig* als Liquidationsverfahren mit dem Ziel der Vollabwicklung des Rechtsträgers zu qualifizieren[101]. Einer Abwicklung bedarf es nur dann nicht, wenn ein Insolvenzplan zur Sanierung (§§ 217 ff. InsO) erarbeitet wird. Mit Ausnahme des Falles, dass sich nach Eröffnung des Insolvenzverfahrens herausstellt, dass die Masse voraussichtlich nicht ausreicht, um die Verfahrenskosten nach § 54 InsO zu decken und das Verfahren daher eingestellt wird (§ 207 Abs. 1 S. 1 InsO), findet die gesellschaftsrechtliche Abwicklung der Gesellschaft somit immer im Insolvenzverfahren statt. Dieses endet erst, wenn die Gesellschaft vollbeendet oder saniert, also die Befriedigung der Insolvenzgläubiger auf eine der durch § 1 S. 1 InsO vorgegebenen Arten erfolgt ist[102].

---

[96] RegE zur InsO, BT-Drucks. 12/2443, S. 10 (Begründung S. 109).
[97] BT-Drucks. 12/7302, S. 155
[98] *Bork*, InsR, Rn. 135; *H.-F. Müller*, Verband, S. 13.
[99] Begr. RegE zum EGInsO, BT-Drucks. 12/3803, S. 70.
[100] So aber z.B. *Henckel*, ZIP 1991, 134; *ders.*, FS Merz, S. 203 ff.; *Mitlehner*, ZIP 2000, 978; *Runkel*, FS Uhlenbruck, S. 317; *Stürner*, FS Uhlenbruck, S. 672.
[101] *Bork*, InsR, Rn. 135; *Hüffer*, AktG, § 264 Rn. 6; *H.-F. Müller*, Verband, S. 13 ff.; MünchKommInsO/*Schumacher*, vor §§ 85 bis 87 Rn. 38; MünchKommHGB-*K. Schmidt*, Anh. § 158 Rn. 41; *Schlegelberger/K. Schmidt*, § 145 Rn. 67; *ders.*, ZGR 1998, 636 f.; *ders.*, ZIP 2000, 1916; *ders.*, Wege, S. 151 ff.; *ders.*, GesR, § 11 VI 4; *ders.*, KTS 1984, 366; *ders.*, KTS 1994, 310; *Wellkamp*, KTS 2000, 341. Vgl. auch *Weber*, KTS 1970, 79, der die Insolvenz/den Konkurs ebenso wie die normale Liquidation als „Form eines mehr oder weniger langsamen Sterbens" für die Gesellschaft bezeichnet.
[102] So *Keidel/Winkler*, FGG, § 141a Rn. 3 f.; *H.-F. Müller*, Verband, S. 15; *K. Schmidt*, Wege, S. 161 f.; *Wellkamp*, KTS 2000, 341.

Legt man dieses Verständnis zugrunde, ist es auch gerechtfertigt, dass die Eröffnung des Insolvenzverfahrens über das Vermögen einer Gesellschaft einen Auflösungsgrund darstellt (BGB-Gesellschaft: § 728 Abs. 1 S. 1 BGB; OHG: § 131 Abs. 1 Nr. 3 HGB; AG: § 262 Abs. 1 Nr. 3 AktG; GmbH: § 60 Abs. 1 Nr. 4 GmbHG). Bei Vorliegen eines Auflösungsgrundes tritt die Gesellschaft in das Stadium der Liquidation mit dem Ziel der Vollbeendigung des Rechtsträgers ein. Im Fall der Insolvenz übernimmt diese planmäßige gesellschaftsrechtliche Abwicklung nach der Vorstellung des Gesetzgebers eben das Insolvenzverfahren. Dem steht auch nicht entgegen, dass die InsO die Sanierung des Rechtsträgers als eine mögliche Variante der Verwertung vorsieht, denn bei Beseitigung des Auflösungsgrundes kann die Auflösung schließlich rückgängig gemacht werden[103]. Das Insolvenzverfahren über das Vermögen von Gesellschaften ist folglich als ein besonders ausgestaltetes Liquidationsverfahren anzusehen, dessen Besonderheit darin zu sehen ist, dass die Abwicklung im Rahmen eines staatlich angeordneten Zwangsverfahrens in die Hände eines gesellschaftsfremden Verwalters gelegt wird, der vom Gericht bestellt wird (§ 56 Abs. 1 InsO)[104].

bb) Konsequenzen für den Massebegriff i.S.d. §§ 35, 36 InsO

Nach § 35 InsO ist unter dem Begriff „Insolvenzmasse“ das gesamte Vermögen des Schuldners zu verstehen, das ihm zur Zeit der Eröffnung des Insolvenzverfahrens gehört und das er während des Verfahrens erlangt. Kein Bestandteil der Masse sind gem. § 36 Abs. 1 InsO die Gegenstände, die nicht der Zwangsvollstreckung unterliegen, wobei § 36 Abs. 2 InsO wiederum Ausnahmen von diesem Grundsatz statuiert. Die Insolvenzordnung unterscheidet folglich zwischen zwei Vermögensmassen. Ein Teil des schuldnerischen Vermögens unterliegt dem Insolvenzbeschlag, aber es existiert gleichzeitig daneben noch verfahrensfreies Vermögen[105].

---

[103] Dies entspricht heute allg. Meinung. Grundlegend *Scholz*, ZHR 93 (1929), 82 ff.; *ders.*, JZ 1952, 199 ff. – A.A. noch *Wimpfheimer*, Liquidation, S. 120.

[104] *H.-F. Müller*, Verband, S. 18; *K. Schmidt*, ZGR 1998, 635.

[105] Vgl. auch den Wortlaut des § 89 InsO.

Dieses Prinzip wendet die (noch) überwiegende Ansicht ohne weiteres auch auf Personengesellschaften und Körperschaften an. Die Zuständigkeit für die Verwaltung der zur Insolvenzmasse gehörenden Vermögensgegenstände gehe mit der Verfahrenseröffnung auf den Insolvenzverwalter über, für die restlichen Gegenstände aber verbleibe diese bei den Verbandsorganen[106].
Die Auffassung, dass es beim Gesellschaftskonkurs verfahrensfreies Vermögen geben könne, war – schon unter Geltung der Konkursordnung – mit Recht von *Karsten Schmidt* und seinem Schüler *Wolf Schulz* heftig bestritten worden[107]. Deren Argumentation lässt sich ohne weiteres auf die geltende Rechtslage übertragen. Die Insolvenzordnung versteht das Insolvenzverfahren als ein besonders ausgestaltetes Liquidationsverfahren, das die gesellschaftsrechtliche Abwicklung mit umfasst. Legt man diesen Verfahrenszweck zugrunde, kann es bei der Insolvenz von Gesellschaften kein massefreies Vermögen geben, da bei der Liquidation von Gesellschaften immer deren gesamtes Vermögen betroffen ist. Würde man hingegen verfahrensfreie Vermögensgegenstände anerkennen, müsste sich an das Insolvenzverfahren zwingend noch eine gesellschaftsrechtliche Abwicklung anschließen, da die Gesellschaft insoweit nicht vollbeendet wäre. Ein solches Ergebnis würde eindeutig dem bereits dargestellten Willen des Gesetzgebers widersprechen.
Dieser Auffassung steht auch insbesondere die Vorschrift des § 36 InsO nicht entgegen. Zweck der Norm ist es, dem Schuldner das aus dem Sozialstaatsprinzip abgeleitete Existenzminimum zu sichern, indem die wichtigsten zum Lebensunterhalt benötigten Gegenstände, die aus dem gleichen Grund der Pfändung nicht unterliegen[108], nicht in das Insolvenzverfahren mit einbezogen werden. Schutzobjekt der §§ 36 InsO, 811 ZPO sind somit offensichtlich natürliche Personen[109]. Körperschaften und Personengesellschaften kann ein solcher verfahrensfreier Vermögensbereich hingegen nicht zustehen. Der Anwendungsbereich des § 36 InsO beschränkt sich folglich auf natürliche Perso-

---

[106] Vgl. dazu vorerst nur *Runkel*, FS Uhlenbruck, S. 317; *Weber*, KTS 1970, 79.
[107] *K. Schmidt/Schulz*, ZIP 1982, 1015. Dieser Ansatz wurde in weiteren Veröffentlichungen vertieft und ausgebaut, vgl. z.B. *K. Schmidt*, KTS 1984, 366; *ders.*, KTS 1988, 12; *ders.*, Wege, S. 69 ff.; *ders.*, ZGR 1998, 637 ff.; *Schulz*, Masselose Liquidation, S. 21 ff.; *ders.*, KTS 1986, 401 ff.
[108] *Stein/Jonas/Münzberg*, § 811 Rn. 1 ff.; *Zöller/Stöber*, § 811 Rn. 1.
[109] *K. Schmidt*, GesR, § 11 VI 4 b bb; *Häsemeyer*, InsR, Rn. 9.11.

nen; für Kapitalgesellschaften lässt sich aus dieser Vorschrift jedenfalls kein insolvenzfreies Vermögen herleiten[110].
In der Insolvenz von Gesellschaften gibt es kein verfahrensfreies, nicht dem Insolvenzbeschlag unterliegendes Vermögen. Die Insolvenzmasse besteht mithin aus dem gesamten bei Verfahrenseröffnung vorhandenen sowie dem während der Dauer des Verfahrens hinzuerworbenen Gesellschaftsvermögen (§ 35 InsO)[111].

cc) Die Freigabe

Betrachtet man das gesamte Gesellschaftsvermögen als Insolvenzmasse, stellt sich die Frage, ob der Insolvenzverwalter durch Freigabe bestimmte Vermögensgegenstände ausscheiden kann.

(1) Grundsatz

Obwohl die Freigabe in der Insolvenzordnung in nur einer einzigen Vorschrift (§ 32 Abs. 3 S. 1 InsO) explizit genannt wird, ist allgemein anerkannt, dass dem Insolvenzverwalter die Befugnis zusteht, Vermögensgegenstände aus der Masse freizugeben[112]. Von dieser Möglichkeit wird er vor allem dann Gebrauch machen, wenn deren Verwertung keinen Massezufluss einbringen würde. Um einer möglichen Haftung aus § 60 InsO zu entgehen, muss der Verwalter sogar Gegenstände freigeben, sofern ansonsten unnötige Belastun-

---

110 So richtig *H.-F. Müller*, Verband, S. 29 ff. (teleologische Reduktion); *Gutsche*, Organkompetenzen, S. 40 f.

111 *H.-F. Müller*, Verband, S. 26 ff.; MünchKommHGB-*K. Schmidt*, Anh. § 158 Rn. 43; *Schlegelberger/K. Schmidt*, § 145 Rn. 69; *ders.*, GesR, § 11 VI 4 b bb; *ders.*, KTS 1988, 12; *ders.*, Wege, S. 69 ff.; *ders.*, ZGR 1998, 637 f.; *ders./Schulz*, ZIP 1982, 1016 ff. Durch die Einbeziehung des Neuerwerbs der insolventen Gesellschaft in die Insolvenzmasse durch § 35 InsO sind die früheren umständlichen Konstruktionen (vgl. dazu *Jaeger/Henckel*, KO, § 1 Rn. 119 ff.) hinfällig.

112 RGZ 60, 107 (109); 79, 27 (29); 105, 313 (314 f.); 127, 197 (200); BGHZ 35, 180 (181); 46, 249 (250); 127, 156 (167); *Bork*, InsR, Rn. 124; *Jaeger/Henckel*, KO, § 6 Rn. 17; *Häsemeyer*, InsR, Rn. 10.43, 13.14 ff.; HK-InsO/*Eickmann*, § 35 Rn. 42 ff.; MünchKommInsO/*Lwowski*, § 35 Rn. 84 ff.; *Smid*, InsO, § 80 Rn. 30 ff.; *H.-F. Müller*, Verband, S. 37. Ausführlich *Henckel*, FS Kreft, S. 291 ff.

gen drohen[113]. Die Freigabe erfolgt mittels einseitiger empfangsbedürftiger Willenserklärung gegenüber dem Schuldner, die den bestimmten und unzweideutigen Freigabewillen des Verwalters erkennen lassen muss[114]. Hat der Insolvenzverwalter wirksam auf die Massezugehörigkeit verzichtet, fällt die Verwaltungs- und Verfügungsbefugnis hinsichtlich des freigegebenen Gegenstandes an den Insolvenzschuldner zurück[115].

Der Insolvenzverwalter kann die Freigabe grundsätzlich nur erklären, bevor eine Klage über das zur Masse gehörende Recht erhoben wurde. Ist die Klage bereits anhängig, kann er das Prozessrisiko nicht ohne weiteres auf das insolvenzfreie Vermögen verlagern, indem er den streitbefangenen Vermögensgegenstand freigibt. Die Rechtsprechung behandelt indessen die Freigabe während eines anhängigen Verfahrens als einen zulässigen Parteiwechsel auf den Schuldner, weil die Freigabe insofern der Beendigung des Insolvenzverfahrens gleichstehe[116]. Sie missachtet dabei jedoch die Interesse des Prozessgegners, das Verfahren gegen den Insolvenzverwalter und die Insolvenzmasse als der ursprünglichen Partei zu Ende zu führen. Daher wendet die überwiegende Ansicht im Schrifttum auf diese Konstellation zu Recht § 265 Abs. 2 ZPO analog an, so dass der Insolvenzverwalter den Prozess als Prozessstandschafter fortführen muss, es sei denn, dass der Gegner dem Parteiwechsel auf den Schuldner zustimmt[117].

[113] *Höpfner*, ZIP 2000, 1518; *Jaeger/Henckel*, KO, § 6 Rn. 17. Allgemein zur Haftung des Insolvenzverwalters nach §§ 60, 61 InsO bei der Fortführung von Unternehmen *Meyer/Schulteis*, DZWIR 2004, 319 ff.

[114] *Jaeger/Henckel*, KO, § 6 Rn. 27; HK-InsO/*Eickmann*, § 35 Rn. 46; MünchKomm-InsO/*Lwowski*, § 35 Rn. 100; *Häsemeyer*, InsR, Rn. 13.15; *Höpfner*, ZIP 2000, 1518.

[115] *Bork*, InsR, Rn. 124; *Jaeger/Henckel*, KO, § 6 Rn. 21; *Häsemeyer*, InsR, Rn. 10.43, 13.14 f.; MünchKommInsO/*Lwowski*, § 35 Rn. 85, 103; *H.-F. Müller*, Verband, S. 37.

[116] RGZ 79, 27 (29 f.); BGHZ 46, 249 (250 f.); 123, 132 (136); dem folgend *Rosenberg/Schwab/Gottwald*, § 46 Rn. 53.

[117] *Häsemeyer*, InsR, Rn. 10.43; MünchKommInsO/*Schumacher*, vor §§ 85 bis 87 Rn. 87; ebenso *Jaeger/Henckel*, KO, § 6 Rn. 116 ff.; *ders.*, Parteilehre, S. 164; *de Boor*, Parteiwechsel, S. 65 ff.

(2) Besonderheiten in der Insolvenz von Gesellschaften

Die Zulässigkeit der Freigabe in der Insolvenz juristischer Personen bzw. insolvenzfähiger Personenvereinigungen ist umstritten. Eine Beurteilung ist eng verbunden mit der Frage, ob es in der Gesellschaftsinsolvenz verfahrensfreies Vermögen gibt.
Da die herrschende Ansicht letzteres bejaht, hält sie konsequenterweise auch eine Freigabe für zulässig. Das Insolvenzverfahren sei schließlich ein auf die Verwirklichung der Vermögenshaftung gerichtetes Gesamtvollstreckungsverfahren. Daher muss es dem Insolvenzverwalter möglich sein, wertlose bzw. die Masse belastende Gegenstände freizugeben[118]. Für deren Abwicklung seien die Organe der insolventen Gesellschaften zuständig, die nach wie vor als Rechtsträger zur Verfügung stehen, weil die Verfahrenseröffnung nur zur Auflösung und nicht zur Vollbeendigung führe. Hauptzweck des Insolvenzverfahrens sei der Gläubigerschutz, der durch jegliche Einschränkung des Freigaberechts beeinträchtigt würde. Zudem ergebe sich die Zulässigkeit der Freigabe bereits aus § 32 Abs. 3 S. 1 InsO, da sie in dieser Vorschrift vorausgesetzt werde[119].
Leugnet man (zu Recht) die Existenz verfahrensfreien Vermögens im Falle der Insolvenz von Gesellschaften, muss konsequenterweise eine Freigabe von Vermögensgegenständen aus der Insolvenzmasse als unzulässig angesehen werden[120]. Dies vermag schon aus rechtssystematischen Gründen zu überzeu-

---

[118] Besonders relevant wird dies bei der Frage der Freigabe altlastenverseuchter Grundstücke, um die Haftung der Masse für die Beseitigungskosten zu vermeiden. Die Zulässigkeit der Freigabe bejahen z.B. BGH ZIP 2005, 1034; BVerwG ZIP 2004, 1766 (mit Anm. *Pape*); NJW 1984, 2427; BayVGH KTS 1983, 462 (mit zust. Anm. *Kölsch*); *Binz/Hess*, Rn. 1486 ff.; *Haarmeyer/Wutzke/Förster*, Rn. 5/374; HK-InsO/*Eickmann*, § 35 Rn. 44 f.; MünchKomm-InsO/*Lwowski*, § 35 Rn. 95 ff.; *Häsemeyer*, FS Uhlenbruck, S. 112 ff. – A.A. *K. Schmidt*, KTS 1988, 12 f.; *ders.*, ZIP 2000, 1919 ff.; *Schulz*, NJW 1984, 2428 f. Kritisch auch *Smid*, InsO, § 80 Rn. 41 f. Differenzierend *Hüffer*, AktG, § 264 Rn. 7.

[119] BGH ZIP 2005, 1034; BVerwG NJW 1984, 2427; BayVGH KTS 1983, 462; *Hüffer*, AktG, § 264 Rn. 7; HK-InsO/*Eickmann*, § 35 Rn. 47; § 80 Rn. 10; MünchKomm-InsO/*Lwowski*, § 35 Rn. 104 ff. (insbes. 113 f.); *Smid*, InsO, § 80 Rn. 35; *Henckel*, ZIP 1991, 135; *Mitlehner*, ZIP 2000, 978; *Runkel*, FS Uhlenbruck, S. 317; *Uhlenbruck*, KTS 2004, 288. Besonders ausführlich *Gutsche*, Organkompetenzen, S. 45 ff. Vgl. auch die umfangreichen Nachweise bei *H.-F. Müller*, Verband, S. 38 in den Fn. 74-78.

[120] OLG Karlsruhe ZIP 2003, 1510 (1511 f.); OVG Greifswald NJW 1998, 175 (178); *Bork*, InsR, Rn. 135; *Jaeger/Müller*, InsO, § 35 Rn. 145 ff.; *ders.*, Verband, S. 38 ff.; MünchKommHGB-*K. Schmidt*, Anh. § 158 Rn. 43; *ders.*, GesR, § 11 VI 4 b bb; *ders.*, KTS

gen. Die von der herrschenden Auffassung angeführte Vorschrift des § 32 Abs. 3 S. 1 InsO regelt nur, welche Folgen einer Freigabe in registerrechtlicher Hinsicht zukommen. Eine Aussage über die Voraussetzungen der Freigabe bzw. darüber, ob eine solche im Fall der Gesellschaftsinsolvenz überhaupt möglich ist, lässt sich der Norm jedoch nicht entnehmen. Diese Frage kann vielmehr nur im Hinblick auf den Zweck des Insolvenzverfahrens über das Vermögen von Gesellschaften beantwortet werden. Die Insolvenzordnung verlangt vom Insolvenzverwalter, die Gesellschaft im Rahmen des Verfahrens vollständig abzuwickeln, sofern eine Sanierung keine hinreichende Aussicht auf Erfolg bietet[121]. Dann wäre es widersprüchlich, dem Verwalter gleichzeitig die Möglichkeit zur Freigabe von Vermögensgegenständen aus der Masse einzuräumen, die unter Umständen sogar zu einer Pflicht wird, bei deren Verletzung die Haftung nach § 60 InsO droht. Im Ergebnis würde dadurch nämlich verfahrensfreies Vermögen geschaffen, was bei Gesellschaftsinsolvenzen nicht anzuerkennen ist. Daran ändert auch der Hinweis nichts, dass durch die Eröffnung des Insolvenzverfahrens die Gesellschaft nur aufgelöst wird und mithin noch als Rechtsträger für die nicht dem Insolvenzbeschlag unterliegenden Vermögensgegenstände zur Verfügung steht. Die Verfahrenseröffnung lässt die Rechtszuständigkeit ohnehin unberührt, die Gesellschaft selbst bleibt schließlich der Rechtsinhaber. Nur die Verwaltungs- und Verfügungsbefugnis geht auf den Insolvenzverwalter über (§ 80 Abs. 1 InsO) und würde mit der Freigabe wieder an die Gesellschaftsorgane zurückfallen. Ein überzeugendes Argument für die Zulässigkeit der Freigabe kann darin nicht gesehen werden[122].

Auszugehen ist vielmehr von dem der Insolvenzordnung zugrunde liegenden Konzept der Vollabwicklung der Gesellschaft als Rechtsträger[123]. Im Gegensatz zu Personengesellschaften und Körperschaften, die mit Abschluss des Insolvenzverfahrens grundsätzlich vollbeendet sind und damit nicht mehr als Rechtssubjekt fortbestehen, existiert eine natürliche Person selbstverständlich

1988, 12 f.; *ders.*, Wege, S. 73 ff.; *ders.*, ZGR 1998, 637 f.; *ders.*, ZIP 2000, 1919 f.; *ders./Schulz*, ZIP 1982, 1021 f.; *Schulz*, Masselose Liquidation, S. 219 f.; *ders.*, NJW 1984, 2428 f.

[121] S. bereits oben B III 2 b aa.

[122] So auch *H.-F. Müller*, Verband, S. 38 ff.

[123] Ausdrücklich Begr. RegE zur InsO, BT-Drucks. 12/2443, S. 84.

weiter. Aus diesem Grund erscheint es gerechtfertigt, ihr bereits während des laufenden Verfahrens die Verwaltungs- und Verfügungsbefugnis hinsichtlich derjenigen Vermögensgegenstände zukommen zu lassen, die sich als ungeeignet zur Gläubigerbefriedigung erweisen. Die Fortexistenz von Gesellschaften steht hingegen erst am Ende des Insolvenzverfahrens fest. Sie ist nach den gesellschaftsrechtlichen Vorschriften (§§ 728 Abs. 1 S. 2 BGB, 144 Abs. 1 HGB, 60 Abs. 1 Nr. 4 Hs. 2 GmbHG, 274 Abs. 2 Nr. 1 AktG) nur möglich nach Einstellung des Verfahrens auf Antrag des Schuldners (§ 213 InsO) oder durch Aufhebung nach Bestätigung eines Insolvenzplans zur Sanierung (§ 258 Abs. 1 InsO). Anderenfalls ist die Gesellschaft vollständig – d.h. sowohl in vermögensrechtlicher als auch in nichtvermögensrechtlicher Hinsicht – bis zur Löschungsreife abzuwickeln. Mit diesem schon wiederholt genannten Zweck des Insolvenzverfahrens ist die Freigabe von Vermögensgegenständen aus der Insolvenzmasse nicht zu vereinbaren. Insolvente Gesellschaften sollen nach der Durchführung des Verfahrens ordnungsgemäß aus dem Rechtsverkehr ausscheiden. Gerade dann wäre es aber widersinnig, durch Freigabe erst insolvenzfreies Vermögen zu schaffen, das durch die bisherigen Gesellschaftsorgane abzuwickeln ist, für dessen Verwaltung ihnen aber in der Regel keine finanziellen Mittel mehr zur Verfügung stehen. Da in der gesellschaftsrechtlichen Liquidation eine Freigabe ausgeschlossen ist, würde dies insbesondere in den praktisch relevanten Fällen der altlastenverseuchten Grundstücke dazu führen, dass entweder überhaupt keine Beseitigung erfolgen würde bzw. die Kosten die Allgemeinheit zu tragen hätte. Ein solches Ergebnis kann selbst mit dem Gläubigerschutz im Insolvenzverfahren nicht gerechtfertigt werden[124].

Es bleibt festzuhalten, dass es in der Insolvenz von Gesellschaften kein verfahrensfreies Vermögen gibt. Eine Freigabe von Vermögensgegenständen aus der Insolvenzmasse durch den Insolvenzverwalter ist unzulässig.

---

[124] Daher sprechen sich explizit gegen die Freigabe aus: OLG Karlsruhe ZIP 2003, 1510 (1511 f.); *H.-F. Müller*, Verband, S. 39 ff.; *K. Schmidt*, KTS 1988, 12 f.; *ders.*, ZIP 2000, 1919 ff.; *Schulz*, NJW 1984, 2428 f.; *Stürner*, FS Merz, S. 574 ff. – A.A. BGH ZIP 2005, 1034; BVerwG NJW 1984, 2427; BayVGH KTS 1983, 462; HK-InsO/*Eickmann*, § 35 Rn. 44 f.; MünchKommInsO/*Lwowski*, § 35 Rn. 95 ff.; *Häsemeyer*, FS Uhlenbruck, S. 112 ff.; *Uhlenbruck*, KTS 2004, 288.

(3) Die sog. modifizierte Freigabe

Von der echten Freigabe wird noch die sog. „modifizierte Freigabe“ unterschieden. Darunter versteht man die Ermächtigung des Schuldners durch den Insolvenzverwalter, zur Masse gehörige Rechte im eigenen Namen gerichtlich geltend zu machen[125]. Es handelt sich folglich um eine Form der gewillkürten Prozessstandschaft[126]. Insbesondere die Rechtsprechung hält ein derartiges Vorgehen für zulässig. Obwohl der Insolvenzschuldner als Prozesstandschafter kein fremdes, sondern ein eigenes Recht geltend mache, seien die für die Prozessstandschaft entwickelten Grundsätze anwendbar[127]. Allerdings erhält der Schuldner durch die Ermächtigung nicht nur die Parteistellung, sondern er trägt gleichzeitig das Prozess- und damit vor allem das Kostenrisiko. Dies könnte den Insolvenzverwalter dazu verleiten, die insolvente Gesellschaft nur deshalb zur Klageerhebung zu ermächtigen, um das Prozesskostenrisiko zu Gunsten der Insolvenzmasse und zu Lasten des Prozessgegners zu verringern oder auszuschließen. Eine derartige Motivation billigt die Rechtsprechung indessen nicht und sieht in der Ermächtigung einen Verstoß gegen § 138 Abs. 1 BGB oder verneint das schutzwürdige Interesse des klagenden Schuldners an der Prozessführung. Auch wenn niemand einen Anspruch darauf habe, von einem zahlungskräftigen Kläger verklagt zu werden und jeden an einem gerichtlichen Verfahren Beteiligten das Risiko treffe, von einem Kläger in Anspruch genommen zu werden, der zwar den Vorschuss auf die Prozesskosten aufbringen, aber bei erfolgloser Klage die gegnerischen Kosten nicht erstatten könne, rechtfertige dies nicht, einen erkennbaren Missbrauch der gewillkürten Prozessstandschaft hinzunehmen[128].

Dem kann im Ergebnis zugestimmt werden. Zu beachten ist aber, dass die Insolvenzordnung davon ausgeht, dass die Masse mit eigenen Mitteln durch den Insolvenzverwalter (§ 80 Abs. 1 InsO) verwaltet und verwertet werden kann,

---

125 *Häsemeyer*, InsR, Rn. 10.44; *Höpfner*, ZIP 2000, 1518; *Uhlenbruck*, KTS 2004, 278.

126 Diese wird von der h.M. allgemein als zulässig angesehen, vgl. nur *Jauernig*, ZPR, § 22 IV.

127 BGHZ 35, 181 (182 f.); 38, 281 (283); 96, 151 (152 f.); 100, 217 (218) = JR 1988, 14 (15) (Anm. *Brehm*); dem folgend auch *Grunsky*, VerfR, § 28 I 4.

128 BGHZ 35, 181 (183 ff.); 96, 151 (153 ff.); 100, 217 (220 f.). Zustimmend *Brehm*, JR 1988, 16 f.; *Uhlenbruck*, KTS 2004, 279.

wie die Regelungen zur Abweisung des Eröffnungsantrages (§ 26 InsO) und zur Verfahrenseinstellung mangels kostendeckender Masse (§ 207 InsO) zeigen. Die Verlagerung von Prozesskostenrisiken im Zusammenhang mit Streitigkeiten über massezugehörige Recht durch eine Ermächtigung gerade des Insolvenzschuldners zur Prozessführung widerspricht dieser Vorstellung. Daher ist bereits die Zulässigkeit der gewillkürten Prozessstandschaft zu verneinen[129]. Ebenso ist zu entscheiden, falls sich der Schuldner verpflichtet, das freigegebene Recht zwar auf eigene Kosten durchzusetzen, den Erlös aber an die Insolvenzmasse abzuführen[130]. Die modifizierte Freigabe in Form einer gewillkürten Prozessstandschaft des Insolvenzschuldners ist daher stets und ohne Ausnahme als unzulässig zu qualifizieren.

In der Insolvenz von Körperschaften und Personengesellschaften stellt sich dieses Problem nicht. Da es kein insolvenzfreies Gesellschaftsvermögen gibt, bleibt der in diesem Sinne „freigegebene" Vermögensgegenstand ein Bestandteil der Insolvenzmasse. Die ermächtigten Gesellschaftsorgane können nur als Hilfspersonen des Insolvenzverwalters Prozesse führen, die aber für oder gegen die Insolvenzmasse wirken[131]. Der Prozessgegner stünde mithin genau so, wie wenn der Insolvenzverwalter selbst das Verfahren aufnehmen würde.

c) Die Gesellschaft als Prozessstandschafterin

Tritt in einem gerichtlichen Verfahren eine Gesellschaft als Prozessstandschafterin auf und wird während des anhängigen Rechtsstreits das Insolvenzverfahren über ihr Vermögen eröffnet, stellt sich ebenfalls die Frage, ob dieser Prozess nach § 240 ZPO unterbrochen wird. Der gewillkürte Prozessstandschafter macht schließlich ein fremdes Recht im eigenen Namen geltend[132], aber § 240 ZPO setzt für eine Unterbrechung voraus, dass der Streitgegen-

---

129 So zu Recht *Häsemeyer*, InsR, Rn. 10.44; *Jaeger/Henckel*, KO, § 6 Rn. 122 ff.; MünchKommInsO/*Schumacher*, § 85 Rn. 18; *Uhlenbruck*, § 85 Rn. 43; *ders.*, KTS 2004, 279. Für juristische Personen und Personengesellschaften ebenso *Jauernig*, ZVIR, § 43 V 1.

130 *Häsemeyer*, InsR, Rn. 13.16; *Uhlenbruck*, KTS 2004, 279. Vgl. auch *Brehm*, JR 1988, 16 f. sowie *Stein/Jonas/Bork*, vor § 50 Rn. 59.

131 MünchKommHGB-*K. Schmidt*, Anh. § 158 Rn. 44; *ders./Schulz*, ZIP 1982, 1022.

132 *Zöller/Vollkommer*, vor § 50 Rn. 42; *Jauernig*, ZPR, § 22 IV.

stand die Insolvenzmasse betrifft. Bei Insolvenz des Prozessstandschafters wird ein anhängiges Verfahren dennoch unterbrochen, wenn der Prozess in der Hauptsache den Bestand der Insolvenzmasse jedenfalls mittelbar berührt[133]. Dies kann nicht nur bei der gewillkürten Prozessstandschaft gegeben sein, sondern auch dann, wenn die Prozessführungsbefugnis des Insolvenzschuldners auf § 265 Abs. 2 ZPO beruht[134].

Eine denkbare Fallgestaltung, in der diese Voraussetzungen vorliegen, ist beispielsweise die Sicherungszession, wenn der Sicherungszedent als gewillkürter Prozessstandschafter die sicherungshalber abgetretene Forderung gegen den Drittschuldner geltend macht. Ebenfalls liegt ein mittelbarer Bezug zur Insolvenzmasse vor, falls der Schuldner die eingeklagte Forderung erfüllungshalber abgetreten hat und der Zessionar daher bei Abweisung der Klage den ursprünglichen Anspruch als Insolvenzforderung anmelden könnte oder dem Zessionar bei Klageabweisung Gewährleistungsansprüche gegen die Insolvenzmasse zustünden[135].

[133] OLG Koblenz ZIP 1995, 1033; OLG München MDR 2000, 602; OLG Rostock ZIP 2004, 1523; LG Görlitz MDR 1998, 1308; *Jaeger/Henckel*, KO, § 10 Rn. 7; MünchKommInsO/*Schumacher*, vor §§ 85 bis 87 Rn. 34 f.; *Vollkommer*, MDR 1998, 1269. Diese Voraussetzung ist nicht gegeben, falls der Prozessstandschafter als Partei kraft Amtes handelt, da der Prozess nicht das Privatvermögen des Verwalters, sondern nur dessen Privatvermögen betrifft, vgl. *Jaeger/Henckel*, KO, § 10 Rn. 6; MünchKommInsO/*Schumacher*, vor §§ 85 bis 87 Rn. 33.

[134] OLG Rostock ZIP 2004, 1523. Eingehend *Jaeger/Henckel*, KO, § 10 Rn. 8; MünchKommInsO/*Schumacher*, vor §§ 85 bis 87 Rn. 34.

[135] Vgl. dazu MünchKommInsO/*Schumacher*, vor §§ 85 bis 87 Rn. 34 f. und *Stein/Jonas/Roth*, § 240 Rn. 7, jeweils m.w.N.

IV. Wirkung der Unterbrechung

1. Fristen

Eine erste Wirkung der Unterbrechung betrifft die Fristen. Nach § 249 Abs. 1 ZPO hört der Lauf einer jeden Frist auf und beginnt nach Beendigung der Unterbrechung von neuem zu laufen.

a) Fristarten

Es ist allgemein anerkannt, dass in den Anwendungsbereich des § 249 Abs. 1 ZPO nur prozessuale und keine materiellrechtlichen Fristen (z.B. Anfechtungs-, Widerrufs- oder Verjährungsfristen) fallen[136]. Nach einhelliger Auffassung werden zudem nur die Fristen im engeren Sinne, die sog. eigentlichen Fristen (§§ 221 ff. ZPO) erfasst[137]. Darunter versteht man die gesetzlichen und richterlichen Fristen[138], wobei von besonderer praktischer Relevanz die Fristen für Rechtsbehelfe, Rechtsmittel und die Begründung des Rechtsmittels sowie die sonstigen Notfristen sind[139].

Nicht unterbrochen werden hingegen die sog. uneigentlichen Fristen, also Zeiträume für die Vornahme einer richterlichen Handlung (z.B. §§ 310 Abs. 1 S. 2, 315 Abs. 2 ZPO) sowie Zeiträume, die für die Wirkung prozessualer Akte erforderlich oder die für außerprozessuale Tätigkeit der Parteien gesetzt sind (z.B. §§ 234 Abs. 3, 586 Abs. 2 S. 2 ZPO)[140]. Da diese Fristen verhindern sollen, dass sich der endgültige Abschluss eines Rechtsstreits zu sehr verzögert, werden sie vom Zweck des § 249 Abs. 1 ZPO nicht erfasst. Die Unterbrechung des Fristlaufs soll die Parteien schützen, indem die ihnen vom Ge-

[136] *Jaeger/Henckel*, KO, § 10 Rn. 51; MünchKommInsO/*Schumacher*, vor §§ 85 bis 87 Rn. 59; MünchKommZPO/*Feiber*, § 249 Rn. 5; *Uhlenbruck*, § 85 Rn. 36; *Zöller/Greger*, § 249 Rn. 2.

[137] *Jaeger/Henckel*, KO, § 10 Rn. 51; MünchKommInsO/*Schumacher*, vor §§ 85 bis 87 Rn. 59; MünchKommZPO/*Feiber*, § 249 Rn. 6; *Rosenberg/Schwab/Gottwald*, § 71 Rn. 1; *Uhlenbruck*, § 85 Rn. 36; *Zöller/Greger*, § 249 Rn. 2; *Voigt*, Einfluß, S. 74.

[138] Zum Begriff eingehend *Stein/Jonas/Roth*, vor § 214 Rn. 15 ff.

[139] MünchKommInsO/*Schumacher*, vor §§ 85 bis 87 Rn. 59; MünchKommZPO/*Feiber*, § 249 Rn. 8; *Rosenberg/Schwab/Gottwald*, § 71 Rn. 3.

[140] Dazu ausführlich *Stein/Jonas/Roth*, vor § 214 Rn. 23 ff.

setz eingeräumte Überlegungszeit auch im Falle der Insolvenz einer Partei erhalten bleibt. Auf das Interesse der Parteien nehmen die uneigentlichen Fristen aber gerade keine Rücksicht[141].
§ 249 Abs. 1 ZPO wird jedoch analog angewandt auf Wiedereinsetzungsfrist nach § 234 Abs. 1 und 2 ZPO[142] sowie auf die zwischen den Parteien vereinbarte Frist zum Widerruf eines Prozessvergleichs[143].

b) Wirkung auf den Fristenlauf

§ 249 Abs. 1 ZPO ordnet an, dass durch die Unterbrechung des Verfahrens der bereits begonnene Lauf von Fristen aufhört und nach Beendigung der Unterbrechung die volle Frist von neuem zu laufen beginnt. Tritt das für den Fristablauf ausschlaggebende Ereignis erst während der Unterbrechung ein, läuft diese Frist überhaupt erst nach dem Ende der Unterbrechung an[144]. „Volle Frist" i.S. von § 249 Abs. 1 ZPO meint die volle gesetzliche Frist sowie richterliche Fristen, die nach Zeitabschnitten bemessen sind (sog. Abschnittsfristen)[145]. Eine richterliche Frist, die sich nach einem festen Kalendertag richtet (sog. Datumsfrist), soll hingegen durch die Unterbrechung hinfällig werden und muss gegebenenfalls danach neu angeordnet werden[146].
Die Unterscheidung zwischen Abschnitts- und Datumsfrist soll auch Bedeutung für den Fall haben, dass die richterliche Frist nur die Verlängerung einer gesetzlichen Frist betrifft. Von praktischer Relevanz ist hierbei insbesondere die Begründungsfrist für Rechtsmittel. Unter „voller Frist" i.S. von § 249 Abs. 1 ZPO soll bei einer Verlängerung nach Zeitabschnitten die gesamte ver-

[141] *Jaeger/Henckel*, KO, § 10 Rn. 52; MünchKommInsO/*Schumacher*, vor §§ 85 bis 87 Rn. 61.
[142] *Jaeger/Henckel*, KO, § 10 Rn. 53, MünchKommInsO/*Schumacher*, vor §§ 85 bis 87 Rn. 60; MünchKommZPO/*Feiber*, § 249 Rn. 7; *Uhlenbruck*, § 85 Rn. 36.
[143] *Jaeger/Henckel*, KO, § 10 Rn. 54; MünchKommInsO/*Schumacher*, vor §§ 85 bis 87 Rn. 59.
[144] BGHZ 9, 308 (309); 111, 104 (108); MünchKommInsO/*Schumacher*, vor §§ 85 bis 87 Rn. 62; MünchKommZPO/*Feiber*, § 249 Rn. 9; *Stein/Jonas/Roth*, § 249 Rn. 5; *Rosenberg/Schwab/Gottwald*, § 123 Rn. 6; *Uhlenbruck*, § 85 Rn. 36; *Zöller/Greger*, § 249 Rn. 2.
[145] MünchKommInsO/*Schumacher*, vor §§ 85 bis 87 Rn. 62 f.; MünchKommZPO/*Feiber*, § 249 Rn. 10.
[146] RGZ 151, 279 (282); *Rosenberg/Schwab/Gottwald*, § 71 Rn. 21; *Uhlenbruck*, § 85 Rn. 36; *Zöller/Greger*, § 249 Rn. 2.

längerte Frist zu verstehen sein, bei einer Verlängerung bis zu einem bestimmten Kalendertag nur die gesetzliche Frist nach §§ 520 Abs. 2 S. 1, 551 Abs. 2 S. 2 ZPO, falls dieser Termin in die Zeit der Unterbrechung fällt[147]. Gerade bei der Verlängerung der Rechtsmittelbegründungsfrist erscheint diese Unterscheidung meines Erachtens als zweifelhaft. Die Vorschriften der §§ 240, 249 Abs. 1 ZPO wollen den Parteien, hier dem Rechtsmittelkläger, die volle gesetzliche oder richterliche Frist nach dem Ende der Unterbrechung erhalten. Der Schutz dieser verfahrensrechtlichen Position darf aber nicht von der Art der Fristberechnung abhängen. Vorzugswürdig ist daher, die Verlängerung durch eine Datumsfrist in eine Verlängerung nach Zeiträumen umzudeuten[148].

2. Prozesshandlungen einer Partei

Die Wirkung der Verfahrensunterbrechung auf Prozesshandlungen einer Partei bestimmt § 249 Abs. 2 ZPO. Danach sind die während der Unterbrechung von einer Partei in Ansehung der Hauptsache vorgenommenen Prozesshandlungen der anderen Partei gegenüber ohne rechtliche Wirkung.

a) Prozesshandlungen gegenüber dem Prozessgegner

§ 249 Abs. 2 ZPO ordnet als Rechtsfolge nur die relative Unwirksamkeit der Prozesshandlung (z.B. die Zustellung von Anwalt zu Anwalt, § 195 ZPO) an, nämlich lediglich gegenüber dem Prozessgegner. Dies bedeutet, da gerade kein Fall absoluter Unwirksamkeit vorliegt, dass die handelnde Partei an eine von ihr abgegebene Erklärung gebunden bleibt, die sie während der Unterbrechung gegenüber der anderen Partei abgegeben hat (z.B. einen Rechtsmittelverzicht)[149].

---

[147] BGHZ 64, 1 (4 f.); *Jaeger/Henckel*, KO, § 10 Rn. 51; MünchKommZPO/*Feiber*, § 249 Rn. 12; *Stein/Jonas/Roth*, § 249 Rn. 4.

[148] So auch MünchKommInsO/*Schumacher*, vor §§ 85 bis 87 Rn. 64 a.E. – A.A. freilich die h.M., vgl. nur *Jaeger/Henckel*, KO, § 10 Rn. 51 m.w.N.

[149] BGHZ 4, 314 (320); *Jaeger/Henckel*, KO, § 10 Rn. 55; MünchKomm-InsO/*Schumacher*, vor §§ 85 bis 87 Rn. 68; MünchKommZPO/*Feiber*, § 249 Rn. 15; *Ro-*

Eine wegen § 249 Abs. 2 ZPO dem Prozessgegner gegenüber relativ unwirksame Prozesshandlung kann jedoch durch dessen Genehmigung, durch Rügeverzicht oder durch rügelose Verhandlung zur Hauptsache (§ 295 Abs. 1 ZPO) geheilt werden. Aus diesem Grund wird die mangelnde Wirksamkeit der Prozesshandlung auch nicht von Amts wegen beachtet[150].
Die Rechtsfolge der relativen Unwirksamkeit tritt zudem nur ein, sofern die fragliche Prozesshandlung in Ansehung der Hauptsache vorgenommen wird. In eventuellen Nebenverfahren könnten folglich wirksame Prozesshandlungen vorgenommen werden, falls diese nicht ebenfalls aufgrund der Eröffnung des Insolvenzverfahrens unterbrochen sind[151], was bei Gesellschaften wohl ausnahmslos der Fall sein dürfte, da es kein insolvenzfreies Vermögen gibt. Geltend gemacht werden kann allerdings stets die Rüge der Unwirksamkeit der Unterbrechung selbst. Hierbei handelt es sich nämlich um eine Prozesshandlung, die nur die Frage des rechtlichen Stillstandes betrifft und daher nicht in Ansehung der Hauptsache vorgenommen wird[152].

b) Prozesshandlungen gegenüber dem Gericht

Im Gegensatz zu Prozesshandlungen gegenüber dem Prozessgegner sind solche, die während der Unterbrechung dem Gericht gegenüber vorzunehmen sind, nach überwiegender Ansicht wirksam[153]. Folglich können beispielsweise

---

senberg/Schwab/Gottwald, § 123 Rn. 8; *Stein/Jonas/Roth*, § 249 Rn. 9; *Uhlenbruck*, § 85 Rn. 37; *Zöller/Greger*, § 249 Rn. 4; *Voigt*, Einfluß, S. 77.

150 BGHZ 4, 314 (320); 50, 397 (400); *Jaeger/Henckel*, KO, § 10 Rn. 61; MünchKommInsO/*Schumacher*, vor §§ 85 bis 87 Rn. 68; MünchKommZPO/*Feiber*, § 249 Rn. 15; *Zöller/Greger*, § 249 Rn. 4; *Voigt*, Einfluß, S. 77.

151 Einzelheiten bei MünchKommInsO/*Schumacher*, vor §§ 85 bis 87 Rn. 69; MünchKommZPO/*Feiber*, § 249 Rn. 16; *Zöller/Greger*, § 249 Rn. 3.

152 BGH NJW 1997, 1445; 1995, 2563; MünchKommInsO/*Schumacher*, vor §§ 85 bis 87 Rn. 69; MünchKommZPO/*Feiber*, § 249 Rn. 17; *Stein/Jonas/Roth*, § 249 Rn. 8; *Zöller/Greger*, § 249 Rn. 3.

153 BGHZ 50, 397 (400); *Jaeger/Henckel*, KO, § 10 Rn. 55; MünchKommInsO/*Schumacher*, vor §§ 85 bis 87 Rn. 66; MünchKommZPO/*Feiber*, § 249 Rn. 19; *Stein/Jonas/Roth*, § 249 Rn. 10 ff.; *Zöller/Greger*, § 249 Rn. 5.

Rechtsmittel rechtswirksam eingelegt werden[154], wenngleich das Rechtsmittelverfahren wegen der Unterbrechung nicht weiterläuft. Eine etwaige unwirksame Zustellung kann geheilt werden, indem der Prozessgegner die Unwirksamkeit im Termin nicht rügt (§ 295 Abs. 1 ZPO) bzw. die Zustellung nach dem Ende der Unterbrechung nachgeholt wird[155].

c) Prozesshandlungen gegenüber Dritten

Dritten (nicht Prozessgegner oder Gericht) gegenüber können während der Unterbrechung rechtswirksame Prozesshandlungen vorgenommen werden, selbst wenn sie das unterbrochene Verfahren betreffen. So kann der Insolvenzverwalter z.B. einem Rechtsanwalt eine Prozessvollmacht erteilen[156]. Die wohl überwiegende Ansicht lässt darüber hinaus zu, dass ein Gesellschaftsgläubiger eine Klage, die er gegen eine OHG erhoben hat, nach der Eröffnung des Insolvenzverfahrens über das Vermögen der OHG gegen die Gesellschafter erweitert[157]. Zur Begründung stützt sich diese Auffassung auf ein höchstrichterliches Urteil, das aber noch unter Geltung der Konkursordnung ergangen ist[158]. Übersehen wird dabei, dass ein solches Vorgehen seit dem Inkrafttreten der Insolvenzordnung nicht mehr möglich ist, denn wegen der Sperrwirkung des § 93 InsO fehlt dem Gesellschaftsgläubiger für die Geltendmachung der Ansprüche gegen die Gesellschafter aus § 128 S. 1 HGB die Prozessführungsbefugnis[159].

---

[154] BGHZ 50, 397 (400); 111, 104 (108); MünchKommInsO/*Schumacher*, vor §§ 85 bis 87 Rn. 66; MünchKommZPO/*Feiber*, § 249 Rn. 19; *Rosenberg/Schwab/Gottwald*, § 123 Rn. 9; *Uhlenbruck*, § 85 Rn. 37; *Zöller/Greger*, § 249 Rn. 5.

[155] BGHZ 50, 397 (400); MünchKommInsO/*Schumacher*, vor §§ 85 bis 87 Rn. 66; MünchKommZPO/*Feiber*, § 249 Rn. 19; *Rosenberg/Schwab/Gottwald*, § 123 Rn. 9; *Stein/Jonas/Roth*, § 249 Rn. 12; *Uhlenbruck*, § 85 Rn. 37; *Zöller/Greger*, § 249 Rn. 5 a.E.

[156] MünchKommInsO/*Schumacher*, vor §§ 85 bis 87 Rn. 67; MünchKommZPO/*Feiber*, § 249 Rn. 20; *Stein/Jonas/Roth*, § 249 Rn. 8; *Uhlenbruck*, § 85 Rn. 37 a.E.

[157] MünchKommZPO/*Feiber*, § 249 Rn. 18; *Uhlenbruck*, § 85 Rn. 37; *Zöller/Greger*, § 249 Rn. 6. Seit der Anerkennung der BGB-Gesellschaft als rechts- und parteifähig (BGHZ 146, 341 = NJW 2001, 1056) stellt sich diese Frage in gleicher Weise auch bei dieser Gesellschaftsform.

[158] BGH NJW 1961, 1066.

[159] So richtig MünchKommInsO/*Schumacher*, vor §§ 85 bis 87 Rn. 67.

3. Prozesshandlungen des Gerichts

a) Grundsatz

Obwohl im Gesetz keine ausdrückliche Anordnung getroffen wird, ergibt sich im Umkehrschluss aus § 249 Abs. 3 ZPO sowie dem Zweck der §§ 240, 249 ZPO, dass nach außen wirkende Prozesshandlungen des Gerichts (z.B. Ladungen, Fristsetzungen, Zustellungen) während der Unterbrechung unzulässig und beiden Parteien gegenüber unwirksam sind[160]. Rein innergerichtliche Handlungen wie z.B. Beratungen, Abstimmungen oder das Abfassen einer Entscheidung bleiben davon unberührt.
Wie auch die Prozesshandlungen einer Partei sind die des Gerichts nur unwirksam, wenn sie einen Bezug zur Hauptsache aufweisen[161]. Ebenfalls besteht die Möglichkeit der Heilung nach § 295 ZPO bzw. die unwirksame Gerichtshandlung kann nach dem Ende der Unterbrechung nachgeholt werden[162].

b) Ausnahme des § 249 Abs. 3 ZPO

Eine Ausnahme von der Unwirksamkeit sieht § 249 Abs. 3 ZPO vor. Tritt die Unterbrechung erst nach dem Schluss der mündlichen Verhandlung ein, so ist das Gericht nicht gehindert, die aufgrund dieser Verhandlung zu erlassende Entscheidung zu verkünden. Nach herrschender Ansicht ist es dazu sogar verpflichtet[163]. Diese Regelung ist durchaus sachgerecht. Das Gericht entscheidet schließlich auf der Grundlage der mündlichen Verhandlung (vgl. §§ 308, 309,

---

[160] BGHZ 50, 397 (400); 111, 104 (107); MünchKommInsO/*Schumacher*, vor §§ 85 bis 87 Rn. 70; MünchKommZPO/*Feiber*, § 249 Rn. 21; *Rosenberg/Schwab/Gottwald*, § 123 Rn. 10; *Stein/Jonas/Roth*, § 249 Rn. 11; *Uhlenbruck*, § 85 Rn. 38; *Voigt*, Einfluß, S. 79; *Zöller/Greger*, § 249 Rn. 7.

[161] Eingehend MünchKommInsO/*Schumacher*, vor §§ 85 bis 87 Rn. 71; MünchKommZPO/*Feiber*, § 249 Rn. 23; *Stein/Jonas/Roth*, § 249 Rn. 14.

[162] BGHZ 50, 397 (400); *Jaeger/Henckel*, KO, § 10 Rn. 67; MünchKommInsO/*Schumacher*, vor §§ 85 bis 87 Rn. 74; *Rosenberg/Schwab/Gottwald*, § 123 Rn. 12.

[163] *Jaeger/Henckel*, KO, § 10 Rn. 63; MünchKommInsO/*Schumacher*, vor §§ 85 bis 87 Rn. 72; *Rosenberg/Schwab/Gottwald*, § 123 Rn. 11; *Stein/Jonas/Roth*, § 249 Rn. 18; *Uhlenbruck*, § 85 Rn. 38; *Zöller/Greger*, § 249 Rn. 8. – A.A MünchKommZPO/*Feiber*, § 249 Rn. 27 (Ermessen).

310, 767 Abs. 2 ZPO). Nachträgliche Ereignisse werden grundsätzlich nicht mehr berücksichtigt (vgl. § 296a ZPO). Der Rechtsstreit ist somit entscheidungsreif. Da Beratung und Beschlussfassung als rein interne Maßnahmen auch während der Unterbrechung zulässig sind, steht der Verkündung der Entscheidung kein Hindernis mehr entgegen. Allerdings kann diese nicht wirksam zugestellt werden[164].

Nach Auffassung des BGH kann § 249 Abs. 3 ZPO zudem analog angewandt werden, falls ein bereits vor der Unterbrechung unzulässiges Rechtsmittel nach deren Eintritt durch Beschluss verworfen wird[165]. Auf weitere Fälle von Entscheidungen, die *ohne* mündliche Verhandlung ergehen, sollte die als Ausnahmeregelung für die Verkündung von Entscheidungen *nach* dem Schluss der mündlichen Verhandlung konzipierte Vorschrift des § 249 Abs. 3 ZPO nicht entsprechend angewandt werden[166].

Wird die richterliche Entscheidung nicht von § 249 Abs. 3 ZPO erfasst, führt dies nicht zur Nichtigkeit, sondern lediglich zur Anfechtbarkeit mit dem allgemein zulässigen Rechtsmittel. Dieses Rechtsmittel ist bereits während der Unterbrechung zulässig und die angegriffene gerichtliche Entscheidung muss im Rechtsmittelverfahren aufgehoben werden, weil sie während der Verfahrensunterbrechung nicht hätte ergehen dürfen[167]. Der Erlass eines Urteils gegen den Insolvenzschuldner in dieser Situation stellt sogar einen absoluten Revisionsgrund dar (§ 547 Nr. 4 = § 551 Nr. 5 a.F. ZPO)[168]. Entscheidungen, die trotz der Unterbrechung des Verfahrens ergehen, gegen die aber kein

---

164 MünchKommInsO/*Schumacher*, vor §§ 85 bis 87 Rn. 72; MünchKommZPO/*Feiber*, § 249 Rn. 25 f.; *Uhlenbruck*, § 85 Rn. 38.

165 BGH NJW 1959, 532. Zustimmend MünchKommInsO/*Schumacher*, vor §§ 85 bis 87 Rn. 73; *Rosenberg/Schwab/Gottwald*, § 123 Rn. 11; *Stein/Jonas/Roth*, § 249 Rn. 19; *Uhlenbruck*, § 85 Rn. 38; *Zöller/Greger*, § 249 Rn. 9. Kritisch MünchKommZPO/*Feiber*, § 249 Rn. 28.

166 In diese Richtung auch MünchKommZPO/*Feiber*, § 249 Rn. 28; *Stein/Jonas/Roth*, § 249 Rn. 19. – A.A. offenbar MünchKommInsO/*Schumacher*, vor §§ 85 bis 87 Rn. 73; *Rosenberg/Schwab/Gottwald*, § 123 Rn. 11; *Zöller/Greger*, § 249 Rn. 8.

167 BGH ZIP 2004, 1102; NJW 1997, 1445; 1995, 2563; OLG Köln NJW-RR 1995, 891; *Jaeger/Henckel*, KO, § 10 Rn. 64; MünchKommInsO/*Schumacher*, vor §§ 85 bis 87 Rn. 74; MünchKommZPO/*Feiber*, § 249 Rn. 22; *Rosenberg/Schwab/Gottwald*, § 123 Rn. 12; *Stein/Jonas/Roth*, § 249 Rn. 15 ff.; *Zöller/Greger*, § 249 Rn. 10.

168 BGH ZIP 1988, 446; MünchKommInsO/*Schumacher*, vor §§ 85 bis 87 Rn. 74; MünchKommZPO/*Feiber*, § 249 Rn. 22; *Uhlenbruck*, § 85 Rn. 38.

Rechtsmittel zulässig ist, sind nicht anfechtbar[169]. Hier besteht aber unter Umständen die Möglichkeit der Nichtigkeitsklage (§ 579 Abs. 1 Nr. 4 ZPO)[170].

V. Zeitpunkt des Eintritts der Unterbrechungswirkung

1. Beginn

Hinsichtlich des Zeitpunkts, an dem die Unterbrechungswirkung eintritt, ist zwischen den beiden Sätzen des § 240 ZPO zu differenzieren.
Die Unterbrechung beginnt im Anwendungsbereich des § 240 S. 1 ZPO mit dem Wirksamwerden des Eröffnungsbeschlusses. Dieser enthält die Stunde der Eröffnung (§ 27 Abs. 2 S. 3 InsO). Fehlt eine Zeitangabe, so gilt als Zeitpunkt der Eröffnung die Mittagsstunde des Tages, an dem der Beschluss erlassen worden ist (§ 27 Abs. 3 InsO). Erlassen ist der Beschluss, wenn er nicht mehr als rein interne Angelegenheit des Insolvenzgerichts angesehen werden kann, also vom Insolvenzrichter unterschrieben an die Geschäftsstelle gegeben wird, damit diese die Bekanntmachung und Zustellung gem. § 23 InsO veranlasst. Auf die Bekanntmachung und Zustellung des Eröffnungsbeschlusses selbst (§ 30 Abs. 1, 2 InsO) kommt es jedoch nicht an[171].
Für die Anordnung der vorläufigen Insolvenzverwaltung nach §§ 21 Abs. 2, 22 InsO, bei der gem. § 240 S. 2 ZPO ebenfalls ein die Insolvenzmasse betreffender anhängiger Prozess unterbrochen wird, fehlt eine ausdrückliche gesetzliche Regelung. Auf diese Konstellation können aber § 27 Abs. 2 und 3 InsO analog angewandt werden, so dass die Unterbrechungswirkung ebenfalls mit Erlass des Beschlusses eintritt[172].

[169] Z.B. Entscheidungen des BGH, vgl. BGH ZIP 2004, 1120; *Zöller/Greger*, § 249 Rn. 10.
[170] So *Rosenberg/Schwab/Gottwald*, § 123 Rn. 12; *Stein/Jonas/Roth*, § 249 Rn. 17.
[171] MünchKommInsO/*Schumacher*, vor §§ 85 bis 87 Rn. 58.
[172] MünchKommInsO/*Schumacher*, vor §§ 85 bis 87 Rn. 57; MünchKommZPO/*Feiber*, § 240 Rn. 21.

2. Streit über die Verfahrensunterbrechung

Denkbar ist, dass zwischen dem Insolvenzverwalter und dem Schuldner ein Streit darüber entsteht, ob das in dem vom Insolvenzschuldner begonnenen Prozess geltend gemachte Recht überhaupt zur Insolvenzmasse gehört. Ob diese Voraussetzung des § 240 ZPO gegeben ist und somit die Unterbrechungswirkungen eintreten, entscheidet das Gericht in einem gesonderten Verfahren nach mündlicher Verhandlung durch Beschluss, gegen den analog § 252 ZPO die sofortige Beschwerde statthaft ist[173].

[173] *Jaeger/Henckel*, KO, § 10 Rn. 50; *Rosenberg/Schwab/Gottwald*, § 123 Rn. 20 f.; *Uhlenbruck*, § 85 Rn. 40; *Voigt*, Einfluß, S. 72 ff.

C. Das Ende der Unterbrechung rechtshängiger Prozesse

Nach § 240 S. 1 ZPO dauert die Unterbrechung an, bis das Verfahren nach den für das Insolvenzverfahren geltenden Vorschriften aufgenommen oder das Insolvenzverfahren beendet wird. Zwei Konstellationen führen somit das Ende der Verfahrensunterbrechung herbei. Dies ist zum einen die Aufnahme des Verfahrens gemäß §§ 85, 86, 180 Abs. 2 InsO sowie § 17 Abs. 1 S. 2 AnfG[174] und zum anderen die Beendigung des Insolvenzverfahrens[175]. Beendigungsgründe sind die Aufhebung des Insolvenzverfahrens (§§ 200, 258 InsO), die Aufhebung des Eröffnungsbeschlusses im Beschwerdeverfahren (§ 34 Abs. 2, 3 InsO), die Einstellung des Insolvenzverfahrens (§§ 207, 211, 212, 213 InsO) oder die nachträgliche Anordnung der Eigenverwaltung (§ 271 InsO)[176]. Wurde das Verfahren durch die Bestellung eines vorläufigen Insolvenzverwalters unterbrochen (§ 240 S. 2 ZPO), endet die Unterbrechung mit der Aufhebung der Bestellung bzw. der Aufhebung des Verwaltungs- und Verfügungsverbotes (§ 25 InsO)[177].

I. Beendigung der Unterbrechung durch Aufnahme des Verfahrens

Hinsichtlich der Aufnahme unterbrochener Verfahren ist zwischen Aktiv- (§ 85 InsO) und Passivprozessen zu differenzieren. Bei letzteren ist zudem zwischen Passivprozessen zur Teilungsmasse (§ 86 InsO) und Passivprozessen zur Schuldenmasse zu unterscheiden.

---

174 Einzelheiten sogleich unter C I.

175 Einzelheiten unter C II.

176 Vgl. nur MünchKommZPO/*Feiber*, § 240 Rn. 23 und *Rosenberg/Schwab/Gottwald*, § 124 Rn. 31 ff.

177 MünchKommInsO/*Schumacher*, vor §§ 85 bis 87 Rn. 85.

1. Aktivprozesse

a) Begriff

Unter einem Aktivprozess im Sinne der Insolvenzordnung ist ein Rechtsstreit zu verstehen, in dem zur Zeit der Unterbrechung[178] ein Recht zugunsten der späteren Teilungsmasse in Anspruch genommen wird, d.h. der Streitgegenstand des Verfahrens muss ein potentielles Aktivum der Insolvenzmasse bilden[179]. Obwohl im Regelfall der Insolvenzschuldner als Kläger auftreten dürfte, kommt es auf dessen Parteirolle für die Einordnung des Verfahrens als Aktivprozess nicht an. Entscheidend ist vielmehr der „materielle Inhalt des Klagebegehrens“[180]. Die insolvente Gesellschaft kann folglich auch Beklagte des Aktivprozesses sein, z.B. wenn gegen sie auf Feststellung geklagt wird, dass ein von ihr als zur Insolvenzmasse gehörend geltend gemachter Anspruch nicht oder nicht mehr bestehe[181].

Schwierigkeiten kann die richtige Einordnung bereiten, falls in einem Rechtsstreit Klage und Widerklage erhoben worden sind. Dann ist für jede Klage separat zu untersuchen, ob es sich um einen Aktiv- oder Passivprozess handelt mit der Konsequenz, dass unterschiedliche Vorschriften für die Aufnahme gelten können[182].

Geltend gemachte Verteidigungsmittel haben für die Differenzierung keine Bedeutung. Die Erklärung der Aufrechung mit einer Gegenforderung durch

[178] Einzelheiten zum maßgeblichen Zeitpunkt bei MünchKommInsO/*Schumacher*, § 85 Rn. 9 f.

[179] BGHZ 36, 258 (260); BGH ZIP 2004, 769 (770); NJW 1995, 1750; *Braun/Kroth*, § 85 Rn. 2; *Haarmeyer/Wutzke/Förster*, Rn. 5/366; HK-InsO/*Eickmann*, § 85 Rn. 5; *Jaeger/Henckel*, KO, § 10 Rn. 69, 106; MünchKommInsO/*Schumacher*, § 85 Rn. 3; MünchKommZPO/*Feiber*, § 240 Rn. 30; *Smid*, InsO, § 85 Rn. 3; *Stein/Jonas/Roth*, § 240 Rn. 20; *Uhlenbruck*, § 85 Rn. 47.

[180] RGZ 73, 276 (277); BGHZ 36, 258 (260); BGH NJW 1995, 1750; *Braun/Kroth*, § 85 Rn. 2; FK-InsO/*App*, § 85 Rn. 5; HK-InsO/*Eickmann*, § 85 Rn. 5; *Jaeger/Henckel*, KO, § 10 Rn. 106; MünchKommInsO/*Schumacher*, § 85 Rn. 4; *Smid*, InsO, § 85 Rn. 4; *Stein/Jonas/Roth*, § 240 Rn. 20; *Uhlenbruck*, § 85 Rn. 47; *Zöller/Greger*, § 249 Rn. 9.

[181] RGZ 73, 276 (277); FK-InsO/*App*, § 85 Rn. 5; MünchKommInsO/*Schumacher*, § 85 Rn. 4; *Stein/Jonas/Roth*, § 240 Rn. 20; *Uhlenbruck*, § 85 Rn. 47.

[182] RGZ 63, 364 (366); 122, 51 (53); *Jaeger/Henckel*, KO, § 10 Rn. 106; MünchKommInsO/*Schumacher*, § 85 Rn. 4; MünchKommZPO/*Feiber*, § 240 Rn. 30; *Smid*, InsO, § 85 Rn. 5; *Stein/Jonas/Roth*, § 240 Rn. 19; *Uhlenbruck*, § 85 Rn. 48.

den Insolvenzschuldner lässt den Passivprozess trotz der gem. § 322 Abs. 2 ZPO eintretenden Wirkungen nicht zum Aktivprozess werden[183]. Ebenfalls irrelevant für die Klassifizierung des unterbrochenen Verfahrens als Aktiv- oder Passivprozess ist der prozessuale Kostenerstattungsanspruch für den Fall des Prozessgewinns. Es kommt vielmehr nur auf die Hauptsache an[184]. Eine Ausnahme hiervon bildet jedoch der Fall, dass der gegen die insolvente Gesellschaft anhängige Rechtsstreit bereits vor der Eröffnung des Insolvenzverfahrens in der Hauptsache erledigt war (z.B. durch Rücknahme der Klage oder des Rechtsmittels) und nur noch die Kostenentscheidung ansteht (§§ 269 Abs. 3 S. 3, 516 Abs. 3 S. 1 ZPO). Dann stellt der restliche Streit hinsichtlich der zugunsten der Insolvenzmasse zu entscheidenden Kostenfrage einen Aktivprozess dar, den der Insolvenzverwalter nach § 85 InsO aufnehmen kann[185]. Das gleiche muss gelten, falls der Rechtsstreit vor der Unterbrechung von der Parteien für erledigt erklärt worden ist und noch keine Kostenentscheidung nach § 91a ZPO ergangen ist[186].

b) Befugnis zur Aufnahme

Befugt zur Aufnahme der infolge der Eröffnung des Insolvenzverfahrens unterbrochenen Prozesse ist gem. § 85 Abs. 1 S. 1 InsO der Insolvenzverwalter. Wurde das Insolvenzverfahren zwar noch nicht eröffnet, ist aber die Verwaltungs- und Verfügungsbefugnis im Eröffnungsverfahren auf einen vorläufigen Insolvenzverwalter übergegangen (§§ 21 Abs. 2 Nr. 1, 2, 22 Abs. 1 InsO), so kann auch dieser einen unterbrochenen Prozess aufnehmen (§ 24 Abs. 2 i.V.m. § 85 Abs. 1 S. 1 InsO).

Handelt es sich um einen Rechtsstreit mit erheblichem Streitwert, muss der Insolvenzverwalter vor der Aufnahme die Zustimmung des Gläubigerausschusses oder – sollte ein solcher nicht bestellt sein – die der Gläubigerver-

[183] *Jaeger/Henckel*, KO, § 10 Rn. 107; MünchKommInsO/*Schumacher*, § 85 Rn. 5; *Smid*, InsO, § 85 Rn. 6; *Uhlenbruck*, § 85 Rn. 48.

[184] RGZ 16, 358 (360); 86, 394 (396); MünchKommInsO/*Schumacher*, § 85 Rn. 7; *Uhlenbruck*, § 85 Rn. 48.

[185] *Jaeger/Henckel*, KO, § 10 Rn. 113; MünchKommInsO/*Schumacher*, § 85 Rn. 8; *Uhlenbruck*, § 85 Rn. 48.

[186] So richtig MünchKommInsO/*Schumacher*, § 85 Rn. 8 a.E.

sammlung einholen (§ 160 Abs. 1 i.V.m. Abs. 2 Nr. 3 InsO). Die Unterlassung führt allerdings nicht zur Unwirksamkeit der Handlung (§ 164 InsO). Für den vorläufigen Verwalter fehlt eine entsprechende Vorschrift. Es wäre jedoch ein gewisser Widerspruch, wenn der vorläufige Verwalter, dem trotz der auf ihn übergegangenen Verwaltungs- und Verfügungsbefugnis eine geringere Rechtsmacht als dem endgültigen Insolvenzverwalter zukommt, ohne weitere Kontrolle über die Aufnahme befinden könnte. Daher muss in dieser Konstellation die Zustimmung des Gläubigerausschusses durch die Zustimmung des Insolvenzgerichts ersetzt werden[187].
Bewirkt die Eröffnung eines Insolvenzverfahrens im Ausland, dass die im Inland anhängigen gerichtlichen Verfahren unterbrochen werden[188], dann ist zur Aufnahme diejenige Person befugt, die nach dem Recht des Eröffnungsstaates zur Fortführung des Rechtsstreits berechtigt ist (§ 352 Abs. 1 S. 2 InsO). Im Geltungsbereich der EuInsVO ist dies nach der Definition des „Verwalters" in Art. 2 lit. b EuInsVO jede Person oder Stelle, deren Aufgabe es ist, die Masse zu verwalten oder zu verwerten oder die Geschäftsführung des Schuldners zu überwachen, die für jeden Mitgliedstaat im einzelnen in Anhang C zur EuInsVO zu finden sind.

c) Form

Die Aufnahme erfolgt formal mittels eines bei Gericht einzureichenden Schriftsatzes, der dem Gegner zuzustellen ist (§ 250 ZPO). In einem Verfahren vor dem Amtsgericht genügt die Erklärung zu Protokoll der Geschäftsstelle (§ 496 ZPO). Der Schriftsatz braucht keine ausdrückliche Aufnahmeerklärung zu enthalten, sondern es reicht aus, dass sich der Wille, den Rechtsstreit fortzusetzen, zweifelsfrei erkennen lässt[189]. Sind beide Parteien anwesend,

---

[187] So auch *Henckel*, FS Schumann, S. 213; *Pohlmann*, Befugnisse, Rn. 594 f. – A.A. die wohl h.M., vgl. HK-InsO/*Kirchhof*, § 24 Rn. 25; *Jaeger/Gerhardt*, InsO, § 24 Rn. 14; MünchKommInsO/*Haarmeyer*, § 24 Rn. 26; *Uhlenbruck*, § 24 Rn. 9.
[188] Dazu bereits oben B III 1 e.
[189] BGHZ 36, 258 (259); 111, 104 (108 f.); *Braun/Kroth*, § 85 Rn. 3; HK-InsO/*Eickmann*, § 85 Rn. 8; *Jaeger/Henckel*, KO, § 10 Rn. 115; MünchKommInsO/*Schumacher*, vor §§ 85 bis 87 Rn. 80; *Smid*, InsO, § 85 Rn. 11; *Stein/Jonas/Roth*, § 250 Rn. 2; *Uhlenbruck*, § 85 Rn. 49.

kann die Aufnahme auch in der mündlichen Verhandlung erklärt werden; die Zustellung eines Schriftsatzes ist dann entbehrlich[190]. Die Aufnahmeerklärung ist eine Prozesshandlung, so dass eventuelle Mängel nach §§ 189, 295 ZPO geheilt werden können[191].

Im Fall der Unterbrechung zwischen zwei Instanzen kann die Aufnahme nach herrschender Auffassung gleichzeitig mit der Einlegung des Rechtsmittels beim Rechtsmittelgericht erklärt werden. Schon in einer früheren Entscheidung behandelte der BGH die Einreichung der Rechtsmittel- oder Rechtsmittelbegründungsschrift und die Zustellung der Aufnahmeerklärung als eine „natürliche Einheit", da beide dazu dienten, ein für falsch gehaltenes Urteil anzufechten[192]. Dabei bleibt jedoch unberücksichtigt, dass die Aufnahme erst durch die Zustellung an den Gegner wirksam wird, die Rechtsmitteleinlegung aber bereits mit dem Eingang bei Gericht und damit noch während der Zeit der Unterbrechung. Formal betrachtet, müsste die Aufnahme somit der Rechtsmitteleinlegung zeitlich vorhergehen[193]. Nun wäre es allerdings reine Förmelei, wenn man verlangen würde, dass einem Schriftsatz, der die Einlegung eines Rechtsmittels enthält, ein eigenständiger Aufnahmeschriftsatz vorausgeschickt werden müsste. Zudem entspricht es heute zu Recht allgemeiner Meinung, dass Prozesshandlungen, die während der Unterbrechung dem Gericht gegenüber vorzunehmen sind, als wirksam angesehen werden, weil sie nicht dem Schutzzweck des § 249 Abs. 2 ZPO unterfallen[194]. Demnach ist bereits das vor Aufnahme eingelegte Rechtsmittel zulässig und der Aufnahme beim Rechtsmittelgericht steht kein Hindernis entgegen[195].

---

[190] RGZ 78, 343 (344); 86, 235 (240); 109, 47 (48); FK-InsO/*App*, § 85 Rn. 11; MünchKommInsO/*Schumacher*, vor §§ 85 bis 87 Rn. 80; *Stein/Jonas/Roth*, § 250 Rn. 5; *Uhlenbruck*, § 85 Rn. 49.

[191] BGHZ 50, 397 (400); *Jaeger/Henckel*, KO, § 10 Rn. 115; MünchKommInsO/*Schumacher*, vor §§ 85 bis 87 Rn. 81; *Smid*, InsO, § 85 Rn. 11; *Stein/Jonas/Roth*, § 250 Rn. 6; *Uhlenbruck*, § 85 Rn. 49. – A.A. offenbar FK-InsO/*App*, § 85 Rn. 11.

[192] BGHZ 36, 258 (260). Kritisch *Jaeger/Henckel*, KO, § 10 Rn. 116 m.w.N.

[193] Darauf weisen *Jaeger/Henckel*, KO, § 10 Rn. 116 und *Stein/Jonas/Roth*, § 250 Rn. 4 zu Recht hin. Dieses Vorgehen bleibt daher weiterhin zulässig.

[194] S. oben unter B IV 2 b.

[195] BGHZ 50, 397 (400); 111, 104 (109 f.); *Jaeger/Henckel*, KO, § 10 Rn. 116; HK-InsO/*Eickmann*, § 85 Rn. 8; MünchKommInsO/*Schumacher*, vor §§ 85 bis 87 Rn. 81; *Stein/Jonas/Roth*, § 250 Rn. 4; *Uhlenbruck*, § 85 Rn. 49; *Zöller/Greger*, § 249 Rn. 10. – A.A. RGZ 78, 343 (344); *Smid*, InsO, § 85 Rn. 11.

d) Wirkung

Die Aufnahme des Prozesses durch den Insolvenzverwalter beendet die Verfahrensunterbrechung und der Rechtsstreit befindet sich in der gleichen Lage wie zum Zeitpunkt der Unterbrechung. Nur der Lauf von unterbrochenen Prozessfristen beginnt gem. § 249 Abs. 1 ZPO von neuem. Die von der insolventen Gesellschaft durch ihre vertretungsberechtigten Organe bis zur Unterbrechung vorgenommene Prozessführung muss der Insolvenzverwalter gegen sich gelten lassen. Dies gilt insbesondere für deren Prozesshandlungen (z.B. Anerkenntnisse, Verzichte, Versäumnis von Fristen), sofern diese nicht mittels Insolvenzanfechtung (§§ 129 ff. InsO) beseitigt werden können[196].

Nach der Aufnahme kann der Insolvenzverwalter alle Prozesshandlungen vornehmen, die er unter Berücksichtigung des Insolvenzzwecks für geboten hält. Dazu gehört auch das Vorbringen von Angriffs- und Verteidigungsmitteln, die dem Insolvenzschuldner bei Insolvenzeröffnung noch zustanden. Die freie Verfügungsbefugnis über den Streitgegenstand ermöglicht es ihm zudem, Anerkenntnisse bzw. Verzichte zu erklären, die Klage zu ändern (§§ 263, 264 ZPO), zurück zu nehmen (§ 269 ZPO) oder in der Hauptsache für erledigt zu erklären (§ 91a ZPO) sowie Rechtsbehelfe einzulegen bzw. zurück zu nehmen[197].

Endet das Verfahren durch eine entsprechende prozessuale Erklärung des Verwalters ohne abschließende gerichtliche Entscheidung, entfällt damit auch die Rechtshängigkeit mit Wirkung für oder gegen die insolvenzschuldnerische Gesellschaft. Ergeht im aufgenommenen Prozess hingegen ein Urteil, erwächst dieses in Rechtskraft auch gegenüber dem Insolvenzschuldner[198].

[196] *Braun/Kroth*, § 85 Rn. 3; FK-InsO/*App*, § 85 Rn. 13; *Haarmeyer/Wutzke/Förster*, Rn. 5/367; HK-InsO/*Eickmann*, § 85 Rn. 9; *Jaeger/Henckel*, KO, § 10 Rn. 117; MünchKommInsO/*Schumacher*, § 85 Rn. 15 f.; *Smid*, InsO, § 85 Rn. 12; *Uhlenbruck*, § 85 Rn. 50.

[197] *Braun/Kroth*, § 85 Rn. 3; FK-InsO/*App*, § 85 Rn. 13; *Jaeger/Henckel*, KO, § 10 Rn. 117; MünchKommInsO/*Schumacher*, § 85 Rn. 16; *Smid*, InsO, § 85 Rn. 13; *Uhlenbruck*, § 85 Rn. 50.

[198] FK-InsO/*App*, § 85 Rn. 13; *Jaeger/Henckel*, KO, § 10 Rn. 118; MünchKommInsO/*Schumacher*, § 85 Rn. 17; *Smid*, InsO, § 85 Rn. 13; *Uhlenbruck*, § 85 Rn. 50.

e) Ablehnung der Aufnahme?

§ 85 Abs. 2 InsO sieht vor, dass der Insolvenzverwalter die Aufnahme des Rechtsstreits ablehnen kann mit der Folge, dass sowohl der Insolvenzschuldner als auch der Gegner den Prozess aufnehmen können[199]. Das soll auch gelten, falls der Insolvenzschuldner eine Gesellschaft ist. Zur Weiterführung des Rechtsstreits wären dann die verfassungsmäßigen Organe der Gesellschaft befugt[200].

Betrachtet man lediglich den Wortlaut des § 85 Abs. 2 InsO, scheint dem Insolvenzverwalter in der Tat auch in der Insolvenz von Gesellschaften die Befugnis gegeben zu sein, die Aufnahme eines Aktivprozesses abzulehnen. Allerdings ist auch hier die Ausgestaltung des Insolvenzverfahrens als besonderes Liquidationsverfahren zu beachten. Die Gesellschaft soll im Insolvenzverfahren vollständig abgewickelt werden. Demnach gibt es kein massefreies Vermögen und keine Möglichkeit der Freigabe von Gegenständen aus der Insolvenzmasse[201]. Die Ablehnung der Aufnahme würde aber gerade die Freigabe des Streitgegenstandes bedeuten. Im Fall der Insolvenz von Gesellschaften muss folglich aus den gleichen Gründen wie dort die Ablehnung der Aufnahme von Aktivprozessen als unzulässig angesehen und § 85 Abs. 2 InsO im Wege der teleologischen Reduktion auf die Insolvenz von natürlichen Personen beschränkt werden. Der Insolvenzverwalter ist somit in der Gesellschaftsinsolvenz nicht nur zur Aufnahme des Rechtsstreits berechtigt, sondern sogar verpflichtet. Hat er das Verfahren aufgenommen, kann er dieses freilich unmittelbar durch sofortigen Verzicht (§ 306 ZPO) oder Rücknahme der Klage (§ 269 ZPO) beenden[202].

---

[199] Dem vorläufigen Insolvenzverwalter steht diese Möglichkeit unstreitig nicht offen, da § 24 Abs. 2 InsO nicht auf § 85 Abs. 2 InsO verweist.

[200] RGZ 127, 197 (200); BGH NJW 1966, 51; LG Osnabrück ZIP 1994, 384; FK-InsO/*App*, § 85 Rn. 21; *Jaeger/Henckel*, KO, § 10 Rn. 126; MünchKommInsO/*Schumacher*, § 85 Rn. 26 ff.; *Smid*, InsO, § 85 Rn. 18; *Uhlenbruck*, § 85 Rn. 56.

[201] Siehe oben B III 2 b.

[202] So auch *Bork*, InsR, Rn. 186 und *H.-F. Müller*, Verband, S. 41 ff.; zur Kostenfolge sogleich unter f. Mittlerweile ebenso *K. Schmidt* (FS Kreft, S. 513, 524), der früher im Fall der Gesellschaftsinsolvenz den Rückgriff auf § 85 InsO generell ablehnte und als Aufnahmetatbestand – nicht jedoch als Unterbrechungstatbestand (!) – § 241 ZPO analog heranziehen wollte, vgl. *K. Schmidt*, KTS 1994, 315 ff. (insbes. S. 317). Kritisch zum damaligen Ansatz bereits *H.-F. Müller*, Verband, S. 42.

f) Kosten

Nimmt der Insolvenzverwalter den Prozess auf und verliert er ihn, sind nach (bisher) überwiegender Auffassung die Kosten des gesamten Rechtsstreits, also auch die vor der Unterbrechung entstandenen Kosten, als Masseverbindlichkeit (§ 55 Abs. 1 Nr. 1 InsO) zu qualifizieren. Dies folge aus dem Prinzip der Einheitlichkeit der Kostenentscheidung, das eine Differenzierung der Prozessgebühren nach Zeitabschnitten nicht zulasse[203].

Eine solche Unterscheidung will aber eine im Vordringen befindliche Ansicht vornehmen. Demnach soll es darauf ankommen, ob die Kosten vor Eröffnung des Insolvenzverfahrens (bzw. dem Übergang der Verwaltungs- und Verfügungsbefugnis auf einen vorläufigen Insolvenzverwalter) entstanden sind oder erst danach. Im ersten Fall sollen die Kosten lediglich eine normale Insolvenzforderung darstellen, während hingegen die nach der Aufnahme anfallenden Gebühren als Masseverbindlichkeit zu qualifizieren seien. Das Prinzip der Einheitlichkeit der Kostenentscheidung verstoße nämlich gegen die insolvenzrechtlichen Grundprinzipien der §§ 38, 105 InsO. Die Differenzierung nach dem Zeitpunkt der Entstehung sei nicht dadurch ausgeschlossen, dass die Kosten eine Gesamtheit von Prozesshandlungen umfassen. Bereits aus der Vorschrift des § 86 Abs. 2 InsO werde das Anliegen des Gesetzgebers deutlich, die Masse von Verbindlichkeiten zu entlasten, die wegen ihrer Begründung vor der Eröffnung des Verfahrens als Insolvenzforderungen anzusehen sind[204].

Wiederum andere befürworten trotz des grundsätzlichen Festhaltens an der herrschenden Auffassung zumindest dann eine Aufteilung der Kosten, falls das Verfahren in der ersten Instanz bereits vor der Eröffnung des Insolvenzverfahrens abgeschlossen war und eine Kostenentscheidung gegen den Insol-

---

[203] OLG Düsseldorf, ZInsO 2004, 1033; OLG Frankfurt ZIP 1981, 638; Rpfleger 1977, 372; OLG Hamburg JurBüro 1974, 904; OLG Hamm JurBüro 1990, 1482; OLG Koblenz Rpfleger 1991, 335; OLG Köln JurBüro 1986, 1244; OLG Schleswig ZIP 1981, 1359; FK-InsO/*App*, § 85 Rn. 16; *Häsemeyer*, InsR, Rn. 13.30; *Jaeger/Gerhardt*, InsO, § 24 Rn. 18; *Jaeger/Henckel*, KO, § 10 Rn. 119; *Smid*, InsO, § 85 Rn. 14; *Stein/Jonas/Roth*, § 240 Rn. 21. Offen gelassen von BGH ZIP 2004, 2293 (2294).

[204] OLG Hamm ZIP 1994, 1547 = EWiR 1994, 1115 (mit zust. Anm. *Pape*); OLG Rostock ZIP 2001, 2145; LG Köln ZIP 2003, 1310; *Binz/Hess*, Rn. 530 f.; HK-InsO/*Eickmann*, § 85 Rn. 10; MünchKommInsO/*Schumacher*, § 85 Rn. 20; *Uhlenbruck*, § 85 Rn. 51; *ders.*, ZIP 2001, 1988 f.; *Gaedeke*, JW 1939, 733 ff.; *Heiderhoff*, ZIP 2002, 1564 ff.

venzschuldner ergangen ist. Wird das Verfahren danach vom Insolvenzverwalter in der zweiten Instanz aufgenommen und verloren, könnten die in der vorhergehenden Instanz entstandenen Kosten nicht als durch die Prozessführung des Verwalters verursacht angesehen werden und seien demnach als Insolvenzforderung zu behandeln[205].

Für eine Differenzierung spricht zwar in rechtsdogmatischer Hinsicht, dass § 55 Abs. 1 Nr. 1 InsO auf die Begründung der Masseverbindlichkeit nach Verfahrenseröffnung abstellt und Teile der Prozesskosten schon zu einem früheren Zeitpunkt entstanden sind. Dennoch ist der traditionellen Auffassung zu folgen und die Kosten des aufgenommenen Verfahrens einheitlich als Masseverbindlichkeiten zu qualifizieren. Der Kostenerstattungsanspruch ist ein durch die Klageerhebung begründeter aufschiebend bedingter Anspruch, d.h. es bleibt bis zum Urteil ungewiss, welcher Partei er zugesprochen werden wird. Nach der Vorschrift des § 91 ZPO trifft das Gericht die Kostenentscheidung allerdings ohne Differenzierung nach der Zeit vor und nach einer eventuellen Unterbrechung des Prozesses. Diese einheitliche Kostengrundentscheidung ist auch im Kostenfestsetzungsverfahren verbindlich, so dass eine dortige Aufteilung nach Zeitabschnitten ebenfalls unzulässig ist. Die von § 105 InsO vorausgesetzte Teilbarkeit ist somit nicht gegeben. Wenn der Insolvenzverwalter einen als Aktivprozess einzuordnenden Rechtsstreit aufnimmt, so verfolgt er das Begehren des Insolvenzschuldners mit dem Ziel einer Verurteilung der anderen Partei weiter und macht es sich letztlich zu eigen. Damit übernimmt er aber auch das volle Kostenrisiko des konkreten Verfahrens, weshalb im Falle des Unterliegens die insgesamt entstandenen Kosten in vollem Umfang zu Lasten der Insolvenzmasse gehen müssen.

Eine Ausnahme bildet einzig der Fall, dass der Insolvenzverwalter den Prozess sofort nach der Aufnahme, zu der er schließlich verpflichtet ist, durch Verzicht oder Klagerücknahme beendet. Dann erscheint es nicht gerechtfertigt, den Kostenanspruch zu einer Masseverbindlichkeit erstarken zu lassen. Der Prozessgegner kann in analoger Anwendung des § 86 Abs. 2 InsO einen Anspruch auf Erstattung der Kosten des Rechtsstreits nur als Insolvenzforderung geltend machen, so dass ihm insoweit die gleiche Rechtsstellung zukommt wie

---

[205] So OLG München NZI 1999, 498; *Braun/Kroth*, § 85 Rn. 6; vgl. zu dieser Konstellation auch OLG Rostock ZIP 2001, 2145; LG Köln ZIP 2003, 1310.

diejenigen Gläubigern, deren Forderungen vor der Verfahrenseröffnung begründet wurden[206].
Eine Pflicht des Insolvenzverwalters, die Kosteninteressen des Prozessgegners zu berücksichtigen, besteht ohnehin nicht[207].

g) Verzögerung der Aufnahme

Obwohl der Insolvenzverwalter zur Aufnahme des Aktivprozesses verpflichtet ist, kann es vorkommen, dass er diese aus diversen Gründen (z.B. wegen Arbeitsüberlastung oder aufgrund taktischer Überlegungen) zeitlich hinauszögern möchte. Für diesen Fall sind nach § 85 Abs. 1 S. 2 InsO die Vorschriften des § 239 Abs. 2 bis 4 ZPO entsprechend anwendbar. Bei Verzögerung der Aufnahme kann danach der Prozessgegner den Antrag stellen, den Insolvenzverwalter zur Aufnahme und zugleich zur Verhandlung der Hauptsache zu laden (§ 85 Abs. 1 S. 2 InsO i.V.m. § 239 Abs. 2 ZPO)[208]. Von einer Verzögerung der Aufnahme kann jedoch erst ausgegangen werden, wenn der Verwalter den Rechtsstreit nicht innerhalb einer den Umständen angemessenen Frist ohne Entschuldigungsgrund fortsetzt. Angemessen ist eine Frist, innerhalb der der Insolvenzverwalter die Möglichkeit hat, die Erfolgsaussichten des Verfahrens einschließlich möglicher Kostenfolgen zu beurteilen. Diese Frist beginnt mit der Kenntnis des Verwalters vom Prozess zu laufen[209].
Geladen werden kann nur der Insolvenzverwalter selbst (§ 85 Abs. 1 S. 2 InsO i.V.m. § 239 Abs. 3 S. 1 ZPO). Die Ladung kann entweder diesem oder einer der in §§ 171 ff. ZPO genannten Personen zugestellt werden[210]. Erscheint der Verwalter im Termin und verhandelt er zur Hauptsache, ist darin die konklu-

---

[206] *K. Schmidt*, KTS 1994, 317 f.; *H.-F. Müller*, Verband, S. 43.

[207] BGH ZIP 2005, 131.

[208] Diese Möglichkeit besteht nicht, falls es sich um einen vorläufigen Insolvenzverwalter handelt, da § 24 Abs. 2 InsO für die Aufnahme nicht auf § 85 Abs. 1 S. 2 InsO verweist. – A.A. offenbar HK-InsO/*Eickmann*, § 85 Rn. 11, jedoch ohne jegliche Begründung.

[209] FK-InsO/*App*, § 85 Rn. 14 f.; *Jaeger/Henckel*, KO, § 10 Rn. 128; MünchKomm-InsO/*Schumacher*, § 85 Rn. 35; *Smid*, InsO, § 85 Rn. 20; *Thomas/Putzo*, § 239 Rn. 16; *Uhlenbruck*, § 85 Rn. 52.

[210] *Jaeger/Henckel*, KO, § 10 Rn. 128; MünchKommInsO/*Schumacher*, § 85 Rn. 36; *Stein/Jonas/Roth*, § 239 Rn. 35. – A.A. (nur Zustellung an Verwalter selbst) MünchKommZPO/*Feiber*, § 239 Rn. 41.

dente Aufnahme des Verfahrens zu sehen[211]. Ob der Insolvenzverwalter auch tatsächlich zur Prozessführung befugt ist, hat das Gericht von Amts wegen zu prüfen und gegebenenfalls nach abgesonderter Verhandlung (§ 280 Abs. 1 ZPO) durch Zwischenurteil (§ 280 Abs. 2 ZPO) festzustellen[212]. Erscheint der Verwalter nicht, kann auf Antrag des Gegners bei Vorliegen der übrigen Voraussetzungen ein Versäumnisurteil gegen ihn ergehen. Umgekehrt kann auf Antrag des Insolvenzverwalters ein Versäumnisurteil in der Hauptsache gegen den Prozessgegner ergehen, falls jener säumig ist[213].

h) Aufnahme von Anfechtungsprozessen

Durch die Eröffnung des Insolvenzverfahrens werden auch Anfechtungsprozesse von Insolvenzgläubigern gegen Dritte gem. § 17 Abs. 1 S. 1 AnfG unterbrochen. Zudem erfolgt eine Unterbrechung analog dieser Vorschrift in Fällen, in denen mit Verfahrenseröffnung die Einziehungsbefugnis für den rechtshängigen Anspruch und damit ebenfalls die Prozessführungsbefugnis auf den Insolvenzverwalter übergeht[214].

Nach § 17 Abs. 1 S. 2 AnfG (direkt / analog) ist der Insolvenzverwalter zur Aufnahme dieser Verfahren befugt. Das soeben zur Aufnahme von Aktivprozessen Ausgeführte gilt entsprechend. Verzögert der Insolvenzverwalter die Aufnahme, so finden gem. § 17 Abs. 1 S. 3 AnfG ebenfalls § 239 Abs. 2 bis 4 ZPO Anwendung[215].

[211] RGZ 140, 348 (352); *Jaeger/Henckel*, KO, § 10 Rn. 130; MünchKomm-InsO/*Schumacher*, § 85 Rn. 37; *Smid*, InsO, § 85 Rn. 21.

[212] *Jaeger/Henckel*, KO, § 10 Rn. 130; MünchKommInsO/*Schumacher*, § 85 Rn. 38; *Smid*, InsO, § 85 Rn. 22; *Uhlenbruck*, § 85 Rn. 53.

[213] Eingehend *Jaeger/Henckel*, KO, § 10 Rn. 131; MünchKommInsO/*Schumacher*, § 85 Rn. 39 f.; *Stein/Jonas/Roth*, § 239 Rn. 39 ff.

[214] S. oben B III 1 d bb (1).

[215] Eingehend MünchKommInsO/*Schumacher*, § 85 Rn. 45 ff.

2. Passivprozesse zur Teilungsmasse

a) Begriff

Im Gegensatz zu § 85 InsO, in dessen Anwendungsbereich alle Aktivprozesse fallen, regelt § 86 InsO nur die Aufnahme bestimmter Passivprozesse, der sog. Passivprozesse zur Teilungsmasse. Darunter sind Streitigkeiten über Ansprüche gegen die insolvenzschuldnerische Gesellschaft zu verstehen, die unmittelbar die Teilungsmasse mindern, also die Aussonderung eines Gegenstandes aus der Insolvenzmasse, die abgesonderte Befriedigung oder eine Masseverbindlichkeit betreffen (§ 86 Abs. 1 InsO)[216]. Davon zu unterscheiden sind die sog. Passivprozesse zur Schuldenmasse, in denen eine Insolvenzforderung den Streitgegenstand bildet[217].

Für die Einordnung eines Verfahrens als Passivprozess kommt es – wie beim Aktivprozess – nicht auf die Parteirolle des Insolvenzschuldners an, obwohl dieser im Regelfall der Beklagte sein dürfte. Entscheidend ist der materielle Inhalt des Klagebegehrens. Passivprozess ist demnach ein Verfahren, in dem ein Recht zu Lasten der Insolvenzmasse geltend gemacht wird[218].

b) Befugnis zur Aufnahme

Nach § 86 Abs. 1 InsO können sowohl der Insolvenzverwalter als auch der Prozessgegner das Verfahren aufnehmen. Der Verwalter kann somit sofort in einen Passivprozess verwickelt werden, ohne dass es ihm möglich war, dessen Erfolgsaussichten eingehend zu prüfen[219].

---

[216] Zu den Einzelheiten *Braun/Kroth*, § 86 Rn. 3 ff.; FK-InsO/*App*, § 86 Rn. 9 ff.; HK-InsO/*Eickmann*, § 86 Rn. 2 ff.; *Jaeger/Henckel*, KO, § 11 Rn. 2 ff.; *ders.*, FS Schumann, S. 214 ff.; MünchKommInsO/*Schumacher*, § 86 Rn. 6 ff.; *Smid*, InsO, § 86 Rn. 3 ff.; *Uhlenbruck*, § 86 Rn. 6 ff.; jeweils m.w.N.

[217] Dazu sogleich unter 3.

[218] *Braun/Kroth*, § 86 Rn. 2; *Jaeger/Henckel*, KO, § 11 Rn. 13; MünchKomm-InsO/*Schumacher*, § 86 Rn. 5; MünchKommZPO/*Feiber*, § 240 Rn. 33; *Smid*, InsO, § 86 Rn. 3; *Uhlenbruck*, § 86 Rn. 1.

[219] *Braun/Kroth*, § 86 Rn. 7; HK-InsO/*Eickmann*, § 86 Rn. 7; *Jaeger/Gerhardt*, InsO, § 24 Rn. 16; *Jaeger/Henckel*, KO, § 11 Rn. 14; MünchKommInsO/*Schumacher*, § 86 Rn. 17; *Smid*, InsO, § 86 Rn. 7; *Uhlenbruck*, § 86 Rn. 12.

Die Vorschrift des § 86 InsO gilt auch für das Eröffnungsverfahren, falls dem vorläufigen Insolvenzverwalter die Verwaltungs- und Verfügungsbefugnis über das Vermögen der insolventen Gesellschaft übertragen wurde (§ 24 Abs. 2 InsO). Wird der Prozess bereits in diesem Stadium aufgenommen, erfolgt anlässlich der Eröffnung des Insolvenzverfahrens keine erneute Unterbrechung. Dies würde dem Zweck des § 240 S. 1 ZPO widersprechen, wonach der Verwalter, auf den die Prozessführungsbefugnis übergeht, Gelegenheit haben muss, sich in den Sach- und Streitstand einzuarbeiten. Im Regelfall besteht nämlich Personenidentität zwischen vorläufigem und endgültigem Insolvenzverwalter. Selbst wenn dies nicht der Fall sein sollte, wird das Verfahren nicht von neuem unterbrochen, sondern es finden die Regelungen der §§ 241, 246 ZPO entsprechende Anwendung[220].

Bei einem Rechtsstreit mit erheblichem Streitwert ist der Insolvenzverwalter verpflichtet, vor der Aufnahme die Zustimmung des Gläubigerausschusses oder – sollte ein solcher nicht bestellt sein – die der Gläubigerversammlung einzuholen (§ 160 Abs. 1 i.V.m. Abs. 2 Nr. 3 InsO), wobei ein Verstoß hiergegen nicht zur Unwirksamkeit der Handlung führt (§ 164 InsO). Beim vorläufigen Verwalter wird die Zustimmung des Gläubigerausschusses durch die Zustimmung des Insolvenzgerichts ersetzt[221].

Wird ausnahmsweise die Eigenverwaltung angeordnet, sind Schuldner und Gegner zur Aufnahme des Verfahrens befugt, nicht der Sachwalter[222]. Bei Unterbrechung aufgrund der Eröffnung eines Insolvenzverfahrens im Ausland richtet sich die Aufnahmebefugnis nach dem Recht des Eröffnungsstaates (§ 352 Abs. 1 S. 2 InsO).

c) Form der Aufnahme und Wirkung

Für die Form und die Wirkungen der Aufnahme des Verfahrens kann im Wesentlichen auf die Ausführungen zum Aktivprozess verwiesen werden, da sich insoweit für den Passivprozess keine Abweichungen ergeben[223].

---

220 *Henckel*, FS Schumann, S. 220 ff.; MünchKommInsO/*Schumacher*, § 86 Rn. 18.

221 S. oben C I 1 b.

222 MünchKommInsO/*Schumacher*, § 86 Rn. 17.

223 Vgl. nur MünchKommInsO/*Schumacher*, § 86 Rn. 20 f. und die Ausführungen oben C I 1 c und d mit Nachweisen.

d) Kosten

Wer die Kosten eines aufgenommenen Verfahrens zu tragen hat, regeln die §§ 91 ff. ZPO. Gewinnt der Insolvenzverwalter den Prozess, wird der Anspruch auf Prozesskostenerstattung ein Bestandteil der Insolvenzmasse. Verliert er, so wird der Kostenerstattungsanspruch des Prozessgegners nach richtiger Ansicht in seiner Gesamtheit ohne Unterscheidung nach der Zeit vor und nach Verfahrenseröffnung eine Masseverbindlichkeit nach § 55 Abs. 1 Nr. 1 InsO[224].

Gerade bei Passivprozessen im Fall der Insolvenz von Gesellschaften kann der Insolvenzverwalter in eine Vielzahl von Verfahren verwickelt werden, obwohl er diese mangels Aussicht auf Erfolg überhaupt nicht führen möchte, sei es, weil er den streitbefangenen Vermögensgegenstand nicht freigeben kann oder der Prozessgegner das Verfahren aufnimmt. Vielfach hat der Insolvenzschuldner den Anspruch nur bestritten, um nicht sofort zahlen zu müssen und auf diese Weise seine Zahlungsunfähigkeit hinauszuzögern. Dem Insolvenzverwalter steht dann die Möglichkeit offen, den rechtshängigen Anspruch sofort anzuerkennen. Die Kosten trägt zwar die Insolvenzmasse, aber nach § 86 Abs. 2 InsO bildet der Kostenerstattungsanspruch lediglich eine einfache Insolvenzforderung. Das Anerkenntnis erfolgt „sofort", wenn es ohne jede Verzögerung abgegeben wird, wobei hierfür auf die zu § 93 ZPO entwickelten Grundsätze zurückgegriffen werden kann. Das Anerkenntnis muss grundsätzlich in der ersten mündlichen Verhandlung erklärt werden. Jedes spätere Anerkenntnis hat zur Folge, dass der Kostenerstattungsanspruch zur Masseverbindlichkeit wird. Ausnahmsweise hat gem. § 93 ZPO sogar der Prozessgegner die Verfahrenskosten zu tragen, wenn der Insolvenzschuldner keine Veranlassung zur Klage gegeben hat[225].

---

[224] Eingehend dazu bereits oben C I 1 f. Vgl. auch *Jaeger/Henckel*, KO, § 11 Rn. 20; MünchKommInsO/*Schumacher*, § 86 Rn. 22; *Uhlenbruck*, § 86 Rn. 15.

[225] *Braun/Kroth*, § 86 Rn. 10 f.; FK-InsO/*App*, § 86 Rn. 15 f.; HK-InsO/*Eickmann*, § 86 Rn. 11 ff.; *Jaeger/Henckel*, KO, § 11 Rn. 21 ff.; MünchKommInsO/*Schumacher*, § 86 Rn. 23 f.; *Smid*, InsO, § 86 Rn. 8; *ders.*, Grundzüge, § 8 Rn. 25; *Uhlenbruck*, § 86 Rn. 17; *H.-F. Müller*, Verband, S. 44.

3. Passivprozesse zur Schuldenmasse

a) Begriff

Nicht von § 86 InsO erfasst werden die sog. Passivprozesse zur Schuldenmasse. Darunter sind Verfahren zu verstehen, die eine einfache Insolvenzforderung zum Gegenstand haben[226]. Auch diese werden durch die Eröffnung des Insolvenzverfahrens über das Vermögen der Gesellschaft nach § 240 ZPO unterbrochen.

b) Auswirkungen auf die unterbrochenen anhängigen Verfahren

Im Gegensatz zu den Passivprozessen zur Teilungsmasse können Passivprozesse zur Schuldenmasse nicht unmittelbar nach Eröffnung des Insolvenzverfahrens aufgenommen werden. Gem. § 87 InsO können die Insolvenzgläubiger (i.S.d. §§ 38, 39 InsO) ihre Forderungen nur nach den Vorschriften über das Insolvenzverfahren verfolgen, d.h. sie müssen sie zur Insolvenztabelle anmelden (§§ 174 ff. InsO). Im Prüfungstermin werden diese Forderungen dann ihrem Betrag und Rang nach geprüft (§ 176 S. 1 InsO).

Wird eine Insolvenzforderung zur Tabelle festgestellt, wirkt die Eintragung für die festgestellte Forderung ihrem Betrag und Rang nach wie ein rechtskräftiges Urteil gegenüber dem Insolvenzverwalter und allen Insolvenzgläubigern (§ 178 Abs. 3 InsO). Dann besteht kein Bedarf mehr, den unterbrochenen Rechtsstreit fortzusetzen, da sich dieser in der Hauptsache erledigt hat (§ 201 Abs. 2 S. 1 InsO)[227].

Wird die angemeldete Forderung hingegen im Prüfungstermin oder im schriftlichen Prüfungsverfahren bestritten, kann ein unterbrochener Prozess, der die angemeldete Forderung zum Gegenstand hatte, durch den Insolvenzgläubiger aufgenommen werden (§§ 179 Abs. 1, 180 Abs. 2, 184 S. 2 InsO). Will der

---

[226] MünchKommInsO/*Schumacher*, vor §§ 85 bis 87 Rn. 78; MünchKommInsO/*Breuer*, § 87 Rn. 5; *Smid*, InsO, § 86 Rn. 2; *Uhlenbruck*, §§ 86 Rn. 3, 87 Rn. 2.

[227] BGH NJW 1961, 1066 (1067); MünchKommInsO/*Schumacher*, vor §§ 85 bis 87 Rn. 78; MünchKommInsO/*Breuer*, § 87 Rn. 18; MünchKommZPO/*Feiber*, § 240 Rn. 34 a.E.; *Uhlenbruck*, § 86 Rn. 3; *Zöller/Greger*, § 240 Rn. 13.

Gläubiger den Rechtsstreit fortsetzen, kann er allerdings nicht mehr auf Verurteilung zur Leistung, sondern nur auf die Feststellung zur Insolvenztabelle klagen. Seinen Klageantrag hat er dementsprechend umzustellen[228]. Weist der Gläubiger dem Insolvenzverwalter nicht innerhalb von zwei Wochen nach der öffentlichen Bekanntmachung des Verteilungsverzeichnisses nach, dass er das Verfahren aufgenommen hat, droht ihm der Verlust seines Rechts (§ 189 InsO)[229].

Lag für die Forderung bereits ein vollstreckbarer Schuldtitel oder ein Endurteil vor, obliegt es gem. § 179 Abs. 2 InsO dem Bestreitenden (z.B. dem Insolvenzverwalter oder einem anderen Insolvenzgläubiger), den Widerspruch zu verfolgen. In der Regel dürfte es sich dabei nicht um rechtskräftige Titel handeln, die aus dem unterbrochenen Prozess resultieren. Durch § 240 ZPO werden schließlich auch Verfahren unterbrochen, die sich gegen eine rechtskräftig titulierte Insolvenzforderung richten (z.B. Vollstreckungsabwehrklagen oder Wiederaufnahmeverfahren) und nun mit geändertem Klageziel fortgesetzt werden sollen[230]. Wird die Aufnahme verzögert, kann auch der Gläubiger den Prozess fortsetzen, da einer neuen Klage der Einwand der Rechtshängigkeit entgegen stünde[231].

Bei Anordnung der vorläufigen Insolvenzverwaltung findet § 87 InsO keine Anwendung. Zum einen fehlt in § 24 InsO eine entsprechende Verweisung, zum anderen setzt die Verfolgung von Forderungen nach den Vorschriften der §§ 174 ff. InsO ein eröffnetes Insolvenzverfahren voraus[232].

---

[228] BGH NJW-RR 1994, 1251 f.; *Braun/Kroth*, § 87 Rn. 6; FK-InsO/*App*, § 86 Rn. 7; HK-InsO/*Irschlinger*, § 179 Rn. 5; MünchKommInsO/*Breuer*, § 87 Rn. 21; MünchKomm-InsO/*Schumacher*, § 180 Rn. 23; MünchKommZPO/*Feiber*, § 240 Rn. 34; *Musielak/Stadler*, § 240 Rn. 11; *Smid*, InsO, § 86 Rn. 2; *ders.*, Grundzüge, § 8 Rn. 27; *Uhlenbruck*, §§ 86 Rn. 4; 87 Rn. 9; *Zöller/Greger*, § 240 Rn. 14. Vgl. auch BAG ZIP 2004, 1867.

[229] MünchKommInsO/*Schumacher*, § 179 Rn. 5; MünchKommZPO/*Feiber*, § 240 Rn. 35.

[230] Eingehend MünchKommInsO/*Schumacher*, § 179 Rn. 23 ff. Vgl. auch MünchKommInsO/*Breuer*, § 87 Rn. 22; MünchKommZPO/*Feiber*, § 240 Rn. 36.

[231] RGZ 86, 235 (237); FK-InsO/*App*, § 86 Rn. 7; *Uhlenbruck*, § 86 Rn. 3 a.E.; *Zöller/Greger*, § 240 Rn. 13.

[232] MünchKommInsO/*Breuer*, § 87 Rn. 7; *Uhlenbruck*, § 87 Rn. 3.

4. Ergebnis

Die Beendigung der Unterbrechung durch Aufnahme des Verfahrens wird durch die §§ 85 ff. InsO abschließend geregelt. Insbesondere für die Befugnis zur Aufnahme ist zwischen Aktivprozessen, Passivprozessen zur Teilungsmasse und Passivprozessen zur Schuldenmasse zu differenzieren.

II. Beendigung der Unterbrechung durch Aufhebung bzw. Einstellung des Insolvenzverfahrens

1. Maßgeblicher Zeitpunkt

Entscheidend für die Beendigung der Unterbrechung durch die Aufhebung bzw. Einstellung des Insolvenzverfahrens in zeitlicher Hinsicht ist das Wirksamwerden des Aufhebungs- bzw. Einstellungsbeschlusses. Dies ist im Falle der Aufhebung des Eröffnungsbeschlusses im Beschwerdeverfahren (§ 34 Abs. 2, 3 InsO) erst mit dem Eintritt der formellen Rechtskraft der Aufhebungsentscheidung der Fall, sofern nicht das Gericht die sofortige Wirksamkeit angeordnet hat (§ 6 Abs. 3 InsO). Für den Beschluss zur Aufhebung des Insolvenzverfahrens gem. §§ 200, 258 InsO bzw. zur Einstellung des Insolvenzverfahrens nach §§ 207, 211, 212, 213 InsO ist die formelle Rechtskraft nicht erforderlich. Solche Beschlüsse werden gem. § 9 Abs. 1 S. 1, 3 InsO wirksam, sobald nach dem Tag der Veröffentlichung des jeweiligen Beschlusses zwei weitere Tage verstrichen sind. Auf die Kenntnis oder den Willen der Beteiligten kommt es dabei nicht an[233].

2. Auswirkungen auf noch unterbrochene Verfahren

Wird das Insolvenzverfahren beendet, ohne dass das unterbrochene Verfahren vom Insolvenzverwalter aufgenommen worden ist, endet die Unterbrechung sofort (ex-nunc) mit dem Wirksamwerden des Aufhebungs- bzw. Einstellungsbeschlusses[234]. Die Prozessführungsbefugnis fällt mit der Verwaltungs- und Verfügungsbefugnis über das Vermögen an die Gesellschaft zurück (vgl. § 215 Abs. 2 S. 1 InsO). Diese kann einen begonnenen Prozess ohne weiteres fortsetzen, sofern nicht die Vollbeendigung der Gesellschaft eingetreten ist oder sich das Verfahren in der Hauptsache erledigt hat, z.B. falls die streitge-

---

[233] RGZ 122, 51 (55 f.); BGHZ 36, 258 (262); 64, 1 (2); BGH NJW 1990, 1239; *Jaeger/Henckel*, KO, § 10 Rn. 100 f.; MünchKommInsO/*Schumacher*, vor §§ 85 bis 87 Rn. 83; MünchKommZPO/*Feiber*, § 240 Rn. 22 f.; *Rosenberg/Schwab/Gottwald*, § 124 Rn. 31 ff.; *Stein/Jonas/Roth*, § 240 Rn. 32; *Uhlenbruck*, § 85 Rn. 41; *Zöller/Greger*, § 249 Rn. 15.

[234] MünchKommZPO/*Feiber*, § 240 Rn. 23; *Stein/Jonas/Roth*, § 240 Rn. 32.

genständliche Forderung in der Insolvenztabelle festgestellt wurde, was die Wirkung eines rechtskräftigen Urteils hat (§ 201 Abs. 2 S. 1 InsO).

Die Vollbeendigung der Gesellschaft tritt nach richtiger Ansicht erst dann ein, wenn die Gesellschaft im Handelsregister gelöscht ist und keinerlei vermögensrechtlicher und nichtvermögensrechtlicher Abwicklungsbedarf mehr besteht[235]. Bei Vorliegen von Vermögenslosigkeit ist die Löschung unter Umständen sogar von Amts wegen nach § 141a FGG zu veranlassen. Obwohl dic Gesellschaft bereits im Insolvenzverfahren bis zur Löschungsreife abgewickelt werden soll, kann nicht bei jedem Aufhebungs- oder Einstellungsgrund von deren Vermögenslosigkeit ausgegangen werden. Zwar dürfte beim Aufhebungsgrund des § 200 InsO kein Vermögen mehr vorhanden sein, da die Schlussverteilung bereits vollzogen wurde. Ganz anders sieht dies jedoch bei der Aufhebung nach rechtskräftiger Bestätigung eines Insolvenzplans (§ 258 InsO) oder bei der Einstellung des Verfahrens wegen Wegfalls des Eröffnungsgrundes (§ 212 InsO) aus.

Hat der Insolvenzverwalter die Masseunzulänglichkeit angezeigt (§ 208 Abs. 1 InsO), muss er die Insolvenzmasse verwerten (§ 208 Abs. 3 InsO), bevor das Insolvenzgericht das Verfahren einstellt (§ 211 Abs. 1 InsO). Dann dürfte die Gesellschaft im Zeitpunkt der Verfahrenseinstellung vermögenslos sein. Davon geht schließlich auch das Gesetz aus, da es nur dann, wenn nachträglich Gegenstände der Insolvenzmasse ermittelt werden, eine Nachtragsverteilung anordnet (§ 211 Abs. 3 InsO).

Eine solche Pflicht zur Masseverwertung hat der Insolvenzverwalter hingegen im Fall der Einstellung des Insolvenzverfahrens mangels Masse nicht (§ 207 Abs. 3 S. 2 InsO). Sind daher noch Vermögensgegenstände vorhanden, schließt sich ausnahmsweise an das Insolvenzverfahren noch eine gesellschaftsrechtliche Abwicklung an, die das Weiterführen der unterbrochenen Prozesse notwendig machen kann. Dem Insolvenzverwalter kann schließlich nicht zugemutet werden, die Gesellschaft auf eigene Kosten zu liquidieren. Dies widerspricht auch nicht dem Grundsatz der Vollabwicklung im Insolvenzverfahren, da ein solches mangels Masse überhaupt nicht durchgeführt wird.

---

[235] Zu den Voraussetzungen und Auswirkungen der Vollbeendigung von Gesellschaften siehe eingehend § 4.

Das gleiche muss gelten, falls das Insolvenzverfahren mit Zustimmung der Gläubiger eingestellt wurde (§ 213 InsO), die Gesellschaft aber nicht fortgesetzt, sondern liquidiert werden soll.

3. Auswirkungen auf bereits vom Insolvenzverwalter aufgenommene Prozesse

Mit der Aufhebung bzw. der Einstellung des Insolvenzverfahrens fällt die Verwaltungs- und Verfügungsbefugnis über das Vermögen des Insolvenzschuldners wieder an diesen zurück. Für die prozessualen Auswirkungen auf Verfahren, die vom Insolvenzverwalter aufgenommen wurden, fehlt eine gesetzliche Regelung.

Grundsätzlich ist mit Rechtskraft des Aufhebungs- bzw. Einstellungsbeschlusses der Insolvenzverwalter als nicht mehr zur Prozessführung befugt anzusehen[236]. Ausnahmsweise soll der Verwalter einen Prozess aber fortsetzen können, sofern es sich beim Streitgegenstand um Beträge im Rahmen der Nachverteilung (§§ 203, 205 InsO) handelt oder im Insolvenzplan auf § 259 Abs. 3 InsO verwiesen worden ist[237]. Trotz des sofortigen Rückfalls der Prozessführungsbefugnis an den Insolvenzschuldner soll dieser nach herrschender Auffassung aber nicht ohne weiteres in die laufenden Prozesse eintreten. Das anhängige Verfahren soll vielmehr aufgrund des erneuten Wechsels der Prozessführungsbefugnis in analoger Anwendung der §§ 239, 242 ZPO noch einmal unterbrochen werden[238]. Falls der Insolvenzverwalter durch einen Prozessbevollmächtigten vertreten war, soll entsprechend § 246 ZPO jedoch nur die Möglichkeit der Aussetzung des Verfahrens bestehen[239].

Da das Gesetz die Rechtsfolgen der Aufhebung bzw. Einstellung des Insolvenzverfahrens auf bereits vom Insolvenzverwalter aufgenommene Prozesse

---

[236] BGH ZIP 1992, 1152 f.; OLG Jena ZIP 2002, 538 (539); MünchKomm-InsO/*Schumacher*, vor §§ 85 bis 87 Rn. 89 a.E.

[237] BGHZ 83, 102 (103); BGH ZIP 1992, 1152 (1153); OLG Jena ZIP 2002, 538 (539 ff.); *Stein/Jonas/Roth*, § 240 Rn. 35; *Thomas/Putzo*, § 240 Rn. 12.

[238] Ausführlich *Jaeger/Henckel*, KO, § 6 Rn. 109 ff. Im Ergebnis ebenso BGHZ 83, 102 (104 f.); *Binz/Hess*, Rn. 2869; MünchKommInsO/*Schumacher*, vor §§ 85 bis 87 Rn. 89; *Rosenberg/Schwab/Gottwald*, § 124 Rn. 32; *Stein/Jonas/Roth*, § 240 Rn. 34. – A.A. MünchKommZPO/*Feiber*, § 240 Rn. 24; *Thomas/Putzo*, § 240 Rn. 12.

[239] *Jaeger/Henckel*, KO, § 6 Rn. 114; MünchKommInsO/*Schumacher*, vor §§ 85 bis 87 Rn. 89; *Stein/Jonas/Roth*, § 240 Rn. 34.

nicht geregelt hat, stellt sich die Frage, wie sich dieses Ereignis in angemessener Weise prozessual bewältigen lässt. Die Unterbrechung eines Prozesses infolge der Insolvenzeröffnung endet nach dem Wortlaut des § 240 ZPO entweder mit der Aufnahme oder mit der Beendigung des Insolvenzverfahrens. Wurde also der Prozess aufgenommen, kann der Aufhebung bzw. Einstellung des Insolvenzverfahrens keine Wirkung i.S.d. § 240 ZPO mehr zukommen, sofern man davon ausgeht, dass in § 240 ZPO die Rechtsfolgen der Insolvenz auf anhängige zivilgerichtliche Verfahren abschließend geregelt sind[240].

Die analoge Anwendung der §§ 239, 242 ZPO vermag nicht zu überzeugen. Diese Vorschriften wollen der aus dem Tod einer natürlichen Person resultierenden Ungewissheitslage für das Gericht und den Prozessgegner Rechnung tragen, da vielfach nicht feststeht, wer Erbe geworden ist bzw. ob der Erbe die Erbschaft angenommen hat[241]. Die Interessenlage bei Einstellung bzw. Aufhebung eines Insolvenzverfahrens ist damit jedoch nicht vergleichbar, da feststeht, dass grundsätzlich der Insolvenzschuldner wieder prozessführungsbefugt ist. Eine Ungewissheitslage besteht insofern gerade nicht, so dass eine entsprechende Anwendung der §§ 239, 242 ZPO nicht in Betracht kommt.

Eine weitere Möglichkeit wäre, auf den Wechsel der Prozessführungsbefugnis § 265 Abs. 2 ZPO (zumindest entsprechend) anzuwenden. Der BGH verneint dies unter Hinweis auf den Wortlaut. § 265 Abs. 2 ZPO setze einen Übergang des geltend gemachten Anspruchs in der Weise voraus, dass die sachliche Berechtigung an ihm verändert wird. Davon seien Fälle, in denen lediglich die Prozessführungsbefugnis erlischt, nicht erfasst[242].

Dem ist aber entgegenzuhalten, dass die Beurteilung der Frage, ob der Insolvenzverwalter nur aufgrund einer ihm verliehenen Prozessführungsbefugnis oder kraft eines eigenen Rechts klagt, davon abhängt, für welche dogmatische Grundkonzeption (Insolvenzverwalter als Vertreter, Organ oder Partei kraft Amtes?) man sich entscheidet[243]. Der Zweck des § 265 Abs. 2 ZPO besteht

240 So MünchKommZPO/*Feiber*, § 240 Rn. 24; *Thomas/Putzo*, § 240 Rn. 12.

241 MünchKommZPO/*Feiber*, § 239 Rn. 1; *Stein/Jonas/Roth*, § 239 Rn. 1.

242 BGH ZIP 1992, 1152 (1153). Ebenso bei der vergleichbaren Lage der Aufhebung der Zwangsverwaltung BGH ZIP 2003, 1466 (1467) m. umfangreichen Nachweisen = WuB VII A. § 265 ZPO 1.03 (mit Anm. *Brehm*); KG NJW-RR 2004, 1457 = NZM 2004, 639; OLG Hamm ZInsO 2004, 1034; AG Hanau NZM 2004, 640. Vgl. auch BGHZ 1, 65 (67 ff.); 123, 132 (135 f.). Zustimmend *Jaeger/Henckel*, KO, § 6 Rn. 112.

243 *Brehm*, WuB VII A. § 265 ZPO 1.03.

darin, überflüssige Doppelprozesse zu vermeiden und es zu ermöglichen, anhängige Prozesse unter Erhaltung der bisherigen Ergebnisse fortzuführen. Die Vorschrift dient folglich vor allem dem Schutz der Interessen des Prozessgegners. Dieser kann das Verfahren mit der Partei zu Ende führen, mit der er es begonnen hat[244]. Der BGH möchte zu diesem Ergebnis gelangen, indem er einen Parteiwechsel in Betracht zieht, der aber von einer entsprechenden Entscheidung des Insolvenzschuldners abhängt[245]. Die Tatsache, dass für den Insolvenzschuldner jedoch ein Insolvenzverwalter prozessieren konnte, dessen Prozessführungsbefugnis durch die Aufhebung bzw. Einstellung des Insolvenzverfahrens weggefallen ist, entspringt allein der Risikosphäre des Schuldners. Durch diese Umstände darf der Prozessgegner keinen Nachteil erleiden, der einem Eintreten des Schuldners in das Verfahren ja schließlich auch zustimmen kann (§ 265 Abs. 2 S. 2 ZPO). Dem Schuldner kann auch zugemutet werden, dass er dann an die Prozessführung des Insolvenzverwalters gebunden ist, da dieser ihm im Falle unsachgemäßer Prozessführung gem. § 60 InsO haftet. Außerdem hätte die Anwendung des § 265 ZPO gegenüber der Annahme eines Parteiwechsels den Vorteil, dass der Rechtsinhaber die Fortsetzung des Rechtsstreits nicht verhindern kann[246]. Zudem wird der Prozessgegner nicht dazu gezwungen, sich mit der Frage auseinander zu setzen, welche Person nun zur Vertretung der Gesellschaft befugt ist.

§ 265 Abs. 2 ZPO ist somit zum Schutz des Prozessgegners weit auszulegen und auch bei einem Wechsel der Prozessführungsbefugnis infolge der Aufhebung bzw. Einstellung des Insolvenzverfahrens anzuwenden.

4. Auswirkungen auf Forderungsfeststellungsprozesse

Die Auswirkungen der Einstellung bzw. Aufhebung des Insolvenzverfahrens auf Feststellungsprozesse hängen davon ab, welcher Beendigungstatbestand vorliegt.

---

[244] Vgl. nur MünchKommZPO/*Lüke*, § 265 Rn. 2 f.

[245] BGH ZIP 2003, 1466 (1468).

[246] *Brehm*, WuB VII A. § 265 ZPO 1.03; *Grunsky*, Veräußerung, S. 95 ff. Vgl. auch BAG AP Nr. 19 zu § 613a BGB (Bl. 2) und OLG Nürnberg ZIP 1994, 144 (147 f.).

a) Aufhebung des Insolvenzverfahrens gem. § 200 Abs. 1 InsO

Ist zum Zeitpunkt der Aufhebung des Insolvenzverfahrens gem. § 200 Abs. 1 InsO ein Forderungsfeststellungsprozess anhängig, hat dies auf den Gang des Verfahrens keine Auswirkungen. Dieses wird mit unveränderten Anträgen zwischen den bisherigen Parteien fortgesetzt und zwar unabhängig davon, ob der Insolvenzverwalter oder ein Insolvenzgläubiger der Forderung widersprochen hat. Gegenstand des Verfahrens sind die nach den §§ 189 Abs. 2,198 InsO zurückbehaltenen und hinterlegten Beiträge (arg. § 203 Abs. 1 Nr. 1 InsO)[247].

b) Einstellung des Insolvenzverfahrens oder Aufhebung gem. § 258 Abs. 1 InsO

Anders als im Falle der Aufhebung gem. § 200 Abs. 1 InsO gibt es bei der Aufhebung gem. § 258 Abs. 1 InsO bzw. der Einstellung des Insolvenzverfahrens nach §§ 207, 211 bis 213 InsO keine hinterlegten Anteile. Daher kann der Rechtsstreit nicht ohne weiteres fortgesetzt werden. Zudem ist danach zu differenzieren, ob der Insolvenzverwalter oder ein widersprechender Insolvenzgläubiger den Prozess aufgenommen hat.

aa) Führung des Feststellungsstreits durch den Insolvenzverwalter

Im Regelfall führt der Insolvenzverwalter den Feststellungsstreit. Dieser verliert mit der Rechtskraft des Einstellungs- bzw. Aufhebungsbeschlusses die Verwaltungs- und Verfügungsbefugnis über die Insolvenzmasse (§ 215 Abs. 2 S. 1 InsO). Nach überwiegender Auffassung soll der Forderungsfeststellungsstreit analog §§ 239, 242 ZPO unterbrochen werden, bis er durch den Schuldner aufgenommen wird. War ein Prozessbevollmächtigter bestellt worden, so bestehe entsprechend § 246 ZPO nur die Möglichkeit der Aussetzung des Verfahrens. Ausnahmsweise soll aber die Prozessführungsbefugnis des Insolvenzverwalters fortbestehen, falls das Insolvenzgericht bei der Einstellung

[247] MünchKommInsO/*Schumacher*, vor §§ 85 bis 87 Rn. 90; § 179 Rn. 46 f. m.w.N.

nach § 211 InsO eine Nachtragsverteilung angekündigt hat (§ 211 Abs. 3 InsO), bei der nicht nur Massegläubiger, sondern auch Insolvenzgläubiger eine Berücksichtigung erwarten können[248]. Aus den bereits oben[249] ausgeführten Gründen sollte aber auch hier statt einer Unterbrechung analog §§ 239, 242 ZPO die Vorschrift des § 265 Abs. 2 ZPO entsprechend angewandt werden.
Mit der Aufhebung bzw. Einstellung des Insolvenzverfahrens hat sich der Feststellungsstreit ohnehin in der Hauptsache erledigt, sofern es sich lediglich um insolvenzspezifische Einwendungen (z.B. Rang der Forderung, Streit um Möglichkeit der Anmeldung) handelt. Da diesbezüglich kein Feststellungsinteresse mehr besteht, wird der Gläubiger dem Insolvenzverwalter gegenüber den Rechtsstreit für erledigt erklären, so dass nur noch über die Kosten zu entscheiden ist. War hingegen der Bestand der Forderung streitig, muss der Gläubiger, will er den Prozess fortsetzen, seinen Feststellungsantrag in einen Leistungsantrag abändern (§ 264 Nr. 3 ZPO)[250].

bb) Führung des Feststellungsstreits durch einen widersprechenden Insolvenzgläubiger

Hatte ein widersprechender Insolvenzgläubiger den Feststellungsprozess gem. §§ 179 Abs. 1, 180 Abs. 2, 184 S. 2 InsO aufgenommen, führt er diesen kraft seines eigenen Haftungsrechts an der Insolvenzmasse auf eigene Kosten. Die Einstellung des Insolvenzverfahrens bzw. dessen Aufhebung gem. § 258 Abs. 1 InsO bewirken keinen gesetzlichen Parteiwechsel. Auch hier hat sich aber der Rechtsstreit in der Hauptsache erledigt, sofern lediglich der Rang der Forderung oder ihre Eigenschaft als Insolvenzforderung i.S.d. §§ 38, 39 InsO strittig waren und keine Nachtragsverteilung nach § 211 Abs. 3 InsO zu erwarten ist. Hatte der Feststellungsprozess den Bestand der Forderung zum Gegenstand, kann der Gläubiger gegebenenfalls von der Feststellungs- zur Leistungsklage übergehen[251].

---

[248] Vgl. statt aller MünchKommInsO/*Schumacher*, § 179 Rn. 49 ff. mit umfangreichen Nachweisen.
[249] Sub C II 3.
[250] MünchKommInsO/*Schumacher*, § 179 Rn. 50, 52.
[251] MünchKommInsO/*Schumacher*, § 179 Rn. 53, 55.

D. Zusammenfassung

Durch die Eröffnung des Insolvenzverfahrens über das Vermögen einer Gesellschaft werden alle zu diesem Zeitpunkt anhängigen zivilgerichtlichen Verfahren (mit Ausnahme des Vollstreckungsverfahrens), in denen die Gesellschaft formal Partei ist, nach § 240 S. 1 ZPO unterbrochen. Die gleiche Rechtsfolge tritt gem. § 240 S. 2 ZPO ein, falls bereits im Eröffnungsverfahren ein vorläufiger Insolvenzverwalter bestellt wird, auf den die Verwaltungs- und Verfügungsbefugnis über das Gesellschaftsvermögen übergeht. Durch eine Unterbrechung des Verfahrens wird sichergestellt, dass der Insolvenzverwalter, der aufgrund des Wechsels der Prozessführungsbefugnis neu in den Prozess eintritt, sein Grundrecht auf rechtliches Gehör wahrnehmen kann. Nach § 17 Abs. 1 S. 1 AnfG (analog) werden Anfechtungsprozesse unterbrochen sowie Verfahren, in denen die Einziehungsbefugnis für den rechtshängigen Anspruch und damit auch die Prozessführungsbefugnis mit Eröffnung des Insolvenzverfahrens über das Vermögen der Gesellschaft auf den Insolvenzverwalter übergeht.

Das Insolvenzverfahren über das Vermögen von Gesellschaften bezweckt anders als das Insolvenzverfahren über das Vermögen von natürlichen Personen nicht lediglich die Verwertung des Schuldnervermögens, sondern ist gleichzeitig als Gesamtvollstreckungsverfahren und besonders ausgestaltetes gesellschaftsrechtliches Liquidationsverfahren anzusehen, das die Vollabwicklung des Rechtsträgers zum Gegenstand hat. Daher ist in der Insolvenz von Gesellschaften kein verfahrensfreies Gesellschaftsvermögen anzuerkennen und die Möglichkeit der Freigabe von Vermögensgegenständen aus der Insolvenzmasse durch den Insolvenzverwalter als unzulässig zu qualifizieren.

Die Unterbrechung des Verfahrens dauert so lange an, bis der Rechtsstreit entweder nach den für das Insolvenzverfahren geltenden Vorschriften aufgenommen oder das Insolvenzverfahren beendet wird. Hinsichtlich der Aufnahme von Verfahren ist nach Aktivprozessen, Passivprozessen zur Teilungsmasse und Passivprozessen zur Schuldenmasse zu differenzieren, für die jeweils unterschiedlichen Regelungen (§§ 85, 86, 180 Abs. 2 InsO) gelten. Beendigungsgründe sind die Aufhebung oder Einstellung des Insolvenzverfahrens. Grundsätzlich fällt mit Rechtskraft des Aufhebungs- bzw. Einstellungsbeschlusses auch die Verwaltungs- und Verfügungsbefugnis wieder an die insolvente Gesellschaft zurück. Zum Schutz des Prozessgegners findet bei durch den Insolvenzverwalter aufgenommenen Verfahren jedoch § 265 Abs. 2 ZPO entsprechende Anwendung.

§ 3 Die Umwandlung von Gesellschaften

A. Einführung

Die Umwandlung einer Gesellschaft stellt für diese im Regelfall eine grundlegende Strukturänderung dar. Das Umwandlungsgesetz[1] kennt für diesen Vorgang insgesamt vier Möglichkeiten (§ 1 Abs. 1 UmwG): die Verschmelzung, die Spaltung, die Vermögensübertragung und den Formwechsel[2].
Interessant im Hinblick auf die prozessualen Auswirkungen der Umwandlung auf einen anhängigen Zivilprozess sind aber nur Vorgänge, bei denen sich die Vermögenszuordnung ändert. Im Rahmen dieser Arbeit sollen daher nur die prozessualen Folgen einer Verschmelzung oder Spaltung näher untersucht werden.
Obwohl mit der Vermögensübertragung ebenfalls eine Änderung der Vermögenszuordnung verbunden ist, wird auf diese nicht eingegangen. Die Vorschriften über die Vermögensübertragung (§§ 174-189 UmwG) enthalten lediglich Sonderregelungen für die Verschmelzung und Spaltung von Rechtsträgern, die über kein in Anteile zerlegtes Kapital verfügen. Die Rechtsfolgen entsprechen im Ergebnis allerdings denen der Verschmelzung bzw. Spaltung, so dass eine separate Darstellung unterbleiben kann.
Ebenfalls nicht behandelt wird die in prozessualer Hinsicht unproblematische Möglichkeit des Formwechsels (§§ 190-304 UmwG). Das Wesen eines Formwechsels liegt im Wechsel der Rechtsform bei Wahrung der Identität des Rechtsträgers. Ein Vermögensübergang findet nicht statt[3]. Die Weiterführung eines Rechtsträgers nur unter formell geänderten Bedingungen hat auf ein anhängiges zivilgerichtliches Verfahren geringe Auswirkungen. Der Prozess

[1] Vom 28.10.1994, BGBl. I, 3210.
[2] Das UmwG regelt die möglichen Formen der Umwandlung allerdings nicht abschließend. So enthalten z.B. die §§ 319 ff. AktG Vorschriften über die Eingliederung von Gesellschaften. Außerdem kann beispielsweise durch den Anschluss von Unternehmensverträgen wie dem Beherrschungs- und Gewinnabführungsvertrag in wirtschaftlicher Hinsicht ein Ergebnis erzielt werden, das einer Verschmelzung gleichsteht (vgl. *Kallmeyer/Marsch-Barner*, UmwG, § 2 Rn. 16).
[3] *Kallmeyer/Meister/Klöcker*, UmwG, § 190 Rn. 6. Eingehend zum Formwechsel *Wiedemann*, GesR II, § 6 II 3.

kann ohne Unterbrechung fortgesetzt werden. Lediglich im Rubrum sind der Rechtsformzusatz und eine eventuell darüber hinaus geänderte Firma zu berichtigen. Haben sich die Vertretungsverhältnisse geändert, ist dies anzuzeigen[4]. Seit Anerkennung der Rechts- und Parteifähigkeit der Gesellschaft bürgerlichen Rechts durch die Rechtsprechung[5] ergeben sich auch bei einem Rechtsformwechsel in eine BGB-Gesellschaft keine besonderen prozessualen Probleme.

[4] OLG Köln ZIP 2004, 238 (239); *Happ*, § 11 Rn. 31; *Musielak/Stadler*, § 239 Rn. 5; *Zöller/Greger*, § 239 Rn. 6.
[5] BGHZ 146, 341 = NJW 2001, 1056.

B. Verschmelzung

I. Begriff, Verfahrensablauf und Wirkungen

1. Begriff

Unter der Verschmelzung von Gesellschaften ist die Übertragung des gesamten Vermögens eines Rechtsträgers auf einen anderen Rechtsträger im Wege der Gesamtrechtsnachfolge zu verstehen. Dieser neue Rechtsträger kann entweder schon bestehen (sog. Verschmelzung durch Aufnahme, § 2 Nr. 1 UmwG) oder durch Neugründung erst entstehen (sog. Verschmelzung durch Neugründung, § 2 Nr. 2 UmwG)[6].

2. Grundzüge des Verfahrensablaufs

An einer Verschmelzung können nur natürliche und juristische Personen sowie Personenhandelsgesellschaften beteiligt sein. Die Aufzählung in § 3 UmwG ist abschließend. Daher scheiden für diesen Vorgang von vorneherein die BGB-Gesellschaft, die Vor-Gesellschaft, der nicht rechtsfähige Verein und die Erbengemeinschaft aus. Solche Gesellschaften sind nicht verschmelzungsfähig[7].

Vorbereitet wird die Verschmelzung durch einen Verschmelzungsvertrag zwischen dem übertragenden und dem übernehmenden Rechtsträger. Dieser wird von deren Vertretungsorganen abgeschlossen (§ 4 UmwG) und muss den in § 5 UmwG genannten Mindestinhalt aufweisen.

Über den Verschmelzungsvertrag bzw. dessen Entwurf, insbesondere über das Umtauschverhältnis der Anteile sowie die Höhe einer anzubietenden Barabfindung haben die Vertretungsorgane der beteiligten Rechtsträger ihren jeweiligen Gesellschaftern einen Bericht zu erstatten, der ausführlich rechtlich und wirtschaftlich erläutert und begründet werden muss (§ 8 UmwG). Der Ver-

---

[6] *Kallmeyer/Marsch-Barner*, UmwG, § 2 Rn. 2 ff.; *K. Schmidt*, GesR, § 13 III 1 a; *Wiedemann*, GesR II, § 6 II 1.

[7] *Kallmeyer/Marsch-Barner*, UmwG, § 3 Rn. 2; *Wiedemann*, GesR II, § 6 II 2 a.

schmelzungsbericht ist zudem durch sachverständige Prüfer zu prüfen (§ 9 Abs. 1 UmwG), wodurch eine gewisse externe Kontrolle gewährleistet werden soll[8].

Wirksam wird der Verschmelzungsvertrag erst, wenn die Anteilsinhaber der beteiligten Rechtsträger ihm in einer Gesellschafterversammlung durch Beschluss zustimmen (§ 13 Abs. 1 UmwG). Erforderlich ist stets eine qualifizierte Mehrheit der anwesenden Gesellschafter sowie unter Umständen – je nach Gesellschaftsform – auch die Zustimmung der nicht anwesenden Anteilsinhaber[9]. Anschließend können die zur Vertretung befugten Organe die Verschmelzung zur Eintragung in das Register (Handels-, Partnerschafts-, Genossenschafts- oder Vereinsregister) anmelden (§ 16 Abs. 1 UmwG).

3. Wirkungen

Mit der Eintragung im Register treten dann die Wirkungen der Verschmelzung ein. Nach § 20 Abs. 1 UmwG kommt es zur für die Verschmelzung charakteristischen Gesamtrechtsnachfolge, d.h. das Vermögen und die Verbindlichkeiten des bzw. der übertragenden Rechtsträger gehen uno actu auf den übernehmenden Rechtsträger über (§ 20 Abs. 1 Nr. 1 UmwG) und die Anteilsinhaber der übertragenden Rechtsträger werden automatisch Anteilsinhaber des übernehmenden Rechtsträgers (§ 20 Abs. 1 Nr. 3 UmwG). Gleichzeitig erfolgt die Vollbeendigung der übertragenden Rechtsträger, ohne dass es einer Abwicklung bedarf (§ 20 Abs. 1 Nr. 2 UmwG).

Durch die Registereintragung werden fast alle Mängel des Verschmelzungsverfahrens geheilt (§ 20 Abs. 1 Nr. 4, Abs. 2 UmwG)[10]. Einzelne Gläubiger, Gesellschafter und Vertragspartner werden durch die §§ 21 bis 23 UmwG geschützt.

---

[8] Eingehend *K. Schmidt*, GesR, § 13 III 4; *Wiedemann*, GesR II, § 6 II 2 a.

[9] *Kallmeyer/Zimmermann*, UmwG, § 13 Rn. 9 ff., 22 ff.

[10] Eingehend dazu *Kallmeyer/Marsch-Barner*, UmwG, § 20 Rn. 33 ff. Aus der Rechtsprechung vgl. z.B. OLG Frankfurt/Main NJW-RR 2003, 1122; FGPrax 2003, 40.

II. Prozessuale Folgen

1. Keine Regelung durch das Umwandlungsrecht

Im Umwandlungsrecht selbst findet sich keine Vorschrift, die sich mit den Rechtsfolgen einer Verschmelzung auf anhängige gerichtliche Verfahren befasst.

Die Bestimmung des § 20 Abs. 1 Nr. 1 UmwG regelt nur den Übergang des Vermögens vom übertragenden auf den übernehmenden Rechtsträger. Zum Vermögen einer Person sind aber nur deren geldwerte Rechte (Aktivvermögen) sowie deren Verbindlichkeiten (Passivvermögen) zu rechnen[11]. Das Prozessrechtsverhältnis zwischen den Parteien untereinander einerseits und dem Gericht gegenüber andererseits ist jedoch öffentlich-rechtlicher Natur und fällt nicht unter den Vermögensbegriff des § 20 Abs. 1 Nr. 1 UmwG. Genau dieses Verständnis liegt beispielsweise § 1922 Abs. 1 BGB zugrunde. Auf den Erben geht im Wege der Gesamtrechtsnachfolge sämtliches Aktiv- und Passivvermögen des Erblassers über. Nicht darunter fällt aber ein Prozessrechtsverhältnis. Die Vorschrift des § 239 ZPO bezieht sich zwar auf die Gesamtrechtsnachfolge gem. § 1922 Abs. 1 BGB, weil sie einen Parteiwechsel vom Erblasser auf einen oder mehrere Erben voraussetzt, beruht aber selbst auf prozessualen Grundsätzen, nämlich dem Wechsel der Prozessführungsbefugnis[12].

Der gleiche Vermögensbegriff gilt auch im Rahmen des § 20 Abs. 1 Nr. 1 UmwG. Aus den Vorschriften des Umwandlungsgesetzes können die Auswirkungen einer Verschmelzung auf einen anhängigen Rechtsstreit daher nicht entnommen werden. In Betracht kommt folglich nur ein Rückgriff auf prozessuale Grundsätze. Zu fragen ist danach, welche Rechtsfolgen das Zivilprozessrecht für die durch die Verschmelzung bewirkten materiellen Rechtsänderungen vorsieht. In concreto ist also zu untersuchen, ob die materielle Nachfolge des übernehmenden Rechtsträgers in die Stellung des übertragenden Rechtsträgers nach § 20 Abs. 1 Nr. 1 UmwG aus prozessualer Sicht eine Rechtsnach-

---

[11] *Brehm*, AT, Rn. 599; *Hennrichs*, Umwandlungen, S. 82 f.

[12] *Bork/Jacoby*, ZHR 167 (2003), 442; MünchKommBGB/*Leipold*, § 1922 Rn. 124; MünchKomm-ZPO/*Feiber*, § 239 Rn. 1.

folge in den Streitgegenstand eines bestimmten anhängigen zivilgerichtlichen Verfahrens darstellt[13].

2. Meinungsstand

Unstrittig ist, dass die Verschmelzung keine Auswirkungen auf einen Rechtsstreit hat, der vom oder gegen den übernehmenden Rechtsträger geführt wird. Hier liegt keine Rechtsnachfolge vor und es ist allenfalls eine Berichtigung des Rubrums vorzunehmen, wenn sich die Firma geändert hat[14].

Eine materielle Rechtsnachfolge ist daher nur denkbar, wenn eine an einem Prozess beteiligte Gesellschaft im Wege der Verschmelzung durch Aufnahme (§§ 2 Nr. 1, 4 ff. UmwG) auf einen anderen bereits bestehenden Rechtsträger oder im Wege der Verschmelzung durch Neugründung (§§ 2 Nr. 2, 36 ff. UmwG) auf einen neu gegründeten Rechtsträger verschmolzen wird.

Die wohl überwiegende Ansicht in Rechtsprechung und Literatur wendet auf solche Konstellationen die Vorschriften der §§ 239, 246 ZPO analog an. Wie beim Tod einer natürlichen Person trete schließlich bei der Verschmelzung von Gesellschaften wegen der Vollbeendigung des übertragenden Rechtsträgers (§ 20 Abs. 1 Nr. 2 UmwG) eine Gesamtrechtsnachfolge ein[15]. War die übertragende Gesellschaft anwaltlich vertreten, würde demnach ein anhängiger Prozess nicht unterbrochen, aber es bestünde die Möglichkeit, die Aussetzung des Verfahrens zu beantragen (§ 246 Abs. 1 ZPO analog). Wurde die Gesellschaft nicht durch einen Prozessbevollmächtigten vertreten, würde das Wirksamwerden der Verschmelzung automatisch analog § 239 Abs. 1 ZPO zu einer Verfahrensunterbrechung führen, bis der Rechtsstreit von der übernehmenden Gesellschaft wieder aufgenommen würde. Nähme der übernehmende

[13] *Bork/Jacoby*, ZHR 167 (2003), 442. Vgl. dazu auch *Henckel*, Parteilehre, S. 145 ff. (insbes. S. 177 ff.).

[14] *Happ*, § 11 Rn. 11; *K. Schmidt*, FS Henckel, S. 766; *Zöller/Greger*, § 239 Rn. 6.

[15] BGH ZIP 2004, 1047 (1048); ZIP 2004, 92 (93); NJW 1971, 1844; *Baumbach/Hartmann*, ZPO, § 239 Rn. 4; *Kallmeyer/Marsch-Barner*, UmwG, § 20 Rn. 25; *Schmitt/Hörtnagl/Stratz*, § 20 UmwG Rn. 28; *Stein/Jonas/Roth*, § 239 Rn. 5 f.; *Widmann/Mayer/Vossius*, § 20 UmwG Rn. 258; *Zöller/Greger*, § 239 Rn. 6.

Rechtsträger das Verfahren nicht auf, könnte die Aufnahme auf Antrag des Prozessgegners analog § 239 Abs. 2 bis 4 ZPO erzwungen werden[16].
Eine andere Auffassung lehnt hingegen die analoge Anwendung von § 239 ZPO ab, weil der Tod einer natürlichen Person nicht mit der geplanten Maßnahme der Verschmelzung vergleichbar sei. Statt dessen sei von einem gesetzlichen Parteiwechsel im Zeitpunkt des Wirksamwerdens der Verschmelzung auszugehen[17].
Eine weiteres abweichendes Konzept wurde von *Karsten Schmidt* entwickelt. Seiner Ansicht nach steht zwar die Universalsukzession im Mittelpunkt des Interesses, denn sie bewirke schließlich den Übergang des Prozessrechtsverhältnisses. Allerdings liege gleichzeitig eine Diskontinuität der gesetzlichen Vertretung der Gesellschaft vor, weil durch die Verschmelzung der übertragende Rechtsträger unter das neue, für die verschmolzenen Gesellschaften gemeinsame Management des übernehmenden Rechtsträgers gestellt werde. Daher sei auf diese Konstellation § 241 ZPO analog anzuwenden. Ein anhängiger Prozess wird danach unterbrochen, sofern die Gesellschaft nicht durch einen Prozessbevollmächtigten vertreten war (§ 246 Abs. 1 ZPO analog)[18]. Im Unterschied zur Regelung des § 239 ZPO sieht § 241 ZPO ein deutlich vereinfachtes Aufnahmeverfahren vor, da an die Stelle des Fortsetzungsantrags eine schlichte Anzeige tritt. Dem Prozessgegner steht zudem keine Möglichkeit zu, die Fortsetzung des Verfahrens zu erzwingen und damit die Unterbrechung zu beenden[19].

[16] Die Wirkungen der Unterbrechung sowie die formalen Voraussetzungen der Aufnahme eines unterbrochenen Verfahrens wurden bereits oben (§ 2 B IV, C I 1 c) für den Fall der Unterbrechung infolge Eröffnung eines Insolvenzverfahrens (§ 240 ZPO) eingehend dargestellt und gelten entsprechend auch für eine Unterbrechung nach § 239 ZPO.
[17] *Happ*, § 11 Rn. 21; *Henckel*, Parteilehre, S. 180; *Hennrichs*, Umwandlungen, S. 84 f.; *Lutter/Grunewald*, UmwG, § 20 Rn. 55; *Marx*, Auswirkungen, S. 75; MünchKomm-ZPO/*Feiber*, § 239 Rn. 17; *Semler/Stengel/Kübler*, § 20 Rn. 66.
[18] *K. Schmidt*, FS Henckel, S. 767.
[19] MünchKommZPO/*Feiber*, § 241 Rn. 13, 16; *Stein/Jonas/Roth*, § 241 Rn. 1.

3. Kritik und eigene Ansicht

Die analoge Anwendung des § 239 ZPO auf die Fälle der Verschmelzung wirkt auf den ersten Blick durchaus überzeugend. Es scheint schließlich plausibel, den Tod der natürlichen Person und den durch die Verschmelzung herbeigeführten „Tod“ (= Vollbeendigung, § 20 Abs. 1 Nr. 2 UmwG) der übertragenden Gesellschaft gleich zu behandeln.
Allerdings sind die Regelungen über den Stillstand des Verfahrens (§§ 239 ff. ZPO) Ausnahmevorschriften, die nicht ohne weiteres einer Analogie zugänglich sind. Vielmehr ist für jede Situation kritisch zu prüfen, ob deren entsprechende Anwendung noch dem Schutzzweck der Norm entspricht. Vergleicht man den Tod einer natürlichen Person mit dem „Tod“ einer Gesellschaft infolge Verschmelzung, ergeben sich grundlegende Unterschiede. Der Tod eines Menschen ist oft ein plötzliches, nicht vorhersehbares naturgegebenes Ereignis[20]. Die Person des Erben steht wegen der Möglichkeit, die Erbschaft innerhalb einer gewissen Überlegungsfrist ausschlagen zu können (§§ 1942 Abs. 1, 1944 Abs. 1 BGB), nicht von vorneherein definitiv fest. Gänzlich anders verhält es sich jedoch in den Fällen der Verschmelzung von Gesellschaften. Ein solcher Vorgang wird in der Regel gründlich und zielgerichtet über einen längeren Zeitraum hinweg vorbereitet und in Verträgen werden nahezu alle Einzelheiten geregelt. Zudem steht von Anfang an fest, wer die Rechtsnachfolge der übertragenden Gesellschaft antritt. Im Gegensatz zu einer natürlichen Person als Erblasser wissen die Vertreter des übertragenden Rechtsträgers durch die Verhandlungen vom baldigen Ende der Existenz ihrer Gesellschaft. Sie können folglich Vorbereitungen für die Fortsetzung des Rechtsstreits durch den übernehmenden Rechtsträger im Zeitpunkt des Wirksamwerdens der Verschmelzung treffen. Die neue Prozesspartei sieht sich daher keinesfalls so überraschend wie der Erbe einer natürlichen Person einem gerichtlichen Verfahren ausgesetzt. Eine Analogie zu § 239 ZPO ist somit nicht gerechtfertigt und folglich abzulehnen[21].

---

[20] *Feiber* (in: MünchKommZPO, § 239 Rn. 17) zitiert *Schiller*: „Rasch tritt der Tod den Menschen an, es ist ihm keine Frist gegeben.“

[21] Ebenso MünchKommZPO/*Feiber*, § 239 Rn. 17; *Semler/Stengel/Kübler*, § 20 Rn. 66.

Der Ansicht von *Karsten Schmidt* ist entgegenzuhalten, dass nicht jede Verschmelzung notwendigerweise eine Diskontinuität der Vertretungsbefugnis der Gesellschaftsorgane zur Folge haben muss. Oftmals werden die zur Vertretung befugten Organe des übernehmenden Rechtsträgers sowohl aus Personen bestehen, die bisher Vertretungsorgan der übertragenden Gesellschaft waren als auch aus Personen, die schon vorher zur Vertretung des übernehmenden Rechtsträgers befugt waren. Vor allem dann, wenn es sich um eine Verschmelzung von rechtsformidentischen Gesellschaften handelt, endet deren bisherige Vertretungsbefugnis somit nicht, wie es § 241 ZPO voraussetzt, sondern besteht für den übernehmenden Rechtsträger fort. Nur wenn gleichzeitig mit der Verschmelzung die Rechtsform wechselt, endet die Vertretungsbefugnis, so dass die analoge Anwendung des § 241 ZPO gerechtfertigt wäre.

Den Vorzug verdient jedoch die Ansicht, die die Fälle der Verschmelzung als gesetzlichen Parteiwechsel behandelt, der keine Unterbrechung eines anhängigen Rechtsstreits zur Folge hat. Zeitpunkt des Parteiwechsels ist das Wirksamwerden der Verschmelzung mit deren Eintragung im Register. Der übernehmende Rechtsträger tritt ohne weiteres in das Prozessrechtsverhältnis ein und muss den Rechtsstreit in der vorhandenen Lage übernehmen und fortsetzen. Die ergangenen Entscheidungen und die bisherigen Prozesshandlungen des übertragenden Rechtsträgers bleiben wirksam[22]. Es ist lediglich das Rubrum zu ändern und gegebenenfalls die Firma des erloschenen Rechtsträgers durch die des übernehmenden zu ersetzen. Außerdem müssen die neuen Vertretungsverhältnisse angezeigt werden[23]. Wie bereits ausgeführt, besteht bei einer Verschmelzung zu keiner Zeit eine Unsicherheit im Hinblick auf die Rechtsnachfolge. Einem solchen Umwandlungsvorgang geht eine intensive Vorbereitungsphase voraus, in der umfassende Vorkehrungen für die Fortsetzung eines anhängigen Rechtsstreits getroffen werden können. Die Unterbrechung eines gerichtlichen Verfahrens erweist sich daher nicht als zwingend notwendig.

Allenfalls könnte erwogen werden, bei Vertretung des übertragenden Rechtsträgers durch einen Prozessbevollmächtigten die Vorschrift des § 246 Abs. 1

---

[22] *Schilken*, ZPR, Rn. 758; *Thomas/Putzo*, Vor § 50 Rn. 18.
[23] Ebenso die in Fn. 17 Genannten.

ZPO analog anzuwenden, um zumindest eine Aussetzung des Verfahrens zu ermöglichen. Dagegen spricht jedoch, dass die dem § 246 Abs. 1 ZPO zugrunde liegende Interessenlage nicht mit der bei einer Verschmelzung vergleichbar ist. Die durch § 246 Abs. 1 ZPO eröffnete Möglichkeit, in den Fällen der §§ 239, 241, 242 ZPO die Aussetzung des Verfahrens herbeizuführen, rechtfertigt sich daraus, dass in diesen Konstellationen trotz des grundsätzlichen Fortbestands der Prozessvollmacht (§ 86 ZPO) Schwierigkeiten im Hinblick auf die Information und Instruktion des Prozessbevollmächtigen auftreten können. Dieser müsste in einer Situation, die im Parteiprozess zu einer Unterbrechung führt, im Außenverhältnis weiterhandeln, obwohl er im Innenverhältnis wegen der Unsicherheiten bezüglich der tatsächlichen Rechtsnachfolge unter Umständen keine Weisungen mehr erhalten kann[24]. Im Falle eines von langer Hand geplanten gesellschaftsrechtlichen Umwandlungsvorganges wie der Verschmelzung bedarf es eines solchen Schutzes des Prozessbevollmächtigten jedoch nicht, da die Rechtsnachfolge zu keinem Zeitpunkt unklar ist. Das Verfahren braucht daher nicht ausgesetzt zu werden.
Das Wirksamwerden der Verschmelzung nach Abschluss des Rechtsstreits hat zur Folge, dass dann zur Einleitung oder Fortführung eines Vollstreckungsverfahrens die Beantragung der Umschreibung der Vollstreckungsklausel für bzw. gegen den übernehmenden Rechtsträger (§ 727 ZPO) erforderlich wird[25].

III. Ergebnis

Eine Verschmelzung bewirkt keine Unterbrechung eines anhängigen zivilgerichtlichen Verfahrens. Vielmehr tritt im Zeitpunkt der Eintragung der Verschmelzung im Register ein gesetzlicher Parteiwechsel vom übertragenden auf den übernehmenden Rechtsträger ein. Neben der Anzeige der neuen Vertretungsverhältnisse bedarf es lediglich einer Änderung des Rubrums sowie einer Berichtigung der Firma.

---

[24] MünchKommZPO/*Feiber*, § 246 Rn. 1 f.

[25] Vgl. nur *Zöller/Stöber*, § 727 Rn. 5.

C. Spaltung

I. Begriff, Formen, Verfahrensablauf und Wirkungen

1. Begriff

Die Spaltung (§§ 123 ff. UmwG) bildet das Gegenstück zur Verschmelzung. Durch sie werden Teilbetriebe oder Vermögensteile mittels Übertragung auf einen schon bestehenden (Spaltung zur Aufnahme, §§ 126 ff. UmwG) oder neu gegründeten Rechtsträger (Spaltung zur Neugründung, §§ 135 ff. UmwG) verselbständigt. Das von der Spaltung betroffene Vermögen geht im Wege der sog. partiellen Gesamtrechtsnachfolge als Ganzes auf den oder die übernehmenden Rechtsträger über. Einzelübertragungsakte sind nicht erforderlich[26].

2. Spaltungsformen

Das Umwandlungsgesetz kennt grundsätzlich drei Spaltungsformen[27]:

a) Aufspaltung

Bei der Aufspaltung nach § 123 Abs. 1 UmwG überträgt ein Rechtsträger unter Auflösung ohne Abwicklung sein gesamtes Vermögen auf mindestens zwei andere (übernehmende oder neue) Rechtsträger. Als Gegenleistung werden den Anteilseignern des übertragenden Rechtsträgers Anteile oder Mitgliedschaften an den übernehmenden Rechtsträgern gewährt. Mit der Eintragung

[26] *Hennrichs*, ZIP 1995, 797; *Kallmeyer/Kallmeyer*, UmwG, § 123 Rn. 2; *Marx*, Auswirkungen, S. 27; *Oetter*, Strukturveränderung, S. 12; *Schmitt/Hörtnagl/Stratz*, § 123 UmwG Rn. 3 ff.; *Semler/Stengel/Schwanna*, § 123 Rn. 2, 6; *Widmann/Mayer/Schwarz*, § 123 UmwG Rn. 4.1.3; *Wiedemann*, GesR II, § 6 II 1 a.

[27] Auf eine Darstellung der Sonderform der nichtverhältniswahrenden Spaltung wird hier verzichtet. Vgl. dazu *Seibold*, Spaltung, S. 5 f.; *Semler/Stengel/Schwanna*, § 123 Rn. 20.

der Aufspaltung im Register erlischt der übertragende Rechtsträger, ohne dass es einer Liquidation bedarf (§ 131 Abs. 1 Nr. 2 S. 1 UmwG)[28].

b) Abspaltung

Im Gegensatz zur Aufspaltung bleibt bei der Abspaltung nach § 123 Abs. 2 UmwG der übertragende Rechtsträger bestehen. Dieser überträgt einen oder mehrere Teile seines Vermögens auf einen oder mehrere andere Rechtsträger, die wiederum schon bestehen können oder aufgrund der Spaltung neu gegründet werden. Auch hier besteht die Gegenleistung in der Gewährung von Anteilen an dem bzw. den neuen Rechtsträger(n) an die Anteilsinhaber des übertragenden Rechtsträgers[29].

c) Ausgliederung

Die der Abspaltung ähnliche Ausgliederung (§ 123 Abs. 3 UmwG) kann ebenfalls als Ausgliederung zur Aufnahme oder zur Neugründung durchgeführt werden. Der Unterschied zur Auf- und Abspaltung besteht darin, dass die Anteile des / der übernehmenden Rechtsträger(s) dem übertragenden Rechtsträger selbst und nicht dessen Anteilsinhabern gewährt werden. Folge der Ausgliederung ist somit keine Verringerung des Vermögens des übertragenden Rechtsträgers, sondern lediglich eine Vermögensumschichtung[30].
Es existiert auch die Möglichkeit, dass alle Vermögensteile auf einen oder mehrere neue Rechtsträger ausgegliedert werden. Der übertragende Rechtsträger wird dadurch schließlich nicht vermögenslos. Sein Vermögen besteht aber nur noch aus Anteilen an den übernehmenden bzw. neu gegründeten Rechts-

---

[28] *Hennrichs*, ZIP 1995, 797; *Kallmeyer/Kallmeyer*, UmwG, § 123 Rn. 7 f.; *Marx*, Auswirkungen, S. 28; *Oetter*, Strukturveränderung, S. 13; *Schmitt/Hörtnagl/Stratz*, § 123 UmwG Rn. 6 ff.; *Seibold*, Spaltung, S. 3; *Semler/Stengel/Schwanna*, § 123 Rn. 12 f.

[29] *Hennrichs*, ZIP 1995, 797; *Kallmeyer/Kallmeyer*, UmwG, § 123 Rn. 9 f.; *Marx*, Auswirkungen, S. 28; *Oetter*, Strukturveränderung, S. 14; *Schmitt/Hörtnagl/Stratz*, § 123 UmwG Rn. 9; *Seibold*, Spaltung, S. 3; *Semler/Stengel/Schwanna*, § 123 Rn. 14.

[30] *Hennrichs*, ZIP 1995, 797; *Kallmeyer/Kallmeyer*, UmwG, § 123 Rn. 11; *Marx*, Auswirkungen, S. 28 f.; *Oetter*, Strukturveränderung, S. 14 f.; *Schmitt/Hörtnagl/Stratz*, § 123 UmwG Rn. 11 f.; *Seibold*, Spaltung, S. 3 ff.; *Semler/Stengel/Schwanna*, § 123 Rn. 15 f.

trägern. Dadurch wird die übertragende Gesellschaft zu einer reinen Holdinggesellschaft[31].

3. Grundzüge des Verfahrensablaufs

Der Ablauf des Spaltungsverfahrens soll hier wie bei der Verschmelzung nur in Grundzügen geschildert werden[32]. Er kann im wesentlichen in drei Phasen eingeteilt werden: die Vorbereitungsphase, die Beschlussphase und die Vollzugsphase[33].

a) Vorbereitungsphase

Wie bei der Verschmelzung ist die Anzahl der spaltungsfähigen Rechtsträger begrenzt (§ 124 UmwG). Zur Vorbereitung der Spaltung wird von den zur Vertretung befugten Organen der beteiligten spaltungsfähigen Rechtsträger ein Spaltungsvertrag abgeschlossen (§§ 125 S. 1, 4 UmwG). Handelt es sich um eine Spaltung zur Neugründung, tritt an dessen Stelle mangels Vertragspartner ein Spaltungsplan (§ 136 UmwG). Der Spaltungsvertrag bzw. Spaltungsplan muss den in § 126 UmwG genannten Mindestinhalt aufweisen[34]. Er ist von zentraler Bedeutung für den Spaltungsvorgang, da in ihm unter anderem eine genaue Zuordnung der Vermögensgegenstände enthalten sein muss (§ 126 Abs. 1 Nr. 9 UmwG). Es muss für den Rechtsverkehr klar sein, welche Rechtspositionen künftig welcher Rechtsträger innehaben soll[35].
Zur Information und Kontrolle der Anteilseigner ist nach § 127 UmwG ein Spaltungsbericht zu erstellen, der weitgehend dem Verschmelzungsbericht

---

[31] *Kallmeyer/Kallmeyer*, UmwG, § 123 Rn. 12; *Oetter*, Strukturveränderung, S. 15; *Schmitt/Hörtnagl/Stratz*, § 123 UmwG Rn. 22 f.; *Seibold*, Spaltung, S. 4; *Semler/Stengel/Schwanna*, § 123 Rn. 17.

[32] Eingehend dazu *Marx*, Auswirkungen, S. 31 ff.

[33] Einteilung nach *Marx*, Auswirkungen, S. 31 f.

[34] § 126 UmwG regelt den Mindestinhalt allerdings nicht erschöpfend. Aufgrund der Verweisung in § 125 S. 1 UmwG ergeben sich weitere Anforderungen, vgl. dazu *Kallmeyer/Kallmeyer*, UmwG, § 126 Rn. 3.

[35] *Hennrichs*, Umwandlungen, S. 122. Zur Auslegung eines Ausgliederungsvertrags, insbesondere zur Zulässigkeit sog. All-Klauseln vgl. BGH NJW-RR 2004, 123.

(§ 8 UmwG) entspricht. Zudem ist eine Spaltungsprüfung vorzunehmen (§§ 125 S. 1, 9 Abs. 1 UmwG), es sei denn, es handelt sich bei der Spaltung um eine Ausgliederung (§ 125 S. 2 UmwG) oder alle Anteilseigner haben darauf verzichtet (§§ 125 S. 1, 9 Abs. 3, 8 Abs. 3 UmwG).

b) Beschlussphase

Der Spaltungsvertrag wird gem. §§ 125 S. 1, 13 Abs. 1 UmwG erst mit der Zustimmung der Anteilseigner der beteiligten Rechtsträger wirksam. Die Zustimmung bedarf einer qualifizierten Mehrheit, bei Personengesellschaften im Regelfall sogar der Einstimmigkeit[36].

c) Vollzugsphase

Nach der Zustimmung durch die Anteilsinhaber können die Vertretungsorgane der beteiligten Rechtsträger die Spaltung zur Eintragung in das Register anmelden (§§ 125 S. 1, 16 Abs. 1 S. 1 UmwG), wobei nach § 129 UmwG jedes der Vertretungsorgane der übernehmenden Rechtsträger zur Anmeldung befugt ist. Erst mit der Eintragung im Register wird die Spaltung wirksam.

4. Wirkungen

Die Wirkungen der Eintragung der Spaltung im Register regelt § 131 UmwG. Danach geht das Vermögen des übertragenden Rechtsträgers entsprechend dem im Spaltungsvertrag bzw. Spaltungsplan niedergelegten Verhältnis jeweils als Gesamtheit (uno actu) auf den bzw. die übernehmenden Rechtsträger über (§ 131 Abs. 1 Nr. 1 UmwG). Handelt es sich um eine Aufspaltung, erlischt gleichzeitig der übertragende Rechtsträger ohne jegliche Abwicklung (§ 131 Abs. 1 Nr. 2 UmwG). Außerdem gehen die Anteile an dem übernehmenden Rechtsträger auf die Anteilseigner des übertragenden Rechtsträgers

[36] *Kallmeyer/Kallmeyer*, UmwG, § 125 Rn. 13 ff.; *Marx*, Auswirkungen, S. 58 ff.

bzw. im Falle der Ausgliederung auf die übertragende Gesellschaft über (§ 131 Abs. 1 Nr. 2 UmwG). Die Registereintragung bewirkt zudem die Heilung von Mängeln des Spaltungsvorgangs (§ 131 Abs. 1 Nr. 4, Abs. 2 UmwG)[37].

Ist im Spaltungsvertrag hinsichtlich eines bestimmten Vermögensgegenstandes keine Regelung über dessen Zugehörigkeit zu einem Rechtsträger getroffen worden und lässt sich eine Zuteilung auch durch Auslegung des Vertrages nicht ermitteln, verbleibt der Vermögensgegenstand beim übertragenden Rechtsträger[38]. Für die Aufspaltung, bei welcher der übertragende Rechtsträger erlischt, hat der Gesetzgeber in § 131 Abs. 3 UmwG eine explizite Regelung getroffen. Danach soll für einen bei der Aufspaltung vergessenen Gegenstand, der im Spaltungsvertrag keinem der übernehmenden Rechtsträger zugeteilt worden ist, die richtige Zuordnung zunächst durch Auslegung des Vertrages ermittelt werden. Führt die Auslegung zu keinem Ergebnis, so geht der Vermögensgegenstand entsprechend dem Aufteilungsverhältnis auf alle übernehmenden Rechtsträger über[39].

Zum Schutz der Gläubiger und der Inhaber von Sonderrechten haften nach § 133 UmwG alle an der Spaltung beteiligten Rechtsträger als Gesamtschuldner für die Dauer von fünf Jahren. Ergänzt wird diese Vorschrift durch § 134 UmwG, der den Gefahren einer Betriebsaufspaltung begegnen will[40].

---

[37] Eingehend *Marx*, Auswirkungen, S. 63 ff.; *Semler/Stengel/Kübler*, § 131 Rn. 31 ff.

[38] *Marx*, Auswirkungen, S. 65 f.; *Schmitt/Hörtnagl/Stratz*, § 131 UmwG Rn. 110; *Semler/Stengel/Kübler*, § 131 Rn. 37.

[39] Nach zutreffender Ansicht werden von dieser Vorschrift sowohl Gegenstände des Aktivals auch des Passivvermögens erfasst, so *Schmitt/Hörtnagl/Stratz*, § 131 UmwG Rn. 113 (str.). Vgl. zu den Einzelheiten *Marx*, Auswirkungen, S. 66 f.; *Schmitt/Hörtnagl/Stratz*, § 131 UmwG Rn. 101 ff.; *Widmann/Mayer/Vossius*, § 131 UmwG Rn. 202 ff., § 133 UmwG Rn. 13 f.

[40] Umfassend *Petersen*, Gläubigerschutz, S. 344 ff. Vgl. auch *K. Müller*, DB 2001, 2637 ff.; *Rieble*, ZIP 1997, 312 f.

II. Prozessuale Folgen

1. Ausgangslage nach dem Umwandlungsgesetz

Ebenso wie für die Verschmelzung trifft das Umwandlungsgesetz auch im Hinblick auf eine Spaltung keine Regelung für zum Zeitpunkt des Wirksamwerdens der Umwandlung schwebende Prozessrechtsverhältnisse. Diese fallen jedenfalls nicht unter den Vermögensbegriff des § 131 Abs. 1 Nr. 1 S. 1 UmwG[41]. Für die Rechtsfolgen der Spaltung in prozessualer Hinsicht muss daher wie bei der Verschmelzung das allgemeine Prozessrecht herangezogen werden, wobei gleichzeitig der durch den Gesetzgeber vorgegebene Zweck der Spaltung zu berücksichtigen ist. Hier besteht noch erheblicher Klärungsbedarf.

2. Prozessuale Folgen der Aufspaltung

a) Meinungsstand

Bei einer Aufspaltung geht das gesamte Vermögen des Rechtsträgers auf mindestens zwei neue Rechtsträger über und der übertragende Rechtsträger erlischt. Dieser Vorgang entspricht im großen und ganzen einer „umgekehrten Verschmelzung“. Daher möchten einige auf die Fälle der Abspaltung wie bei der Verschmelzung die Vorschrift des § 239 ZPO analog anwenden[42]. Andere gehen hingegen von einem Parteiwechsel aus, der keine Unterbrechung des Verfahrens zur Folge hat[43].

---

[41] *Bork/Jacoby*, ZHR 167 (2003), 442; *Happ*, § 11 Rn. 23; *Hennrichs*, Umwandlungen, S. 136 ff.; *Lutter/Teichmann*, UmwG, § 132 Rn. 56; *K. Schmidt*, FS Henckel, S. 770. – A.A. offenbar nur *Schmitt/Hörtnagl/Stratz*, § 131 UmwG Rn. 83, 85.

[42] *Marx*, Auswirkungen, S. 75 f.; *Schmitt/Hörtnagl/Stratz*, § 131 UmwG Rn. 83; *Semler/Stengel/Maier-Reimer*, § 133 Rn. 64; *Widmann/Mayer/Vossius*, § 131 UmwG Rn. 131 i.V.m. § 20 UmwG Rn. 258.

[43] *Hennrichs*, Umwandlungen, S. 138 f.; *Semler/Stengel/Kübler*, § 131 Rn. 10. Zustimmend auch *Oberhammer*, OHG im ZP, S. 316. Differenzierend *Lutter/Teichmann*, UmwG, § 132 Rn. 57 f.

b) Kritik und eigene Ansicht

Gegen eine entsprechende Anwendung des § 239 ZPO lässt sich bei der Abspaltung das gleiche Argument anführen wie bei einer Verschmelzung, nämlich dass die Situation nicht mit dem Tod einer natürlichen Person vergleichbar sei. Spaltungen vollziehen sich keinesfalls plötzlich und unerwartet, so dass eine Unterbrechung des anhängigen Verfahrens nicht gerechtfertigt erscheint.

Vorzugswürdig ist wiederum die Ansicht, dass es durch die Eintragung der Aufspaltung im Register zu einem gesetzlichen Parteiwechsel kommt. Der übernehmende Rechtsträger tritt damit in die prozessuale Situation ein, wie sie sich zum Zeitpunkt des registerrechtlichen Eintragungsaktes darstellt[44].

Welcher der übernehmenden Rechtsträger Partei des schwebenden Verfahrens wird, ist anhand des Spaltungsvertrages bzw. Spaltungsplanes zu ermitteln. Ist darin der Streitgegenstand des Prozesses einem Rechtsträger eindeutig zugewiesen, entstehen keine weiteren Probleme, denn der nun materiell Berechtigte wird Partei. Allerdings können Schwierigkeiten entstehen, wenn entweder teilbare Gegenstände wie z.B. Grundstücke auf verschiedene Rechtsträger aufgeteilt werden oder für Vermögensgegenstände überhaupt keine Zuordnung getroffen wurde, was im Zweifel ebenfalls zu einer verhältnismäßigen Aufteilung auf die übernehmenden Rechtsträger führt (§ 131 Abs. 3 UmwG). Berücksichtigt man den Zweck des Spaltungsrechts, Vermögensübergänge im Wege der partiellen Gesamtrechtsnachfolge herbeizuführen, haben derartige Fälle eine Vervielfältigung der Prozessparteien auf Kläger- oder Beklagtenseite zur Folge[45]. Die übernehmenden Rechtsträger sind in einer solchen Konstellation dann als einfache Streitgenossen im Sinne der §§ 59 ff. ZPO anzusehen.

---

[44] So *Lutter/Teichmann*, UmwG, § 132 Rn. 57 f.; *Lutter/Hommelhoff/Schwab*, UmwG, § 133 Rn. 165.

[45] *Happ*, § 11 Rn. 25.

c) Zwischenergebnis

Die Aufspaltung von Gesellschaften bewirkt in einem anhängigen zivilgerichtlichen Verfahren einen gesetzlichen Parteiwechsel. Der übernehmende Rechtsträger ist dabei an die bisherigen Prozessergebnisse gebunden[46]. Geht der Streitgegenstand auf mehrere übernehmende Rechtsträger über, bilden diese eine einfache Streitgenossenschaft im Sinne der §§ 59 ff. ZPO. Der Prozess kann folglich ohne Unterbrechung fortgesetzt werden. Lediglich das Rubrum ist zu berichtigen und die neuen Vertretungsverhältnisse sind anzuzeigen.

3. Prozessuale Folgen der Abspaltung und Ausgliederung

a) Meinungsstand

Im Gegensatz zu den bisher erörterten Fällen der Verschmelzung und der Aufspaltung bleibt sowohl bei der Abspaltung als auch bei der Ausgliederung der übertragende Rechtsträger erhalten. Hinsichtlich der Auswirkungen eines solchen Vorgangs auf schwebende Prozessrechtsverhältnisse existiert ein äußerst diffuses Meinungsbild.

Einige wenden auf die Abspaltung und Ausgliederung wie auf alle anderen Umwandlungsfälle § 239 ZPO entsprechend an[47]. Hiergegen wendet sich eine andere Ansicht, die statt dessen von einem Parteiwechsel ohne Unterbrechung des Verfahrens ausgeht[48]. Wieder andere stellen darauf ab, dass sich Abspaltung und Ausgliederung nach dem Umwandlungsgesetz zwar im Wege der partiellen Gesamtrechtsnachfolge vollziehen, die aber letztlich aus einer Vielzahl von Einzelrechtsnachfolgen besteht. Somit sei eine Anwendung der Schutzvorschrift des § 265 ZPO geboten, so dass eine gesetzliche Prozessstandschaft entstehe, wobei der übernehmende Rechtsträger mit Zustim-

---

[46] Vgl. dazu MünchKommZPO/*Lüke*, § 265 Rn. 95 ff.

[47] *Schmitt/Hörtnagl/Stratz*, § 131 UmwG Rn. 83; *Widmann/Mayer/Vossius*, § 131 UmwG Rn. 131 i.V.m. § 20 UmwG Rn. 258; im Ergebnis wohl auch *Marx*, Auswirkungen, S. 75 f.

[48] *Happ*, § 11 Rn. 27; *Henckel*, Parteilehre, S. 179; *Hennrichs*, Umwandlungen, S. 138 ff.; *Oberhammer*, OHG im ZP, S. 316 ff. Ebenso für Aktivprozesse *Lutter/Teichmann*, UmwG, § 132 Rn. 57.

mung des Prozessgegners in den Prozess eintreten könne[49]. Nach einer ähnlichen Auffassung soll eine Abspaltung bzw. Ausgliederung das Prozessrechtsverhältnis gänzlich unberührt lassen. Ein anhängiges Verfahren sei mit dem übertragenden Rechtsträger fortzusetzen und der übernehmende Rechtsträger könne, falls der Streitgegenstand auch ihn betrifft, allenfalls als Nebenintervenient beitreten[50]. Darüber hinaus findet sich noch die Auffassung, dass es sich bei der Abspaltung und Ausgliederung um eine modifizierte Einzeleinbringung eines Unternehmens im Wege einer vereinfachten Sachgründung handelt. Daher sei der Rechtsübergang wie die Fälle der Unternehmensübertragung (§§ 25 ff. HGB) und des Betriebsübergangs (§ 613a BGB) zu behandeln, wobei aber offen bleibt, ob aufgrund dessen ein gesetzlicher Parteiwechsel, die Fortführung des Verfahrens durch den übertragenden Rechtsträger als Prozessstandschafter nach § 265 ZPO oder eine Fortsetzung des Verfahrens durch den übertragenden Rechtsträger ohne Einwirkung des Rechtsübergangs auf den Prozess erfolgt[51].

b) Kritik und eigene Ansicht

Die Ansicht, nach der bei einer Abspaltung bzw. Ausgliederung schwebende Verfahren analog unterbrochen werden, ist wie bei den anderen Umwandlungsformen abzulehnen. Zum einen ist erneut als Argument anzuführen, dass sich derartige Umwandlungsvorgänge nicht plötzlich und unerwartet vollziehen und folglich nicht mit dem Tod einer natürlichen Person vergleichbar sind. Zum anderen bleiben bei einer Abspaltung und Ausgliederung jeweils die übertragenden Rechtsträger erhalten. Es gibt folglich keinen „Tod" einer juristischen Person, so dass schon im Ansatz keine dem § 239 ZPO entspre-

[49] BAG AP Nr. 1 zu § 325 ZPO (mit Anm. *Leipold*); MünchHdbArbR/*Wank*, § 124 Rn. 111; *Semler/Stengel/Kübler*, § 131 Rn. 10; *Semler/Stengel/Maier-Reimer*, § 133 Rn. 63; differenzierend *Zeuner*, FS Schwab, S. 585 ff.; ebenso für Aktivprozesse *Bork/Jacoby*, ZHR 167 (2003), 444 ff.

[50] BGH NJW 2001, 1217 f. = ZIP 2001, 305 ff.; BFH NJW 2003, 1479 f.; *Lutter/Hommelhoff/Schwab*, UmwG, § 133 Rn. 155 f., 164; *Musielak/Foerste*, § 265 Rn. 6; *Zöller/Greger*, § 265 Rn. 5a.

[51] *K. Schmidt*, FS Henckel, S. 770 f.

chende Prozesslage vorliegt[52]. Ebenfalls nicht zu überzeugen vermag die Auffassung, die eine Abspaltung bzw. Ausgliederung als Fall der Unternehmensübertragung (§§ 25 ff. HGB) oder des Betriebsübergangs (§ 613a BGB) behandeln will, weil sie die fraglichen Fälle lediglich anderweitig materiellrechtlich qualifiziert. Daraus lassen sich aber keine eindeutigen prozessualen Konsequenzen ableiten.

Maßgebend für die richtige prozessuale Behandlung sind zwei Gesichtspunkte: Einerseits muss der am Umwandlungsvorgang selbst nicht beteiligte Prozessgegner angemessen geschützt werden und andererseits dürfen die prozessualen Konsequenzen einer Abspaltung oder Ausgliederung nicht dem Sinn des Spaltungsrechts grundlegend widersprechen.

Einen Schutz des Prozessgegners des übertragenden Rechtsträgers bezwecken sowohl der gesetzliche Parteiwechsel als auch die Vorschrift des § 265 ZPO. Durch beide wird gewährleistet, dass sich der Rechtsstreit nicht aufgrund einer materiellen Rechtsnachfolge in der Hauptsache erledigt[53]. Unnötige Doppelprozesse sollen aus Gründen der Prozessökonomie vermieden werden. Dies kann jedoch auf unterschiedliche Art und Weise erfolgen. Der besondere Schutz des § 265 Abs. 2 ZPO besteht darin, dass der Prozessgegner das Verfahren im Gegensatz zum Parteiwechsel mit der Partei zu Ende führen kann, mit der es begonnen wurde[54].

Fraglich ist allerdings, ob der Prozessgegner in den Fällen der Abspaltung und Ausgliederung überhaupt dieses besonderen Schutzes bedarf. Gegen eine Anwendung des § 265 ZPO spricht zunächst, dass sich die Übertragung des streitbefangenen Gegenstandes in Spaltungsfällen im Wege der partiellen Gesamtrechtsnachfolge vollzieht. Es handelt sich daher gerade nicht um eine rechtsgeschäftliche Einzelrechtsnachfolge, wie es der Wortlaut der Vorschrift voraussetzt[55]. Nach dem Zweck des Spaltungsrechts sollen zudem alle Rechtsverhältnisse, d.h. auch die Prozessrechtsverhältnisse, ohne weiteres (uno actu) auf den neuen Rechtsträger übergeleitet werden. Dem würde es widersprechen, wenn der Vermögensübergang aufgrund einer Abspaltung oder Ausglie-

---

[52] Ebenso *Happ*, § 11 Rn. 27; *Lutter/Teichmann*, UmwG, § 132 Rn. 57; *Oetter*, Strukturveränderung, S. 178.

[53] So richtig *Bork/Jacoby*, ZHR 167 (2003), 446.

[54] Vgl. statt aller MünchKommZPO/*Lüke*, § 265 Rn. 7.

[55] Zutreffend *Bork/Jacoby*, ZHR 167 (2003), 444; *Oetter*, Strukturveränderung, S. 178 f.

derung auf ein anhängiges gerichtliches Verfahren keinerlei Einfluss hätte[56]. Bei Anwendung des § 265 ZPO könnte der materiell berechtigte Rechtsträger nur mit Zustimmung des Gegners in den Prozess eintreten (§ 265 Abs. 2 S. 2 ZPO), obwohl unter Umständen nur noch er ein Interesse am streitbefangenen Gegenstand hat.

Der Vorschrift des § 265 ZPO liegt zudem ein besonderes Motiv zugrunde. Die Veräußerung einer Sache oder die Abtretung eines Anspruchs kann aus mehreren Gründen unwirksam sein. § 265 ZPO klammert diese Frage zum Schutz des Prozessgegners jedoch aus dem anhängigen Verfahren vollständig aus. Der Prozess kann mit der Partei zu Ende geführt werden, mit der er begonnen wurde und das Urteil wirkt für und gegen den tatsächlichen Rechtsnachfolger (§ 325 ZPO). In den Fällen der Abspaltung bzw. Ausgliederung tritt die Rechtsnachfolge mit der Eintragung im Register kraft Gesetzes ein und eventuelle Mängel im Spaltungsvorgang werden geheilt[57]. Es bestehen in diesen Konstellationen folglich keine Unsicherheiten, die in einem anhängigen Verfahren außer Betracht gelassen werden müssten.

Dem Zweck des Spaltungsrechts entspricht es daher besser, auch in den Fällen der Abspaltung und Ausgliederung einen gesetzlichen Parteiwechsel im Zeitpunkt der Vornahme des registerrechtlichen Eintragungsaktes anzunehmen, der keine Unterbrechung des Verfahrens zur Folge hat[58]. Neue Partei wird der übernehmende Rechtsträger, dem der Streitgegenstand im Spaltungsvertrag bzw. Spaltungsplan zugewiesen ist. Vermögensgegenstände, die keinem Rechtsträger ausdrücklich zugeteilt worden sind bzw. durch Auslegung des Spaltungsvertrages bzw. –planes zugeordnet werden können, verbleiben beim übertragenden Rechtsträger[59]. Sind diese prozessbefangen, ergeben sich aufgrund des Spaltungsvorgangs keine Auswirkungen auf einen anhängigen Rechtsstreit. Wurde der Streitgegenstand dem übernehmenden und übertragenden Rechtsträger jeweils anteilig zugewiesen, findet eine Parteierweiterung

[56] *Happ*, § 11 Rn. 27; im Ergebnis auch *Oetter*, Strukturveränderung, S. 178 f.
[57] Dazu bereits oben C I 4.
[58] Ebenso *Happ*, § 11 Rn. 27; *Hennrichs*, Umwandlungen, S. 138 ff.; *Lutter/Teichmann*, UmwG, § 132 Rn. 57 (für Aktivprozesse).
[59] Siehe Nachweise o. Fußn. 38.

auf den übernehmenden Rechtsträger statt[60]. In diesem Fall entsteht zwischen beiden eine einfache Streitgenossenschaft (§§ 59 ff. ZPO). Damit entsprechen sich stets materielle Berechtigung und Prozessführungsbefugnis.
Zum Schutz des Prozessgegners bleibt der übernehmende Rechtsträger an die bisherigen Prozessergebnisse gebunden. Diese Bindung zu Lasten des Rechtsnachfolgers rechtfertigt sich dadurch, dass dieser letztlich nur eine „(Teil-) Fortsetzung" des übertragenden Rechtsträgers darstellt[61]. Eine Möglichkeit, sich zusätzlich zu schützen, eröffnet die Anordnung der gesamtschuldnerischen Haftung für Verbindlichkeiten der an der Spaltung beteiligten Rechtsträger für die Dauer von fünf Jahren (§ 133 UmwG). Der Prozessgegner könnte aus diesem Grund sowohl in einem Aktiv- als auch in einem Passivprozess eine Parteierweiterung auf die an der Spaltung beteiligten, aber am Streitgegenstand nicht materiell berechtigten Rechtsträger herbeiführen[62].
Der Vorteil dieser Lösung liegt darin, dass sie einerseits einer konsequenten Anwendung des Spaltungsrechts entspricht und andererseits die Interessen und den Schutz des Prozessgegners nicht unberücksichtigt lässt.

c) Zwischenergebnis

Auch eine Abspaltung bzw. Ausgliederung führen in einem anhängigen zivilgerichtlichen Verfahren zu einem gesetzlichen Parteiwechsel auf den materiell berechtigten Rechtsträger, der an die bisherigen Prozessergebnisse gebunden bleibt. Bei gleichzeitiger materieller Berechtigung mehrerer an der Spaltung beteiligter Rechtsträger bilden diese eine einfache Streitgenossenschaft (§§ 59 ff. ZPO). Das Verfahren kann ohne Unterbrechung fortgesetzt werden. Erforderlich ist lediglich eine Berichtigung des Rubrums sowie eine Anzeige der neuen Vertretungsverhältnisse.

---

[60] Zu den Voraussetzungen und Wirkungen der Parteierweiterung vgl. statt aller *Zöller/Greger*, § 263 Rn. 20-22 und 26-31.
[61] So explizit *Hennrichs*, Umwandlungen, S. 139.
[62] In diese Richtung auch *Leipold*, AP Nr. 1 zu § 325 ZPO sub 4.

III. Ergebnis

Das Wirksamwerden der Spaltung einer Gesellschaft während eines anhängigen Prozesses bewirkt ebenso wie eine Verschmelzung einen gesetzlichen Parteiwechsel, falls die materielle Berechtigung am Streitgegenstand auf einen anderen Rechtsträger übergeht. Sind daran mehrere Rechtsträger materiell berechtigt, bilden diese eine einfache Streitgenossenschaft im Sinne der §§ 59 ff. ZPO.

Zum Schutz des Prozessgegners ist der neu in den Rechtsstreit eintretende Rechtsträger an die bisherigen Prozessergebnisse gebunden.

Eine Unterbrechung des Verfahrens ist nicht geboten. Es reicht aus, das Rubrum zu berichtigen und die neuen Vertretungsverhältnisse anzuzeigen[63].

---

[63] Zur Rechtslage bei Betriebsübergängen im Rahmen von Umwandlungen sogleich unter D.

D. Betriebsübergänge im Rahmen von Umwandlungen

In der Praxis dürfte im Rahmen eines Umwandlungsvorgangs im Regelfall auch ein „Betrieb“ oder „Betriebsteil“ im Sinne des § 613a BGB übertragen werden, zumal das Umwandlungssteuerrecht daran die Steuerneutralität knüpft (§ 15 Abs. 1 UmwStG). Nach § 324 UmwG bleibt § 613a Abs. 1, 4 bis 6 BGB durch die Wirkungen der Eintragung einer Verschmelzung, Spaltung oder Vermögensübertragung unberührt.

I. Materiellrechtliche Auswirkungen

§ 613a BGB dient in erster Linie dem arbeitsrechtlichen Bestandsschutz[64]. Wechselt ein Betrieb oder Betriebsteil im Sinne dieser Vorschrift den Inhaber[65], gehen die Arbeitsverhältnisse grundsätzlich automatisch auf den neuen Betriebsinhaber über. Dies soll dadurch gerechtfertigt sein, dass dieser eine vorhandene, vom bisherigen Betriebsinhaber geschaffene, auf Dauer angelegte und einen bestimmten Betriebszweck ausgerichtete Arbeitsorganisation weiternutzt[66]. Zudem wird die Kontinuität des Betriebsrates und der kollektivrechtlich geregelten Arbeitsbedingungen (z.B. Tarifverträge, Betriebsvereinbarungen) gewährleistet[67].
Besonders in Spaltungsfällen wird durch § 613a BGB die normalerweise nahezu unbegrenzte Zuweisungsfreiheit der am Spaltungsvorgang beteiligten Parteien im Spaltungsvertrag bzw. Spaltungsplan deutlich eingeschränkt, denn wegen des Grundsatzes des Gleichlaufs von Arbeitsplatz und Arbeitsverhält-

[64] *Erman/Edenfeld*, § 613a Rn. 3; MünchKommBGB/*Müller-Glöge*, § 613a Rn. 6; *Palandt/Weidenkaff*, § 613a Rn. 2.
[65] Zu den Tatbestandsvoraussetzungen des § 613a Abs. 1 S. 1 BGB ausführlich *Bamberger/Roth/Fuchs*, § 613a Rn. 6 ff.; *Erman/Edenfeld*, § 613a Rn. 6 ff.; *Hauck*, Beilage zu NZA Heft 18/2004, 17 ff.; MünchKommBGB/*Müller-Glöge*, § 613a Rn. 14 ff.; *Palandt/Weidenkaff*, § 613a Rn. 9 ff.; aus der Rechtsprechung z.B. BAG NZA 2004, 316; AP Nr. 253 zu § 613a BGB.
[66] BAG NZA 2004, 1383 (1385 f.); NJW 1998, 1253 (1254); *Erman/Edenfeld*, § 613a Rn. 7; *Kallmeyer/Willemsen*, UmwG, § 324 Rn. 9.
[67] *Bamberger/Roth/Fuchs*, § 613a Rn. 34 ff.; *Erman/Edenfeld*, § 613a Rn. 3, 71 ff.; MünchHdbArbR/*Wank*, § 124 Rn. 223 f.; MünchKommBGB/*Müller-Glöge*, § 613a Rn. 7, 71 ff.; *Palandt/Weidenkaff*, § 613a Rn. 28 ff.

nis können letztere nicht beliebig irgendeinem Rechtsträger zugewiesen werden[68].

II. Prozessuale Auswirkungen

Hinsichtlich der prozessualen Behandlung des Übergangs eines Betriebs oder Betriebsteils besteht keine Einigkeit. Allerdings werden zu diesem Problem die gleichen Ansichten wie zur Abspaltung und Ausgliederung vertreten[69]. Nach der Rechtsprechung des BAG kann der Arbeitnehmer nach § 265 Abs. 2 ZPO analog ohne Rücksicht auf den Betriebsübergang einen Prozess gegen den früheren Inhaber fortsetzen[70]. Das Urteil wirkt dann nach § 325 Abs. 1 ZPO für und gegen den Rechtsnachfolger[71].

Diese Auffassung ist auch für die Fälle des Betriebsübergangs aus den bereits oben[72] genannten Gründen abzulehnen. Für die Auswirkungen auf einen anhängigen Zivilprozess im Rahmen von Umwandlungen ergeben sich keine Besonderheiten, auch wenn gleichzeitig ein Betriebsübergang im Sinne von § 613a BGB vorliegt. Die prozessuale Behandlung des Vorgang als gesetzlicher Parteiwechsel entspricht auch hier dem Zweck des Betriebsübergangs einerseits und berücksichtigt zum anderen auf angemessene Art und Weise den Schutz des Prozessgegners.

So wird z.B. in einem Kündigungsschutzprozess automatisch der neuen Betriebsinhaber zum Beklagten. Dafür spricht vor allem, dass nach dem Übergang eines Betriebs oder Betriebsteils oft lediglich der neue Inhaber das Begehren des Klägers erfüllen kann. Da der Übernehmer an die bisherigen Prozessergebnisse gebunden bleibt[73], wird zudem das berechtigte Interesse des

---

[68] *Boecken*, ZIP 1994, 1089 ff. (insbes. S. 1191); *Kallmeyer/Willemsen*, UmwG, § 324 Rn. 11, 34; *Müller-Bonanni*, Betriebsinhaberwechsel, S. 35 f.; *Rieble*, ZIP 1997, 310 f.

[69] Eingehend *Zeuner*, FS Schwab, S. 575 ff.; Vgl. auch *Bork/Jacoby*, ZHR 167 (2003), 441; *K. Schmidt*, FS Henckel, S. 771.

[70] BAG AP Nr. 1 zu § 325 ZPO (mit Anm. *Leipold*); AP Nr. 3 zu § 611 BGB Arzt-Krankenhaus-Vertrag; AP Nr. 39 zu § 613a BGB; AP Nr. 101 zu § 613a BGB; NZA 1999, 706.

[71] BAG AP Nr. 1 zu § 325 ZPO; AP Nr. 3 zu § 611 BGB Arzt-Krankenhaus-Vertrag; AP Nr. 101 zu § 613a BGB.

[72] Unter C II 3 b.

[73] Siehe dazu oben C II 3 b.

klagenden Arbeitnehmers gewahrt, das Verfahren auf der Grundlage der zum Zeitpunkt des Betriebsübergangs gegebenen Prozesslage zu Ende zu führen.

E. Zusammenfassung

Sowohl eine Verschmelzung als auch eine Spaltung von Gesellschaften während eines anhängigem Zivilprozesses bewirken einen gesetzlicher Parteiwechsel vom übertragenden auf den übernehmenden und damit neuen materiell berechtigten Rechtsträger. Geht bei einer Spaltung die materielle Berechtigung gleichzeitig auf mehrere der beteiligten Rechtsträger über, bilden diese eine einfache Streitgenossenschaft im Sinne der §§ 59 ff. ZPO. Auf diese Weise entsprechen sich stets die materielle Berechtigung und die Prozessführungsbefugnis. Zum Schutz des Prozessgegners ist der neu in den Rechtsstreit eintretende Rechtsträger an die bisherigen Prozessergebnisse gebunden.

Als maßgeblicher Zeitpunkt für den Parteiwechsel ist das Wirksamwerden des Umwandlungsvorganges mit der Eintragung im Register anzusehen.

Anhängige Verfahren können ohne Unterbrechung fortgesetzt werden. Neben der Anzeige der neuen Vertretungsverhältnisse bedarf es lediglich einer Änderung des Rubrums sowie einer Berichtigung der Firma.

§ 4 Die Vollbeendigung von Gesellschaften

Mit Eintritt der Vollbeendigung endet die Rechtsfähigkeit der Gesellschaft. Der Wegfall der Gesellschaft als Rechtssubjekts wirkt sich freilich auch auf einen anhängigen oder unmittelbar bevorstehenden Zivilprozess aus. Konkret betroffen sind die Sachurteilsvoraussetzungen der Partei- und Prozessfähigkeit. Partei in einem zivilgerichtlichen Verfahren kann nämlich nur sein, wer rechtsfähig ist (§ 50 Abs. 1 ZPO). Diese Zulässigkeitsvoraussetzung hat das Gericht nach § 56 Abs. 1 ZPO von Amts wegen zu berücksichtigen.
Um die Frage der prozessualen Auswirkungen der Vollbeendigung untersuchen zu können, muss zunächst geklärt werden, zu welchem Zeitpunkt eine Gesellschaft zu existieren aufhört. Dabei ist zwischen der Vollbeendigung von juristischen Personen und der Vollbeendigung von Gesamthandsgesellschaften zu differenzieren.

A. Der Eintritt der Vollbeendigung

I. Begriff

Es wurde bereits festgestellt[1], dass die Auflösung einer Gesellschaft im Gegensatz zur Bedeutung des Wortes nicht zu deren rechtlichem Ende führt. Die Gesellschaft tritt vielmehr bei Vorliegen eines Auflösungsgrundes in das Stadium der Liquidation ein. Sie bleibt als Zuordnungssubjekt für das Gesellschaftsvermögen erhalten und besteht mit einem veränderten Gesellschaftszweck, dem Zweck der Liquidation, fort[2]. Die spezifischen Rechtsfolgen der Eröffnung des Insolvenzverfahrens über das Vermögen einer Gesellschaft als Auflösungsgrund wurden bereits behandelt[3].

---

[1] Oben § 2 A.
[2] H.M., vgl. nur *Bamberger/Roth/Timm/Schöne*, § 723 Rn. 3; *Grunewald*, GesR, 1. A Rn. 180, 2. F Rn. 188; *Hachenburg/Ulmer*, § 60 Rn. 6; *Staudinger/Habermeier*, Vorbem. zu §§ 723 ff. Rn. 17 ff. Krit. *K. Schmidt*, GesR, § 11 V 4 c.
[3] Oben § 2.

Ziel der Liquidation ist die Abwicklung der Gesellschaft. Ist diese vollständig abgeschlossen, spricht man von der Vollbeendigung der Gesellschaft. Diese tritt in der Regel mit der Verteilung des Gesellschaftsvermögens ein[4]. Bei Gesellschaften, die in ein Register (Handels-, Partnerschafts- oder Genossenschaftsregister) aufgenommen wurden, ist die Vollbeendigung außerdem auch dort einzutragen[5]. Erst dann ist die Gesellschaft als Rechtsträger erloschen[6]. Das Liquidationsverfahren nimmt naturgemäß einige Zeit in Anspruch. Die Vollbeendigung kann aber auch ziemlich rasch erfolgen und fällt in einigen Fällen sogar mit der Auflösung zusammen (z.B. im Fall des § 141a FGG)[7].

II. Die Vollbeendigung juristischer Personen

1. Der Normalfall

Auch juristische Personen sind vollbeendet, wenn die Liquidation abgeschlossen ist und das verwertbare Aktivvermögen vollständig verteilt worden ist. Juristische Personen entstehen als Rechtsträger jedoch erst, wenn sie in ein Register (Handels-, Partnerschafts- oder Genossenschaftsregister) eingetragen worden sind. Daher müssen sie bei ihrer Vollbeendigung dort wieder gelöscht werden. Die Wirkung dieser Eintragung ist heftig umstritten.

---

[4] *Bamberger/Roth/Timm/Schöne*, § 723 Rn. 3; *Grunewald*, GesR, 1. A Rn. 185; MünchKommBGB/*Ulmer*, § 730 Rn. 38; *Scholz/K. Schmidt*, § 60 Rn. 6; *ders.*, GesR, § 11 V 3 b.

[5] Vgl. §§ 157 Abs. 1 HGB, 10 Abs. 1 PartGG, 273 Abs. 1 AktG. Die Eintragungspflicht für die GmbH ergibt sich nun aus § 74 Abs. 1 GmbHG. Damit hat sich der Streit erledigt, ob diese Pflicht sich aus §§ 6, 29, 31 Abs. 2 HGB ergibt (so die früher h.M., vgl. *Scholz/ K. Schmidt*, § 74 Rn. 4) oder aus § 273 Abs. 1 AktG analog (so *Hachenburg/Ulmer*, § 60 Rn. 14; *Hüffer*, GS Schultz, S. 101, 111; *H. Schmidt*, Vollbeendigung, S. 20).

[6] Zur (umstrittenen) Frage der Wirkung dieser Eintragung sogleich unter II 2.

[7] Überblick bei MünchKommAktG/*Hüffer*, § 262 Rn. 15 f.; *Scholz/K. Schmidt*, § 60 Rn. 6; *ders.*, GesR, § 11 V 3 a; *Hillers*, Liquidation, S. 18 ff.

2. Die Wirkung der Löschung im Register

a) Deklaratorische Bedeutung der Löschung

Die früher verbreitete Ansicht[8] ging von einer nur deklaratorischen Bedeutung der Löschung im Register aus. Der eigentliche Erlöschensgrund einer Gesellschaft sei ausschließlich der Eintritt der Vermögenslosigkeit. Liege dieser Tatbestand vor, sei die Gesellschaft automatisch vollbeendet. Die Löschung im Register dokumentiere lediglich diese Tatsache. Gestützt wurde diese Auffassung vor allem auf den mittlerweile aufgehobenen § 2 Abs. 3 LöschG a.F., der die Nachtragsabwicklung für den Fall vorsah, dass sich nach der Löschung noch Vermögen fand. Die Vermögenswerte, die sich nachträglich herausstellen, können demnach nicht herrenlos werden, sondern müssten nach wie vor einem Rechtssubjekt zuzuordnen sein. Aus § 2 Abs. 3 LöschG a.F. ergebe sich folglich, dass die Gesellschaft als Rechtsinhaberin nur scheinbar untergegangen sei. Sie bestehe trotz ihrer Löschung im Register weiter als Rechtsträger zur Verfügung, wenn auch in Form einer Liquidationsgesellschaft. Nur auf diese Weise ließe sich der Fortbestand der Gesellschaft und ihrer Rechte und Pflichten über die Löschung hinaus begreiflich machen. Das gleiche soll gelten, wenn die Löschung nach Beendigung des Liquidationsverfahrens erfolgt ist. Hier wird auf die Vorschriften der §§ 273 Abs. 4 AktG, 66 Abs. 5 GmbHG abgestellt, die eine dem § 2 Abs. 3 LöschG a.F. vergleichbare Regelung enthalten[9].

---

[8] RGZ 109, 387 (391); 149, 293 (296); BGHZ 48, 303 (307); 53, 264 (266); BGH LM Nr. 1 zu § 74 GmbHG = BB 1957, 725; BGH NJW-RR 1986, 394; BAGE 36, 125 (128) = NJW 1982, 1831 = JZ 1982, 372 (*Theil*); BayObLGZ 1955, 288 (291); *Crisolli/Groschuff/Kaemmel*, LöschG § 2 Rn. 14; *Keidel/Winkler*, § 141a Rn. 14; *Meyer-Landrut/Miller/Niehaus*, § 74 Rn. 5; *Zimmermann*, § 50 Rn. 8; *Zöller/Vollkommer*, § 50 Rn. 4; *Ahmann*, GmbHR 1987, 440; *Bokelmann*, NJW 1977, 1131; *Crisolli*, JW 1934, 964; *Däubler*, GmbHR 1964, 247; *Hofmann*, GmbHR 1976, 267; *Marowski*, JW 1938, 11; *Winnefeld*, BB 1975, 72.

[9] RGZ 149, 293 (296); BGHZ 48, 303 (307); BGH LM Nr. 1 zu § 74 GmbHG; *Jansen*, Anh. II zu § 144, Rn. 4 zu § 2 LöschG; *Bokelmann*, NJW 1977, 1131; *Marowski*, JW 1938, 11. Vgl. auch die ausführliche Darstellung von *Sammeck*, Vollbeendigung, S. 49 ff.

b) Konstitutive Wirkung der Löschung

Eine andere Auffassung geht dagegen von einer konstitutiven Wirkung der Eintragung der Löschung im Register aus[10]. Für die Begründung dieser Ansicht wird das Normativsystem herangezogen. Eine GmbH oder AG entstehen (wie auch andere Verbände) erst mit ihrer Eintragung im Register als juristische Person (§§ 11 Abs. 1 GmbHG, 41 Abs. 1 S. 1 AktG). Daher könnten sie nur durch die Löschung als gegenläufige Registereintragung wieder beendet werden. Eine entsprechende gesetzliche Regelung fehlt jedoch. Dennoch sei eine Existenz von juristischen Personen außerhalb des Registers nicht zulässig. Ist die Gesellschaft eine juristische Person, muss sie demnach automatisch im Zeitpunkt der Löschung im Register als Rechtsträger erlöschen. Diese Lösung entspreche auch am besten dem Gläubigerschutz[11].
Schwierigkeiten bereitet den Vertretern dieser Meinung der Umgang mit nachträglich entstehendem Abwicklungsbedarf. Nach der Löschung gibt es die Gesellschaft als Rechtsträger nicht mehr und damit fehlt ein Zuordnungssubjekt für sich später herausstellende Rechte und Pflichten. Als Surrogat für die untergegangene juristische Person werden daher entweder eine fiktive Nachgesellschaft als atypische Kapitalgesellschaft[12], die Entstehung eines Sondervermögens oder eine Gesamthand der ehemaligen Gesellschafter[13] vorgeschlagen.

---

[10] *Hachenburg/Ulmer*, § 60 Rn. 18, Anh § 60 Rn. 35; MünchKommAktG/*Hüffer*, § 262 Rn. 85; *ders.*, AktG, § 262 Rn. 23; *Bergmann*, DNotZ 1935, 782; *Herbig*, DNotZ 1935, 787 ff.; *Hönn*, ZHR 138 (1974), 50 ff.

[11] *Hachenburg/Ulmer*, § 60 Rn. 15; MünchKommAktG/*Hüffer*, § 262 Rn. 85; *Hönn*, ZHR 138 (1974), 63 ff.

[12] *Hönn*, ZHR 138 (1974), 78.

[13] *Hüffer*, GS Schultz, S. 108 f.; *Hachenburg/Ulmer*, § 60 Rn. 18, Anh § 60 Rn. 37.

c) Die Lehre vom (erweiterten) Doppeltatbestand

Die heute wohl überwiegende Ansicht hat sich der von *Karsten Schmidt* begründeten Lehre vom Doppeltatbestand angeschlossen[14]. Danach sind für das Erlöschen der Gesellschaft als juristischer Person sowohl die Löschung im Register als auch das Vorliegen des Tatbestands der Vermögenslosigkeit erforderlich. Nur wenn beides gegeben ist, tritt die Vollbeendigung der Gesellschaft ein. Umstände, die außerhalb des Registers liegen wie z.B. die Vermögenslosigkeit, seien viel zu unsichere Merkmale, um für sich allein zur Vollbeendigung einer juristischen Person führen zu können. Solange eine Gesellschaft noch im Register eingetragen ist, muss der Rechtsverkehr hinsichtlich dieser Tatsache geschützt werden. Daher ist die Löschung für die Vollbeendigung unentbehrlich und somit in diesem Sinne konstitutiv. Sie reicht aber ebenso wenig wie die Vermögenslosigkeit für sich allein aus. Wenn nach Eintragung der Löschung noch Abwicklungsbedarf besteht, bleibt die Gesellschaft als juristische Person außerhalb des Registers bestehen und unterliegt der Nachtragsliquidation, wie es die §§ 273 Abs. 4 AktG, 66 Abs. 5 GmbHG vorsehen. Die Löschung wirkt also insoweit nur deklaratorisch, es ist damit keine Änderung am materiellen Fortbestand der Gesellschaft verbunden. Die Nachtragsliquidation wäre demnach nichts anderes als die Fortsetzung der in tatsächlicher Hinsicht noch nicht abgeschlossenen Abwicklung[15].

Die Lehre vom Doppeltatbestand kennt eine weitere und eine engere Ausprägung. Die Vertreter der engeren Fassung lassen die Eintragung der Löschung und den Eintritt der Vermögenslosigkeit für die Vollbeendigung ausreichen[16].

---

[14] *Scholz/K. Schmidt*, §§ 60 Rn. 56, 74 Rn. 13 f.; ihm im wesentlichen folgend: BAG NJW 2003, 80 = ZIP 2002, 1947; BAG NJW 1988, 2637 = AP Nr. 6 zu § 50 ZPO (*Leipold*); OLG Düsseldorf ZIP 2004, 1956 (1958 f.); OLG Koblenz NJW-RR 1999, 39 = ZIP 1998, 967 = NZG 1998, 637 = EWiR 1998, 475 (mit abl. Anm. *Vollkommer/Vollkommer*); OLG Stuttgart ZIP 1986, 647 = EWiR 1986, 593 (*Günther*); OLG Stuttgart NZG 1999, 31 (*Brandes*); *Baumbach/Hueck/Schulze-Osterloh*, § 60 Rn. 6; *Bumiller/Winkler*, § 141a Rn. 15; *Hachenburg/Hohner*, § 74 Rn. 26; *Lutter/Hommelhoff*, § 74 Rn. 7; *Michalski/Nerlich*, § 74 Rn. 34; MünchHdbArbR/*Brehm*, § 390 Rn. 26; *Musielak/Weth*, § 50 Rn. 18; *Roth/Altmeppen*, § 65 Rn. 14 ff.; *Rowedder/Rasner*, § 60 Rn. 55; *Stein/Jonas/Bork*, § 50 Rn. 47; *Wieczorek/Hausmann*, § 50 Rn. 17; *Happ*, § 14 Rn. 10; *Rosenberg/Schwab/Gottwald*, § 43 Rn. 35; *Bork*, JZ 1991, 844; *Saenger*, GmbHR 1994, 302.

[15] Vgl. *Hachenburg/Hohner*, § 74 Rn. 25; *Scholz/K. Schmidt*, § 74 Rn. 14 a.E.

[16] *K. Schmidt*, GmbHR 1988, 212; *Scholz/K. Schmidt*, § 74 Rn. 20a.

Nach Ansicht der Verfechter der sog. erweiterten Lehre vom Doppeltatbestand muss die Liquidation beendet sein, d.h. auch nichtvermögensrechtlicher Abwicklungsbedarf hindert den Untergang der Gesellschaft[17].
Als eine Modifikation der Lehre vom Doppeltatbestand kann man eine teilweise vertretene Auffassung ansehen, die der Löschung teilkonstitutive Wirkung zumisst. Danach soll die Löschung zwar stets zum Verlust der Vollrechtsfähigkeit der Gesellschaft führen, aber die Gesellschaft selbst geht als solche nicht unter, sondern soll sich in eine identische Nachgesellschaft umwandeln und mit dem alleinigen Zweck der Abwicklung (entsprechend § 49 Abs. 2 BGB) fortbestehen (sog. Lehre von der Nachgesellschaft)[18]. Auf diese neue Gesellschaft gehen alle Rechte und Pflichten über, bei denen eine Liquidation angezeigt ist, nicht aber höchstpersönliche Rechte und Pflichten, da ja die Gesellschaft als Zuordnungsobjekt nicht mehr existiert[19]. Diese nachträglich abzuwickelnde Personenvereinigung wird entweder als nichtrechtsfähige juristische Person in Nachexistenz[20], teilrechtsfähige Nachgesellschaft[21] oder als Personifikation von minderem Verselbständigungsgrad[22] bezeichnet.

d) Kritik

Die geschilderten Ansichten unterscheiden sich in ihren praktischen Auswirkungen erheblich und fordern daher eine kritische Betrachtung.
Für die Lehre von der nur deklaratorischen Bedeutung der Löschung spricht einerseits, dass die Gesellschaft bei sich nachträglich herausstellendem Abwicklungsbedarf noch als Zuordnungssubjekt vorhanden ist. Andererseits hat diese Ansicht erhebliche praktische Schwierigkeiten zur Folge. Einem klaren Entstehungstatbestand, der Eintragung im Register gem. §§ 11 Abs. 1

[17] Eingehend *Rowedder/Rasner*, § 60 Rn. 55; *Bork*, JZ 1991, 844 f.; *Stein/Jonas/Bork*, § 50 Rn. 47; ebenso *Baumbach/Hueck/Schulze-Osterloh*, § 60 Rn. 7; *Musielak/Weth*, § 50 Rn. 18; *Saenger*, GmbHR 1994, 302.
[18] So MünchKommZPO/*Lindacher*, Vor § 50 Rn. 28, § 50 Rn. 15; *ders.*, FS Henckel, S. 553 ff.; *Buchner*, Amtslöschung, S. 115 ff.; *Heller*, Die vermögenslose GmbH, S. 141 f., 202; *H. Schmidt*, Vollbeendigung, S. 146 ff.; *Uhlenbruck*, ZIP 1996, 1645.
[19] *Heller*, Die vermögenslose GmbH, S. 128 ff. (insbesondere S. 145 ff.).
[20] MünchKommZPO/*Lindacher*, § 50 Rn. 15; *ders.*, FS Henckel, S. 554.
[21] *Heller*, Die vermögenslose GmbH, S. 128.
[22] *H. Schmidt*, Vollbeendigung, S. 138.

GmbHG, 41 Abs. 1 S. 1 AktG, steht ein äußerst vager Erlöschenstatbestand gegenüber, der den Rechtsverkehr vor große Probleme stellt. Der Eintritt der Vermögenslosigkeit allein ist ein viel zu unbestimmtes und unsicheres, sich unter Umständen schnell veränderndes Merkmal, um ein Erlöschen von Gesellschaften außerhalb des Registers zu begründen[23]. So könnte sich eine eingetragene Gesellschaft ihren Verpflichtungen dadurch entziehen, dass sie behauptet, sie hätte bereits vor Begründung einer Verbindlichkeit ihre Rechtsfähigkeit verloren, da sie zu diesem Zeitpunkt bereits vermögenslos gewesen sei[24]. Die Löschung im Handelsregister ist somit als notwendige Voraussetzung der Vollbeendigung einer juristischen Person anzusehen, eine nur deklaratorische Bedeutung ist abzulehnen.

Erkennt man hingegen allein der Eintragung der Beendigung der Abwicklung und des Erlöschens der Gesellschaft konstitutive Wirkung zu[25], gewinnt man ein hohes Maß an Rechtssicherheit, da Entstehung und Beendigung der Gesellschaft an ein einheitliches Kriterium, die Registereintragung, geknüpft werden. Für den Fall, dass die Gesellschaft noch Vermögen hatte und daher zu Unrecht gelöscht worden ist, steht diesem Vorzug der gewichtige Nachteil gegenüber, dass die Gesellschaft als Rechtsträger erloschen ist und folglich nicht mehr als Zuordnungssubjekt der Vermögenswerte zur Verfügung steht. Die zur Lösung dieser Frage konstruierten Surrogate[26] vermögen in dogmatischer Hinsicht nicht zu überzeugen, da sie entweder in sich unschlüssig oder mit wesentlichen Gedanken des Gesellschaftsrechts unvereinbar sind[27].

Den Vorzug verdient eindeutig die Lehre vom (erweiterten) Doppeltatbestand. Sie ermöglicht es, die gelöschte Gesellschaft als Zuordnungssubjekt für nachträglich entstehenden Abwicklungsbedarf zu erhalten. Materiellrechtlich waren die Voraussetzungen der Löschung noch nicht gegeben[28]. Daher besteht die Gesellschaft so lange als Rechtssubjekt weiter als sie noch einen Liquida-

[23] *Michalski/Nerlich*, § 74 Rn. 32; *Scholz/K. Schmidt*, § 74 Rn. 14; *Wieczorek/Hausmann*, § 50 Rn. 15.
[24] *Bork*, JZ 1991, 842; *K. Schmidt*, GmbHR 1988, 210.
[25] Vgl. die in Fn. 10 Genannten.
[26] Siehe oben Fn. 12, 13.
[27] Dazu umfassend *Bork*, JZ 1991, 843 f. m.w.N.; *Sammeck*, Vollbeendigung, S. 60-68; *Scholz/K. Schmidt*, §§ 60 Rn. 56, 74 Rn. 14.
[28] Ebenso *Bork*, JZ 1991, 844; *Sammeck*, Vollbeendigung, S. 72 f. – A.A. *Buchner*, Amtslöschung, S. 98; *Hüffer*, GS Schultz, S. 106.

tionszweck zu erfüllen hat. Diese Ansicht entspricht den gesetzlichen Regelungen der §§ 273 Abs. 4 AktG, 66 Abs. 5 GmbHG. Darin kann auch kein Verstoß gegen das System der Normativbestimmungen erblickt werden. Vielmehr berücksichtigt die Lehre vom Doppeltatbestand zugleich das Normativsystem für juristische Personen, indem die Vollbeendigung nicht ohne die Löschung im Register eintreten kann[29].

Abzulehnen ist jedoch die Lehre von der Nachgesellschaft, eine Modifikation, die jeder gelöschten Gesellschaft eine Nachexistenz als teilrechtsfähige Rechtsträgerin zuerkennt. Sie betrachtet somit jede Löschung als formwechselnde Umwandlung. Damit schafft sie im Ergebnis eine neue Gesellschaftsform. Dies begegnet Bedenken, vor allem aus Gründen des Verkehrsschutzes. Dem Rechtsverkehr darf kein Phantasiegebilde als Rechtssubjekt präsentiert werden[30]. Abzuwickeln ist nach der Vorstellung des Gesetzes die vormals bestehende Gesellschaft, die weiter als Zuordnungsobjekt für Rechte und Pflichten zur Verfügung steht. Lediglich der Gesellschaftszweck hat sich verändert. Nach der Lehre von der Nachgesellschaft würden einige Rechte und Pflichten mit der Löschung entfallen, andere jedoch nicht, sondern auf eine nachexistente juristische Person übergehen. Eine vernünftige Abgrenzung dürfte Schwierigkeiten bereiten. Neben diesen theoretischen Bedenken weist diese Ansicht auch in praktischer Hinsicht keinerlei Vorteile gegenüber der Lehre vom Doppeltatbestand auf. Der Rückgriff auf die Nachgesellschaft wird nämlich nur dann von Interesse sein, wenn tatsächlich noch weiterer Abwicklungsbedarf besteht[31].

Zusammenfassend ist festzuhalten, dass die Löschung einer juristischen Person im Register nur dann die Vollbeendigung und damit deren Untergang herbeiführt, wenn kein weiterer Abwicklungsbedarf mehr besteht (Lehre vom Doppeltatbestand).

[29] *Bork*, JZ 1991, 844; *Wieczorek/Hausmann*, § 50 Rn. 17.
[30] Dazu *K. Schmidt*, GesR, § 5 II 1 a.
[31] *Scholz/K. Schmidt*, §§ 60 Rn. 56, 74 Rn. 14; *Sammeck*, Vollbeendigung, S. 69 f.

3. Die Amtslöschung juristischer Personen als Spezialfall der Vollbeendigung

Nach § 141a Abs. 1 S. 1 FGG kann eine AG, eine KGaA oder eine GmbH, die kein Vermögen besitzt, auch von Amts wegen oder auf Antrag der Steuerbehörde gelöscht werden.

a) Historische Entwicklung

Die Regelung des § 141a FGG wurde durch das Einführungsgesetz zur Insolvenzordnung[32] mit Wirkung zum 01.01.1999 in das FGG eingefügt. Sie löste § 2 LöschG[33] ab, der einen weitgehend identischen Inhalt hatte. Das Löschungsgesetz wurde durch Art. 2 Nr. 9 EGInsO aufgehoben, gilt aber wie die Konkursordnung nach wie vor für Fälle, die bereits vor dem 01.01.1999 zu laufen begannen.

Bereits vor der Einführung des Löschungsgesetzes hatte die Rechtsprechung ein Löschungsverfahren von Amts wegen aufgrund von § 31 Abs. 2 HGB zugelassen[34]. Nach den Erfahrungen der wirtschaftlichen Krisenjahre zur Zeit der Weimarer Republik wurde diese Rechtspraxis mit § 2 LöschG auf eine klare gesetzliche Grundlage gestellt[35]. Der Zweck dieser Regelung bestand darin, lebensunfähige Unternehmungen[36], die trotz Vermögenslosigkeit noch im Register eingetragen waren, aus Gründen des Gläubigerschutzes aus dem Rechtsleben auszuschalten[37]. Diese Zielsetzung, nämlich der Ausschluss vermögensloser und damit für potentielle Gläubiger gefährlicher Gesellschaften von der weiteren Teilnahme am Rechtsverkehr, liegt auch dem § 141a FGG

32 BGBl. 1994 I, 2911.
33 Gesetz über die Auflösung und Löschung von Gesellschaften und Genossenschaften vom 09.03.1934 (RGBl. I, 914). Ausführlich dazu *Jansen*, Anh. II zu § 144; *Keidel/Winkler*, Anh § 144b.
34 Dazu eingehend *Groschuff*, JW 1934, 944.
35 *Crisolli/Groschuff/Kaemmel*, LöschG § 2 Rn. 1; *Crisolli*, JW 1934, 2658 ff.
36 Diese Bezeichnung ist sachlich ungenau, denn es geht um die Beseitigung lebensunfähiger juristischer Personen als Rechtsträger, vgl. *K. Schmidt*, GmbHR 1994, 829 (Fn. 7).
37 So die amtliche Gesetzesbegründung, Reichsanzeiger Nr. 243 vom 17.10.1934 (abgedruckt auch bei *Crisolli/Groschuff/Kaemmel*, S. 181 ff.).

zugrunde, so dass für die Auslegung dieser Vorschrift weitgehend auf die zu § 2 Abs. 1 LöschG entwickelten Grundsätze zurückgegriffen werden kann[38].
Neu geschaffen wurde die Regelung des § 141a Abs. 1 S. 2 FGG, wonach auch eine im Insolvenzverfahren abgewickelte Gesellschaft der Amtslöschung unterliegt. Außerdem wurde durch § 141a Abs. 3 FGG der Anwendungsbereich auf Gesellschaften ohne eigene Rechtspersönlichkeit erweitert, bei denen keine Haftung einer natürlichen Person besteht[39].
Bereits mit der Verkündung des EGInsO trat der frühere § 2 Abs. 1 S. 2 LöschG außer Kraft. Diese durch das Bilanzrichtliniengesetz[40] eingefügte Vorschrift sah die Amtslöschung einer vermögenslosen Gesellschaft vor, die in drei aufeinanderfolgenden Jahren ihrer gesetzlichen Verpflichtung zur Bekanntmachung und Einreichung des Jahresabschlusses und der mit ihm offenzulegenden Unterlagen zum Handelsregister nicht nachgekommen ist, sofern die Offenlegung auch nach Androhung der Löschung nicht fristgerecht nachgeholt und innerhalb dieser Frist auch nicht glaubhaft gemacht wurde, dass die Gesellschaft Vermögen besitzt[41].
Die Vorschriften über die Löschung von Amts wegen (§ 141a FGG bzw. früher § 2 LöschG) haben in der Praxis eine enorme Bedeutung. Dies wird durch eine Fülle von Gerichtsentscheidungen dokumentiert[42].

---

[38] *Baumbach/Hueck/Schulze-Osterloh*, Anh § 77 Rn. 4; *Keidel/Winkler*, § 141a Rn. 1; *Scholz/K. Schmidt*, §§ 60 Rn. 44.
[39] Z.B. GmbH & Co. KG; zu dieser Neuerung eingehend *Bumiller/Winkler*, § 141a Rn. 2 f.; *K. Schmidt*, GmbHR 1994, 833 f.; zur früheren Rechtslage *K. Schmidt*, BB 1980, 1497; *ders*., GmbHR 1980, 261.
[40] BGBl. 1985 I, 2355.
[41] Vgl. zu dieser Vorschrift OLG Frankfurt GmbHR 1992, 618 = EWiR 1992, 1125 (*Ulbert*); OLG Köln NJW-RR 1994, 726 = WiB 1994, 372 (*Pape*); *Pape*, KTS 1994, 157; *K. Schmidt*, GmbHR 1994, 832 f.
[42] Z.B. BGH NJW-RR 1994, 542; BGH WM 1985, 870 = WuB II C. § 66 GmbHG 1.85 (*Pohle*); BayObLG ZIP 2002, 1845; NJW-RR 1999, 1054; NJW-RR 1998, 613; FGPrax 1995, 203; NJW-RR 1995, 612; NJW-RR 1995, 103 = EWiR 1994, 1013 (*Bokelmann*); NJW-RR 1994, 230 = EWiR 1994, 83 (*Bokelmann*); ZIP 1984, 175; MDR 1979, 938; DB 1978, 338; OLG Celle GmbHR 1997, 752; OLG Dresden JurBüro 1998, 480; OLG Düsseldorf NJW-RR 1997, 870 = ZIP 1997, 201; NJW-RR 1995, 611; MDR 1979, 318; OLG Frankfurt OLGR 1999, 219; NJW-RR 1998, 612; Rpfleger 1977, 138; OLG Hamburg NJW-RR 1997, 1400; OLG Hamm NZG 1998, 778; NJW-RR 1993, 547; OLG Koblenz VersR 2001, 582; OLG Köln NJW-RR 1994, 726 = WiB 1994, 372 (*Pape*); OLG Stuttgart NJW-RR 1994, 1064; OLG Zweibrücken NJW-RR 2002, 825; BFH GmbHR 2001, 839; BFHE 146, 492 = GmbHR 1986, 401; BAG NJW 2003, 80 = ZIP 2002, 1947; BAGE 36, 125 = NJW 1982, 1831 = JZ 1982, 372 (*Theil*).

b) Tatbestand

aa) § 141a Abs. 1 S. 1 FGG

Einzige Voraussetzung für die Löschung einer Gesellschaft ist gem. § 141a Abs. 1 S. 1 FGG ihre Vermögenslosigkeit im Zeitpunkt der Löschungsanordnung.
Diese ist gegeben, wenn die Gesellschaft nach ordentlicher kaufmännischer Betrachtungsweise über keine Vermögenswerte mehr verfügt, die für eine Befriedigung der Gläubiger oder zur Verteilung unter den Gesellschaftern in Betracht kommen. Gesellschaften, die überschuldet, unterkapitalisiert oder masselos (§ 26 Abs. 1 S. 1 InsO) sind oder eine Unterbilanz aufweisen, gelten daher nicht automatisch als vermögenslos. Diese Umstände können die Vermögenslosigkeit jedoch indizieren[43].
Die Vermögenslosigkeit ist nach dem Normzweck als Zustand zu begreifen, aus dem die Lebensunfähigkeit der Gesellschaft hervorgeht. Vermögen in geringem Umfang hindert daher bereits die Annahme der Vermögenslosigkeit[44], einige lassen sogar ein verschwindend geringes Vermögen ausreichen[45]. Aus diesem Grund hat sich eine vielfältige und uneinheitliche Kasuistik gebildet, wann Vermögenslosigkeit vorliegt. Anzusetzen sind grundsätzlich alle verwertbaren Aktivposten im Jahresabschluss, d.h. die bilanzierbaren Vermögensgegenstände. Durchsetzbare Forderungen zählen als Gesellschaftsvermögen, ebenso Ansprüche auf Schadensersatz. Nicht zu berücksichtigen sind dagegen schwebende Geschäfte, bloße Aussichten auf Vermögenserwerb, ein Verlustvortrag in der Steuerbilanz, der Firmenwert sowie sicherungsübereignete Gegenstände, es sei denn, ihr Wert übersteigt die zu sichernde Forde-

[43] *Bassenge/Herbst/Roth*, FGG § 141a Rn. 2; *Baumbach/Hueck/Schulze-Osterloh*, Anh § 77 Rn. 5; *Hachenburg/Ulmer*, Anh § 60 Rn. 15; *Lutter/Hommelhoff*, § 60 Rn. 16; *Michalski/Nerlich*, § 60 Rn. 283; *Roth/Altmeppen*, § 75 Rn. 58; *Rowedder/Rasner*, § 60 Rn. 34; *Scholz/K. Schmidt*, § 60 Rn. 49.
[44] BayObLG ZIP 1984, 175; *Baumbach/Hueck/Schulze-Osterloh*, Anh § 77 Rn. 5; *Hachenburg/Ulmer*, Anh § 60 Rn. 15; *Lutter/Hommelhoff*, § 60 Rn. 16; *Michalski/Nerlich*, § 60 Rn. 283; *Rowedder/Rasner*, § 60 Rn. 34; *Scholz/K. Schmidt*, § 60 Rn. 49; ausführlich *Heller*, Die vermögenslose GmbH, S. 30 ff.
[45] OLG Düsseldorf NJW-RR 1997, 870; OLG Frankfurt BB 1983, 420 (krit. *Hartung*); OLG Karlsruhe NJW-RR 2000, 630 = FGPrax 1999, 235; *Bumiller/Winkler*, § 141a Rn. 5; *Keidel/Winkler*, § 141a Rn. 9.

rung[46]. Heftig umstritten ist, ob die Beteiligung der Gesellschaft an einem Prozess einen Vermögenswert darstellt[47].
Generell wird man davon ausgehen können, dass die Grenze dort anzusiedeln ist, wo von einer sinnvollen Befriedigungsmöglichkeit der Gläubiger auch nicht mehr annähernd die Rede sein kann[48].

bb) § 141a Abs. 1 S. 2 FGG

Nach § 141a FGG Abs. 1 S. 2 FGG wird das Vorliegen von Vermögenslosigkeit vermutet, wenn über das Vermögen der Gesellschaft ein Insolvenzverfahren durchgeführt worden ist und keine anderweitigen Anhaltspunkte vorhanden sind. Nach der Vorstellung des Gesetzgebers soll, sofern kein Sanierungsplan zustande kommt, eine Gesellschaft im Insolvenzverfahren bis zur Löschungsreife abgewickelt werden. Dadurch soll vermieden werden, dass sich an die Liquidation im Insolvenzverfahren noch eine gesellschaftsrechtliche Abwicklung anschließen muss. Nach der Durchführung des Insolvenzverfahrens ist dann normalerweise kein Gesellschaftsvermögen mehr vorhanden. Für diesen Regelfall soll die Löschung im Handelsregister sichergestellt werden[49].

c) Verfahren

Das Verfahren ist in § 141a Abs. 1 S. 1, 3, Abs. 2 FGG geregelt. Es handelt sich dabei um ein Amtslöschungsverfahren der freiwilligen Gerichtsbarkeit. Funktional zuständig ist der Richter (§ 17 Nr. 1 lit. e RPflG), sachlich und örtlich zuständig ist das Registergericht, bei dem die Gesellschaft eingetragen ist.

---

[46] Zusammenfassend (jeweils m.w.N.) *Baumbach/Hueck/Schulze-Osterloh*, Anh § 77 Rn. 5 f.; *Bumiller/Winkler*, § 141a Rn. 4 ff.; *Hachenburg/Ulmer*, Anh § 60 Rn. 15 ff.; *Keidel/Winkler*, § 141a Rn. 8 f.; *Lutter/Hommelhoff*, § 60 Rn. 16; *Michalski/Nerlich*, § 60 Rn. 283 ff.; *Roth/Altmeppen*, § 75 Rn. 57 f.; *Rowedder/Rasner*, § 60 Rn. 34; *Scholz/K. Schmidt*, § 60 Rn. 49; *Müller*, JurBüro 1985, 335 f.; *Piorreck*, Rpfleger 1978, 157.
[47] Dazu eingehend unter B.
[48] *Baumbach/Hueck/Schulze-Osterloh*, Anh § 77 Rn. 5 a.E.; *Roth/Altmeppen*, § 75 Rn. 56; *Müller*, JurBüro 1985, 336.
[49] So die Begründung des Regierungsentwurfs zur InsO, BT-Drucks. 12/3803, S. 70. Vgl. auch *K. Schmidt*, GmbHR 1994, 830 f.; *Vallender*, NZG 1998, 249.

Eingeleitet wird das Verfahren von Amts wegen oder auf Antrag der staatlichen und gemeindlichen Steuerbehörden (§ 141a Abs. 1 S. 1 FGG). Im Fall des § 141a Abs. 1 S. 2 FGG ist das Verfahren zwingend von Amts wegen durchzuführen. Vor der Löschung sind die Organe des Handelsstandes zu hören (§ 141a Abs. 1 S. 3 FGG). Die Modalitäten der Bekanntgabe an die betroffene Gesellschaft bestimmt § 141a Abs. 2 FGG.

Der Richter ermittelt den Sachverhalt von Amts wegen, § 12 FGG[50]. Wegen der schwerwiegenden Folgen der Löschung für die Gesellschaft, deren Gesellschafter und Gläubiger, sind die Voraussetzungen für die Annahme der Vermögenslosigkeit besonders genau und gewissenhaft zu prüfen[51].

Umstritten ist, ob dem Gericht ein Ermessen zusteht, bei festgestellter Vermögenslosigkeit im Interesse der Gesellschafter am Fortbestand der Gesellschaft von der Löschung abzusehen. Dafür spricht der Wortlaut des § 141a Abs. 1 S. 1 FGG („... *kann* ... gelöscht werden“), insbesondere der Vergleich mit S. 2 („... *ist* ... zu löschen“)[52]. Die gegenteilige Ansicht beruft sich auf den Zweck der Vorschrift, vermögenslose Gesellschaften zum Schutz potentieller Gläubiger aus dem Rechtsverkehr zu entfernen[53]. In der Tat ergibt sich allein aus dem Wortlaut der Vorschrift kein Argument für ein Ermessen des Gerichts hinsichtlich der Löschung, denn die Formulierung lässt sich auch als Eingriffsermächtigung interpretieren[54]. Andererseits kann aus der Entstehungsgeschichte und dem Zweck des früheren § 2 LöschG nicht entnommen werden,

[50] Zum Untersuchungsgrundsatz des § 12 FGG eingehend *Brehm*, FGG, Rn. 251 ff. – Zu den Anforderungen an die Prüfung durch das Registergericht vgl. OLG Köln ZInsO 2004, 1316 (1317).

[51] BayObLG NJW-RR 1999, 1054; GmbHR 1983, 171 (172); OLG Hamm NJW-RR 1993, 547 (549); *Bassenge/Herbst/Roth*, FGG § 141a Rn. 5; *Hachenburg/Ulmer*, Anh § 60 Rn. 27; *Keidel/Winkler*, § 141a Rn. 8; MünchKommAktG/*Hüffer*, § 262 Rn. 97; *Scholz/K. Schmidt*, § 60 Rn. 52.

[52] OLG Karlsruhe NJW-RR 2000, 630 = GmbHR 1999, 1100 (1102); OLG Frankfurt, BB 1983, 420; MDR 1978, 231 = Rpfleger 1978, 22; *Bassenge/Herbst/Roth*, FGG § 141a Rn. 6; *Hachenburg/Ulmer*, Anh § 60 Rn. 28; *Keidel/Winkler*, § 141a Rn. 10; *Rowedder/Rasner*, § 60 Rn. 38; *Heller*, Die vermögenslose GmbH, S. 92 ff.; *Müller*, JurBüro 1985, 336 f.; *Piorreck*, Rpfleger 1978, 158.

[53] *Baumbach/Hueck/Schulze-Osterloh*, Anh § 77 Rn. 10; *Lutter/Hommelhoff*, § 60 Rn. 16; *Michalski/Nerlich*, § 60 Rn. 298; *Roth/Altmeppen*, § 75 Rn. 59; *Scholz/K. Schmidt*, § 60 Rn. 55.

[54] Insoweit übereinstimmend *Hachenburg/Ulmer*, Anh § 60 Rn. 28; *Rowedder/Rasner*, § 60 Rn. 38; *Scholz/K. Schmidt*, § 60 Rn. 55.

dass jede vermögenslose Gesellschaft ohne Ausnahme zu löschen ist. Für dieses Ergebnis spricht ferner die heute vorherrschende Ansicht, dass die Vermögenslosigkeit allein nicht die Beendigung herbeiführt. Im Einzelfall kann die Löschung einer Gesellschaft trotz der Vermögenslosigkeit unverhältnismäßig sein, wenn überwiegende Interessen der Beteiligten entgegenstehen[55]. Hier kann das Gericht von der Löschung absehen[56].

d) Wirkung der Amtslöschung

Die Löschung führt zur Vollbeendigung der Gesellschaft, wenn diese tatsächlich vermögenslos ist und auch kein weiterer Abwicklungsbedarf mehr besteht (Lehre vom erweiterten Doppeltatbestand). Scheinbar im Widerspruch hierzu stehen die Regelungen der §§ 60 Abs. 1 Nr. 7 GmbHG, 262 Abs. 1 Nr. 6 AktG, nach denen die Gesellschaft durch die Löschung aufgelöst wird. Dies trifft jedoch nur dann zu, wenn eine vermeintlich vermögenslose Gesellschaft gelöscht wird und daher eine Nachtragsliquidation stattzufinden hat (§§ 66 Abs. 5 GmbHG, 273 Abs. 4 AktG). In allen anderen Fällen der Amtslöschung nach § 141a FGG wird die Gesellschaft entgegen dem (sprachlich missglückten) Wortlaut nicht aufgelöst, sondern beendet[57].

[55] Z.B. die in der Praxis häufig vorkommende Verwertung eines GmbH-Mantels oder die baldige Wiederaufnahme der Geschäfte unter gleichzeitiger Zuführung von Vermögen.
[56] So *Hachenburg/Ulmer*, Anh § 60 Rn. 28; MünchKommAktG/*Hüffer*, § 262 Rn. 98; *Rowedder/Rasner*, § 60 Rn. 38; *Heller*, Die vermögenslose GmbH, S. 92 ff.
[57] *Baumbach/Hueck/Schulze-Osterloh*, Anh § 77 Rn. 16; *Roth/Altmeppen*, § 75 Rn. 53; *Scholz/K. Schmidt*, § 60 Rn. 56; *K. Schmidt*, GmbHR 1994, 831 f. – Dies wird insbesondere im Fall des § 141a Abs. 1 S. 2 FGG deutlich. Hier führt bereits die Eröffnung des Insolvenzverfahrens zur Auflösung (§§ 60 Abs. 1 Nr. 4 GmbHG, 262 Abs. 1 Nr. 3 AktG). Die Löschung erfolgt nach Abschluss des Insolvenzverfahrens und kann daher nur zur Vollbeendigung der Gesellschaft führen.

4. Rechtsfolgen

Mit der Vollbeendigung hört die Gesellschaft auf zu existieren, unabhängig davon, ob noch Verbindlichkeiten vorhanden sind oder nicht. Es erlöschen auch die der Gesellschaft zustehenden Rechte, sofern sie kein verteilungsfähiges Vermögen darstellen. Die Gesellschaft ist als Rechtssubjekt erloschen[58].

a) Vermögensrechtlicher Abwicklungsbedarf

Allerdings kann sich zu einem späteren Zeitpunkt herausstellen, dass die Gesellschaft noch verteilungsfähiges Vermögen besitzt. Dann ist die Gesellschaft nur scheinbar vollbeendet, der Doppeltatbestand ist mangels tatsächlich eingetretener Vermögenslosigkeit nicht erfüllt. Die Löschung wirkt insofern konstitutiv, als die Gesellschaft nun als aufgelöst gilt. Diese besteht demzufolge bis zur Vollbeendigung als Liquidationsgesellschaft weiter und es ist eine Nachtragsliquidation durchzuführen[59].
Die Löschung im Register hat die Beendigung des Amtes der bisherigen Liquidatoren zur Folge. Daher ist in diesen Fällen für die GmbH nach § 66 Abs. 5 GmbHG, für die AG nach § 273 Abs. 4 AktG[60] ein Nachtragsliquidator durch das Gericht zu bestellen.

b) Nichtvermögensrechtlicher Abwicklungsbedarf

Nach überwiegender Ansicht ist eine Nachtragsliquidation nicht nur veranlasst, wenn noch Vermögen zu verteilen ist, sondern auch, wenn sonstige Ab-

[58] *Scholz/K. Schmidt*, §§ 60 Rn. 56.
[59] RGZ 92, 77; 109, 387; 134, 91; BGHZ 48, 303; 53, 264; BGH LM Nr. 1 zu § 74 GmbHG = BB 1957, 725; *Baumbach/Hueck/Schulze-Osterloh*, § 60 Rn. 64; *Hachenburg/Hohner*, § 74 Rn. 29 ff.; *Meyer-Landrut/Miller/Niehaus*, § 74 Rn. 10; *Michalski/Nerlich*, § 74 Rn. 43; MünchKommAktG/*Hüffer*, § 273 Rn. 32; MünchKommBGB/*Ulmer*, § 730 Rn. 39; *Roth/Altmeppen*, § 74 Rn. 21; *Rowedder/Rasner*, § 74 Rn. 18; *Scholz/K. Schmidt*, § 60 Rn. 6, 58, § 74 Rn. 18 ff.
[60] Wurde die AG wegen Vermögenslosigkeit von Amts wegen gelöscht (§ 141a FGG), so ergibt sich das Erfordernis der Nachtragsliquidation aus § 264 Abs. 2 AktG.

wicklungsmaßnahmen erforderlich sind[61]. Dies können beispielsweise die Abgabe einer grundbuchrechtlichen Erklärung[62] oder arbeitsrechtliche Abwicklungsmaßnahmen (z.B. die Erteilung eines Zeugnisses oder das Führen eines Kündigungsschutzprozesses)[63] sein. Die Erfüllung steuerrechtlicher Pflichten oder die Verfolgung von Rechtsmitteln im Steuerverfahren zählen ebenfalls dazu[64]. Das Gericht muss auch hier einen Nachtragsabwickler bestellen. Dies erfolgt für alle Kapitalgesellschaften einheitlich nach § 273 Abs. 4 AktG (direkt oder analog)[65].

Nach einer Mindermeinung fehlt es in diesen Fällen jedoch an den Voraussetzungen der Nachtragsliquidation, da kein verteilbares Vermögen mehr vorhanden ist. Vielmehr gehe es um die Erfüllung nachwirkender Handlungspflichten der erloschenen Gesellschaft. Daher sei analog § 1913 BGB ein Pfleger zu bestellen, falls die Erklärung der Gesellschaft nicht durch die Vorlage der rechtskräftigen Entscheidung ersetzt werden kann, mit welcher der Antrag auf Bestellung von Nachtragsliquidatoren abgewiesen werde[66]. Diese Auffassung will den Aufwand und die Kosten vermeiden, die eine Nachtragsliquidation normalerweise mit sich bringt, da der Abwickler im Register eingetragen werden müsste, auch wenn er nur eine einzige Willenserklärung abzugeben hat.

---

[61] BayObLG BB 1984, 446; OLG Köln GmbHR 1993, 823; OLG Hamm GmbHR 1997, 75; *Baumbach/Hueck/Schulze-Osterloh*, § 60 Rn. 64; *Hachenburg/Hohner*, § 74 Rn. 32; *Hüffer*, AktG, § 273 Rn. 14; *Meyer-Landrut/Miller/Niehaus*, § 74 Rn. 10; *Michalski/Nerlich*, § 74 Rn. 43; *Roth/Altmeppen*, § 74 Rn. 27; *Rowedder/Rasner*, § 74 Rn. 21; *Dellinger*, Liquidation, S. 395 ff.; *H. Schmidt*, Vollbeendigung, S. 138 ff.; *Bork*, JZ 1991, 845; *Saenger*, GmbHR 1994, 302; *Uhlenbruck*, ZIP 1996, 1648.

[62] BGHZ 105, 259 = NJW 1989, 220; BayObLGZ 1955, 288 = DNotZ 1955, 638; OLG München ZIP 1988, 575; OLG Hamm BB 1987, 294; OLG Köln GmbHR 1993, 823; *Hachenburg/Hohner*, § 74 Rn. 32; *Meyer-Landrut/Miller/Niehaus*, § 74 Rn. 10; *Michalski/Nerlich*, § 74 Rn. 46; *Rowedder/Rasner*, § 74 Rn. 21.

[63] BAGE 36, 125 = NJW 1982, 1831 = JZ 1982, 372 (*Theil*) = AP Nr. 4 zu § 50 ZPO (*Stumpf*); *Hachenburg/Hohner*, § 74 Rn. 32; *Michalski/Nerlich*, § 74 Rn. 46.

[64] BFH GmbHR 2000, 952; BFH/NV 1997, 166; BFH/NV 1995, 759 (761); BFH GmbHR 1986, 401.

[65] So die h.M., BGHZ 53, 264 (268); BGH NJW 1979, 1987; *Baumbach/Hueck/Schulze-Osterloh*, § 60 Rn. 64; *Bork*, JZ 1991, 845. Ausführlich dazu *Michalski/Nerlich*, § 66 Rn. 92.

[66] *Hachenburg/Ulmer*, Anh § 60 Rn. 40. Ähnlich auch *Scholz/K. Schmidt*, § 74 Rn. 20a, der für eine analoge Anwendung von § 74 Abs. 2 S. 2 GmbHG plädiert.

Auch die h.M. verzichtet auf dieses Verfahren. Der durch das Gericht ernannte Abwickler wird nicht in das Register eingetragen, sondern weist seine Vollmacht durch seine Bestellungsurkunde nach. Er nimmt das zu erledigende Abwicklungsgeschäft vor und gibt danach die Urkunde wieder an das Gericht zurück. Bei derartig geringfügigen Maßnahmen muss das Register nicht durch überflüssige Eintragungen belastet werden[67].
Hinter dieser Kontroverse verbirgt sich in dogmatischer Hinsicht die Frage nach dem Rechtsträger. Der Streit geht jedoch nur um Begrifflichkeiten. Im Ergebnis und vor allem in der Praxis kommt es auf die genaue Bezeichnung nicht an. Sowohl ein Nachtragsliquidator als auch ein Pfleger müssen vom Gericht bestellt werden. Sie werden für eine nur scheinbar vollbeendete Gesellschaft tätig, bei der sich nachträglich noch Abwicklungsbedarf herausstellt. Diese Liquidationshandlung wird nun von einer besonderen Person vorgenommen, da die Gesellschaft ja eigentlich nicht mehr existiert[68]. Welche Begrifflichkeit man auch immer dafür wählt, für die Praxis hat dies keinerlei Auswirkungen[69].

III. Die Vollbeendigung von Gesamthandsgesellschaften

1. Der Eintritt der Vollbeendigung

Ebenso wie bei juristischen Personen bedeutet der Eintritt der Vollbeendigung bei Gesamthandsgesellschaften das vollständige Erlöschen der Gesellschaft. Diese steht dann nicht mehr als Träger eigener Rechte und Pflichten zur Verfügung.

[67] BayObLGZ 1955, 288 (292 f.); MünchKommAktG/*Hüffer*, § 273 Rn. 35, 40 m.w.N.
[68] Aus diesem Grund wird der Vorschlag, einen Pfleger analog § 1913 BGB zu bestellen, auch überwiegend abgelehnt. Der Pfleger würde als Vertreter handeln, allerdings für ein „Nicht-Subjekt", was dogmatisch kaum zufrieden stellt, vgl. *Bork*, JZ 1991, 845; *K. Schmidt*, GmbHR 1988, 212 f.; *Rowedder/Rasner*, § 74 Rn. 22.
[69] Ebenso MünchKommAktG/*Hüffer*, § 273 Rn. 35. Ausführlich zu diesem Problemkreis *H. Schmidt*, Vollbeendigung, S. 138 ff.

Nach vorherrschender Auffassung tritt die Vollbeendigung sowohl einer BGB-Gesellschaft (GbR) als auch von Personenhandelsgesellschaften (OHG, KG) ein, wenn die Gesellschaft kein Vermögen mehr besitzt. Es muss der Tatbestand der Vermögenslosigkeit vorliegen, der immer dann erfüllt sein soll, wenn die Gesellschaft kein verwertbares Aktivvermögen mehr vorweisen kann[70].

Diese Ansicht verdient Kritik. Sie geht davon aus, dass kein Aktivvermögen mehr vorhanden ist, wenn mittels der vorhandenen Vermögenswerte die Gläubiger befriedigt worden sind und ein eventuell verbleibender Überschuss an die Gesellschafter verteilt worden ist. Nicht zu berücksichtigen seien Schulden oder ein noch zwischen den Gesellschaftern erforderlicher Kontenausgleich[71]. In dieser Auffassung spiegelt sich das traditionelle Liquidationsmodell wider, wonach die Nachschuss- und Ausgleichspflichten nicht der Gesellschaft selbst, sondern den Gesellschaftern untereinander zustehen und mithin außerhalb des Liquidationszwecks liegen[72]. Im Ergebnis führt dies zu einer Beschränkung auf das verwendbare, nicht auf das verwertbare Aktivvermögen.

Gerade das Recht der BGB-Gesellschaft weicht jedoch heute von den Vorstellungen der Gesetzesverfasser ab. Es war in den letzten Jahren in dogmatischer Hinsicht großen Veränderungen unterworfen, bis hin zur Anerkennung der Rechts- und Parteifähigkeit der GbR durch den BGH[73]. Die Gesellschaft selbst ist als Trägerin von Rechten und Pflichten anzusehen.

Folglich ergibt sich nun eindeutig aus (§ 105 Abs. 3 HGB i.V.m.) § 735 S. 1, 1. Alt. BGB genau das Gegenteil zur früheren Auffassung. Soweit das vorhandene Gesellschaftsvermögen zur Berichtigung der Gesellschaftsschulden nicht ausreicht, stehen nämlich der Gesellschaft selbst gegen die Gesellschaf-

---

70 *Ebenroth/Boujong/Joost*, § 155 Rn. 21; *Heymann/Sonnenschein/Weitemeyer*, § 145 Rn. 7; *Michalski*, OHG, § 145 Rn. 4; MünchHdbGesR I/*Gummert*, § 16 Rn. 93; MünchKommBGB/*Ulmer*, Vor § 723 Rn. 5; *Röhricht/v. Westphalen/v. Gerkan*, § 155 Rn. 12; *Grunewald*, GesR, 1. A Rn. 185. Zum inhaltlich weitgehend identischen Begriff in § 141a FGG s.o. II 3 b aa.

71 BGH NJW 1984, 435; *Baumbach/Hopt*, § 149 Rn. 3; *Ebenroth/Boujong/Joost*, § 155 Rn. 21; *Röhricht/v. Westphalen/v. Gerkan*, § 155 Rn. 12.

72 Eingehend dazu *K. Schmidt*, ZHR 153 (1989), 294 ff. m.w.N.

73 BGHZ 146, 341 = NJW 2001, 1056. Eingehend zur Rechts- und Parteifähigkeit der BGB-Gesellschaft *Staudinger/Habermeier*, Vorbem. zu §§ 705-740 Rn. 8 ff, 48 ff.; speziell zu den mit der Parteifähigkeit verbundenen Problemen vgl. *Hess*, ZZP 117 (2004), 267 ff.; *Wagner*, ZZP 117 (2004), 305 ff.

ter entsprechende Ausgleichsansprüche unabhängig von der weiteren persönlichen unbeschränkten und unbeschränkbaren Gesellschafterhaftung gegenüber Dritten (analog § 128 HGB) zu. Gesellschaftsgläubiger könnten auf diesen Anspruch zugreifen, indem sie ihn sich gem. §§ 829, 836 ZPO zur Einziehung überweisen lassen. Dies bedeutet, dass dem Passivvermögen der Gesellschaft im gleichen Umfang immer auch Aktivvermögen gegenübersteht. Solche Ansprüche stehen der Gesellschaft selbst dann zu, wenn das Reinvermögen bereits verteilt worden ist. Von Vermögenslosigkeit der Gesellschaft kann folglich erst ausgegangen werden, wenn selbst der subsidiäre Ausgleichsanspruch nach § 735 S. 2 BGB nicht mehr realisiert werden kann oder der Anspruch nach § 735 BGB durch Vereinbarung zwischen den Gesellschaftern abbedungen wurde[74].

Begreift man die Liquidation richtigerweise als ein umfassendes, auf Vollabwicklung des Rechtsträgers gerichtetes Verfahren[75], so muss man für den Eintritt der Vollbeendigung als zusätzliche Voraussetzung fordern, dass die Gesellschaft auch keine sonstigen Rechtshandlungen mehr vorzunehmen braucht[76]. Solche Handlungen können die Abgabe von Erklärungen gegenüber Dritten (z.B. dem Finanzamt[77] oder dem Grundbuchamt) oder das Erteilen von Zeugnissen sein.

Ebenso wie bei den juristischen Personen führt somit nur das Fehlen jeglichen weiteren Liquidationsbedarfs zur Vollbeendigung der Gesellschaft.

[74] Ebenso *Brandani*, Liquidation, S. 164 ff.; *Staub/Habersack*, § 155 Rn. 34; *Schlegelberger/K. Schmidt*, §§ 149 Rn. 29, 155 Rn. 53 f.; *ders.*, ZHR 153 (1989), 293 ff.; *Hillers*, Liquidation, S. 252 ff.; *Ensthaler*, Liquidation, S. 62. § 735 BGB ist nach zutreffender Ansicht dispositiv, vgl. MünchKommBGB/*Ulmer*, § 735 Rn. 2. Durch den Ausschluss werden Gläubiger der Gesellschaft auch nicht benachteiligt, denn die unbeschränkte und unbeschränkbare persönliche Haftung der Gesellschafter besteht daneben weiter.

[75] So *K. Schmidt*, ZHR 153 (1989), 273 ff.

[76] *Brandani*, Liquidation, S. 165. Anders aber *Schlegelberger/K. Schmidt*, § 155 Rn. 57; *ders.*, GesR, § 11 V 6 b.

[77] Nach der Rechtsprechung des BFH (DB 1987, 2503; DB 1971, 1751) ist eine Personengesellschaft erst dann vollbeendet, wenn alle Rechtsbeziehungen zwischen der Gesellschaft und dem Finanzamt abgewickelt sind.

2. Rechtsfolge

Mit dem Eintritt der Vollbeendigung erlischt die Gesellschaft, sie geht als Zuordnungssubjekt für Rechte und Pflichten unter. Einer Löschung im Handelsregister bedarf es bei Vollbeendigung einer OHG nicht, da die Eintragung im Handelsregister gem. § 157 HGB nur deklaratorische Wirkung hat[78]. Eine GbR ist ohnehin nicht registerfähig.
Stellt sich nachträglich heraus, dass noch weiterer vermögensrechtlicher oder nichtvermögensrechtlicher Abwicklungsbedarf besteht, ist die Gesellschaft nur scheinbar vollbeendet. Dann müssen die Liquidatoren eine Nachtragsliquidation durchführen[79]. Die vorherrschende Auffassung geht freilich konsequenterweise davon aus, dass nur restliches Aktivvermögen eine Nachtragsliquidation rechtfertigt[80]. Als Liquidatoren dürften in der Regel die bisherigen Amtsinhaber tätig werden, es können aber auch neue Liquidatoren bestellt werden[81].

IV. Fazit

Die Vollbeendigung von juristischen Personen erfordert das Vorliegen des Doppeltatbestandes von Löschung im Register und dem Fehlen von weiterem Abwicklungsbedarf. Bei Gesamthandsgesellschaften tritt ebenfalls Vollbeendigung ein, wenn kein vermögensrechtlicher oder nichtvermögensrechtlicher Liquidationsbedarf mehr besteht; auf eine Registerlöschung kommt es jedoch nicht an. Stellt sich nachträglich heraus, dass die Gesellschaft nicht vollbeendet war, ist eine Nachtragsliquidation durchzuführen.

---

[78] GK-*Ensthaler*, § 157 Rn. 2; *Schlegelberger/K. Schmidt*, § 155 Rn. 52; *Staub/Habersack*, § 155 Rn. 34 a.E.; *Butzer*, Jura 1994, 635; *Grziwotz*, DStR 1992, 1369.

[79] *Brandani*, Liquidation, S. 166.

[80] *Ebenroth/Boujong/Joost*, § 155 Rn. 22; *Heymann/Sonnenschein/Weitemeyer*, § 145 Rn. 8; *Michalski*, OHG, § 157 Rn. 3; MünchKommBGB/*Ulmer*, § 730 Rn. 39; *Röhricht/v. Westphalen/v. Gerkan*, § 155 Rn. 14. Ebenso *Staub/Habersack*, § 155 Rn. 35; *Schlegelberger/K. Schmidt*, § 155 Rn. 56 f., die im Falle von nichtvermögensrechtlichem Abwicklungsbedarf den Verwahrer der Bücher und Papiere gem. § 157 Abs. 2 HGB als ermächtigt ansehen, Erklärungen für die Gesellschaft abzugeben.

[81] *Schlegelberger/K. Schmidt*, § 155 Rn. 56; *Röhricht/v. Westphalen/v. Gerkan*, § 155 Rn. 15.

B. Prozessuale Auswirkungen der Vollbeendigung

Nach Klärung der Vorfrage, unter welchen Voraussetzungen eine Gesellschaft materiellrechtlich als vollbeendet anzusehen ist, sollen nun die prozessualen Implikationen untersucht werden. Der Wegfall der Gesellschaft als Rechtssubjekt hat unmittelbar Auswirkungen auf ein anhängiges oder unmittelbar bevorstehendes zivilgerichtliches Verfahren. In der gerichtlichen Praxis stellt sich jedoch oft die Frage, ob eine an einem Prozess beteiligte Gesellschaft tatsächlich oder nur vermeintlich vollbeendigt ist. Im Hinblick auf die Sachurteilsvoraussetzungen der Partei- und Prozessfähigkeit ergeben sich dadurch diffizile Folgeprobleme.

I. Parteifähigkeit

1. Meinungsstand

Unterschieden wird meist danach, ob die Gesellschaft ein Recht für sich in Anspruch nimmt (Aktivprozess) oder ob ein Recht gegen die Gesellschaft geltend gemacht wird (Passivprozess).

a) Aktivprozess

aa) Tatsächliche Vollbeendigung

Wird eine Kapitalgesellschaft tatsächlich während eines gerichtlichen Verfahrens vollbeendet, verliert sie nach herrschender Auffassung ihre Rechts- und damit auch ihre Parteifähigkeit (§ 50 Abs. 1 ZPO). Die Klage ist als unzulässig abzuweisen und der Gesellschaft sind nach § 91 ZPO die Kosten des Rechtsstreits aufzuerlegen[82].

[82] BGHZ 74, 212 = NJW 1979, 1592; BGH NJW 1982, 238; *Scholz/K. Schmidt*, § 60 Rn. 62; *Musielak/Weth*, § 50 Rn. 18; *Rowedder/Rasner*, § 74 Rn. 13; *Wieczorek/Hausmann*, § 50 Rn. 18, 41; *Zöller/Vollkommer*, § 50 Rn. 5; *Jauernig*, ZPR, § 19 III 3; *Bork*, JZ 1991, 846; *Saenger*, GmbHR 1994, 303.

Bei vollbeendeten Kapitalgesellschaften hat dieser Anspruch keinen wirtschaftlichen Wert[83].

Bei Personengesellschaften geht die heute herrschende Ansicht ebenfalls davon aus, dass eine erhobene Klage der Gesellschaft unzulässig wird und die Gesellschafter den Rechtsstreit als notwendige Streitgenossen fortzuführen haben. Die Gesellschafter haben dann zu beantragen, den Beklagten auf Leistung an denjenigen Gesellschafter zu verurteilen, dem der Gegenstand des Rechtsstreits bei der Auseinandersetzung zugeteilt wurde. Die anderen Gesellschafter werden insoweit als Prozessstandschafter gem. § 265 ZPO angesehen[84]. Dies gilt auch für die BGB-Gesellschaft, sofern man der Gesellschaft selbst im Einklang mit der neueren Rechtsprechung und der überwiegenden Auffassung im Schrifttum die Rechts- und Parteifähigkeit zuerkennt[85].

bb) Vermeintliche Vollbeendigung

Schwieriger gestalten sich die Fälle, in denen eine Gesellschaft nur scheinbar vollbeendet worden ist. Diese Konstellation tritt ein, wenn die Gesellschaft noch Vermögen besitzt oder sonstiger nichtvermögensrechtlicher Abwicklungsbedarf besteht, unter diesen Voraussetzungen bei Kapitalgesellschaften nach der Lehre vom erweiterten Doppeltatbestand auch dann, wenn die Gesellschaft im Handelsregister gelöscht wurde[86].

---

83 Aus diesem Grund möchte *Heller*, Die vermögenslose GmbH, S. 182, die Kosten demjenigen auferlegen, der das Verfahren angestrengt hat, also dem letzten Vertretungsorgan. Dem wird zu Recht entgegen gehalten, dass dafür keine Rechtsgrundlage existiert, vgl. *Bork*, JZ 1991, 846 Fn. 71; *Huber*, ZZP 82 (1969), 251.

84 Siehe statt aller *Staub/Habersack*, § 124 Rn. 39 a.E.; *Zöller/Vollkommer*, § 50 Rn. 17a; *Huber*, ZZP 82 (1969), 245 ff.

85 BGHZ 146, 341 = NJW 2001, 1056 = ZIP 2001, 330; BGH NJW 2002, 1207; *K. Schmidt*, NJW 2002, 993; *Hadding*, ZGR 2001, 712; *Kellermann*, FS Wiedemann, S. 1069; *Ulmer*, ZIP 2001, 585; *Wertenbruch*, NJW 2002, 324. Überwiegend kritisch hingegen das zivilprozessrechtliche Schrifttum, z.B. *Jauernig*, NJW 2001, 2231; *Prütting*, FS Wiedemann, S. 1177.

86 Für diejenigen, die der Löschung ohnehin nur deklaratorische Wirkung beimessen (s.o. A II 2 a), stellen sich die in den folgenden Ausführungen dargestellten Probleme gleichermaßen. Geht man davon aus, dass es für die Vollbeendigung nur auf die Löschung im Handelsregister ankommt (s.o. A II 2 b), stellt sich Frage einer nur scheinbaren Vollbeendigung nicht; die Klage der Gesellschaft wird mit der Löschungseintragung unzulässig.

Einigkeit besteht insofern, als eine Gesellschaft, die noch Vermögenswerte besitzt, nicht als Prozesssubjekt untergegangen ist und somit in einem anstehenden bzw. bereits anhängigen Prozess weiter parteifähig bleibt[87]. Ob für das Fortbestehen der Parteifähigkeit auch sonstiger nichtvermögensrechtlicher Abwicklungsbedarf ausreicht, ist umstritten, wird von den Anhängern der Lehre vom erweiterten Doppeltatbestand aber konsequenterweise bejaht[88]. Entscheidend ist also die Frage, wann eine Gesellschaft noch Vermögen hat oder nicht und, ob bzw. welcher nichtvermögensrechtliche Abwicklungsbedarf für die Frage nach der Parteifähigkeit zu berücksichtigen ist. Die Parteifähigkeit hat das Gericht von Amts wegen zu berücksichtigen (§ 56 Abs. 1 ZPO). Der Umfang dieser Prüfung von Amts wegen ist selbstverständlich nicht so intensiv wie im Fall der Amtsermittlung[89], so dass eine detaillierte Untersuchung der Vermögenslage einer Gesellschaft nicht erwartet werden kann. Es kommt vielmehr darauf an, aus den gegebenen Tatsachen die richtigen rechtlichen Schlüsse zu ziehen[90]. Grundsätzlich ist eine Überprüfung der Parteifähigkeit nur geboten, wenn hinreichende Anhaltspunkte für deren Fehlen vorliegen[91]. Hier zeigt sich insgesamt ein äußerst diffuses Meinungsbild. Im wesentlichen scheinen aber immer wieder folgende Argumentationsstrukturen durch.

(1) Vermutungswirkung der Löschung

Großes Vertrauen wird der Richtigkeit des Handelsregisters und der sich darin befindlichen Eintragungen entgegengebracht. Wird eine darin eingetragene Gesellschaft vor Klageerhebung oder während des bereits anhängigen Verfah-

---

[87] BGH ZIP 2003, 1033; NJW-RR 1994, 542; OLG Dresden JurBüro 1998, 480; OLG Hamburg NJW-RR 1997, 1400; OLG Koblenz NJW-RR 1999, 39; *Baumbach/Hartmann*, ZPO, § 50 Rn. 21; MünchKommZPO/*Lindacher*, § 50 Rn. 30; MünchHdbArbR/*Brehm*, § 390 Rn. 26; *Stein/Jonas/Bork*, § 50 Rn. 46 f.; *Zöller/Vollkommer*, § 50 Rn. 4a; *Saenger*, GmbHR 1994, 303.

[88] *Stein/Jonas/Bork*, § 50 Rn. 47; *Musielak/Weth*, § 50 Rn. 18; *Wieczorek/Hausmann*, § 50 Rn. 19, 41; *Zöller/Vollkommer*, § 50 Rn. 4a; *Saenger*, GmbHR 1994, 303; im Ergebnis auch MünchKommZPO/*Lindacher*, § 50 Rn. 15, 30.

[89] Vgl. *Stein/Jonas/Leipold*, vor § 128 Rn. 162 ff.; *Jauernig*, ZPR, § 25 X.

[90] *Bork*, JZ 1991, 846.

[91] BGH NJW 2004, 2523 = ZIP 2004, 1662.

rens gelöscht, soll dies eine Vermutung dahingehend begründen, dass diese kein Vermögen mehr besitzt und somit vollbeendet ist[92]. Damit erlischt gleichzeitig die Parteifähigkeit. Eine entsprechende Vermutungswirkung soll erst recht dann eintreten, wenn die Löschung nach § 141a FGG von Amts wegen erfolgt, da es sich um eine registerrechtliche Verfügung handelt, die erst nach umfassender Amtsermittlung (§ 12 FGG) ergehen darf[93].

Dies bedeutet konsequenterweise, dass derjenige, der das Gegenteil einer solchen Eintragung behauptet, dazu gezwungen wird, die Vermutungswirkung der Löschung im Register zu widerlegen. Im Aktivprozess muss folglich die Gesellschaft selbst geeignete Tatsachen substantiiert vortragen, aus denen sich ergibt, dass sie noch nicht vollbeendet und daher weiterhin rechts- und parteifähig ist[94].

(2) Vermögensrechtliche Streitigkeiten

Bei vermögensrechtlichen Streitigkeiten ist diese Voraussetzung nach überwiegender Auffassung immer erfüllt[95]. Eine Gesellschaft, die eine Forderung geltend macht, behaupte gerade damit, dass ihr noch Vermögen zustehe. Das Bestehen dieser Forderung muss sie für die Zulässigkeit der Klage schließlich substantiiert vortragen.

Ob der Gesellschaft die behauptete Forderung tatsächlich zusteht, ergibt sich jedoch erst am Ende des Verfahrens. Folglich hat das Bestehen des Anspruchs sowohl für die Begründetheit der Klage als auch für die Rechts- und Parteifähigkeit der Gesellschaft und damit für die Zulässigkeitsprüfung Bedeutung. Es handelt es sich mithin um eine doppeltrelevante Tatsache. Solche Tatsachen, die zugleich die Zulässigkeit und Begründetheit einer Klage rechtfertigen sol-

[92] OLG Frankfurt Rpfleger 1976, 329; *Keidel/Winkler*, Anh § 144b Rn. 10; *Bork*, JZ 1991, 846; *Kirberger*, Rpfleger 1975, 343.
[93] OLG Frankfurt Rpfleger 1976, 329; *Bork*, JZ 1991, 846; *Saenger*, GmbHR 1994, 303.
[94] OLG Frankfurt Rpfleger 1976, 329; *Scholz/K. Schmidt*, § 60 Rn. 59; *Keidel/Winkler*, Anh § 144b Rn. 10; *Saenger*, GmbHR 1994, 303.
[95] BGH NJW-RR 1994, 542; NJW-RR 1986, 394; BayObLG NJW-RR 1994, 230 = EWiR 1994, 83 (*Bokelmann*); OLG Frankfurt Rpfleger 1976, 329; *Keidel/Winkler*, Anh § 144b Rn. 10; MünchKommZPO/*Lindacher*, § 50 Rn. 16; *Musielak/Weth*, § 50 Rn. 18 a.E.; *Scholz/K. Schmidt*, § 60 Rn. 62; *Stein/Jonas/Bork*, § 50 Rn. 47; *Bokelmann*, NJW 1977, 1131; *Bork*, JZ 1991, 847.

len, werden im Rahmen der Prüfung der Zulässigkeit unterstellt, sofern diese schlüssig vorgetragen werden[96]. Daher behält eine Gesellschaft ihre Rechts- und Parteifähigkeit auch dann, wenn sie in einem Prozess vermögensrechtliche Ansprüche geltend macht, deren Existenz endgültig erst nach Abschluss dieses Verfahrens feststeht.
Die Löschung der Gesellschaft im Handelsregister steht dem nicht entgegen. Selbst im Fall der Amtslöschung nach § 141a FGG ist der Registerrichter zwar zum Ergebnis gelangt, dass die Gesellschaft vermögenslos ist, aber er kann darüber nicht mit Rechtskraft entscheiden[97].
Sollte das Gericht am Ende des Prozesses zu der Überzeugung gelangen, dass der geltend gemachte Anspruch nicht besteht, ist die Klage nicht als unzulässig, sondern durch Sachurteil abzuweisen[98].
Diese Auffassung findet sich nicht nur im Bereich des Zivilrechts. Auch die finanzgerichtliche Rechtsprechung sieht eine Gesellschaft trotz Löschung im Handelsregister als fortbestehend an, solange sie noch steuerliche Pflichten zu erfüllen hat oder einen gegen sie ergangenen Steuerbescheid oder Haftungsbescheid angreift[99].

(3) Nichtvermögensrechtliche Streitigkeiten

Bei nichtvermögensrechtlichen Streitigkeiten besteht hingegen wenig Einigkeit, wie die Vermutungswirkung der Löschung im Register bezüglich der fehlenden Parteifähigkeit widerlegt werden kann[100].

---

96 *Stein/Jonas/Roth*, § 1 Rn. 24; *Bork*, JZ 1991, 846; *Dellinger*, Liquidation, S. 400 f., *Saenger*, GmbHR 1994, 303; *Schemmann*, Parteifähigkeit, S. 73 f.

97 BayObLGZ 1989, 187 (191); OLG Zweibrücken FGPrax 2004, 42 (43); *Bork*, JZ 1991, 846.

98 *Zöller/Vollkommer*, § 50 Rn. 4b; *Saenger*, GmbHR 1994, 303.

99 BFHE 191, 494 = GmbHR 2000, 952 = NJW-RR 2001, 244 m.w.N.; BFH/NV 1997, 166; BFH GmbHR 1986, 401; DB 1971, 1751; in der Sache wohl auch *Ahmann*, GmbHR 1987, 440. Ebenso die österreichische Finanzrechtsprechung, vgl. ÖstVwGH GesRZ 2003, 49; GeS 2003, 459 (*Urtz*).

100 Vgl. zum Folgenden auch die ausführliche Darstellung bei *Schemmann*, Parteifähigkeit, S. 74 f.

(a) Die Anhänger der Lehre vom erweiterten Doppeltatbestand stimmen darin überein, dass noch bestehender nichtvermögensrechtlicher Abwicklungsbedarf die Vollbeendigung einer Gesellschaft verhindert. Darunter ist zu verstehen, dass die Gesellschaft zwar keinen Vermögensaufwand leisten muss, aber in sonstiger Weise tätig werden soll. Differenzen bestehen jedoch hinsichtlich der Frage, welche tatsächlichen Gegebenheiten dieser Begriff umfasst.
Einige berücksichtigen den geltend gemachten nichtvermögensrechtlichen Anspruch nur, wenn er für die Gläubiger der Gesellschaft von Interesse sein kann. Darunter fallen z.B. Auskunftsklagen, die erst Klarheit über das Bestehen eines vermögenswerten Anspruchs schaffen sollen. Ansprüche, die nur die Interessen der Gesellschaft selbst berühren, sollen mit dieser erlöschen[101].
Ist sonstiger Abwicklungsbedarf festzustellen, bleibt die Gesellschaft rechts- und damit auch parteifähig[102].

(b) Existiert kein sonstiger Abwicklungsbedarf, besteht selbstverständlich auch in nichtvermögensrechtlichen Streitigkeiten die Möglichkeit, dass die Gesellschaft die Vermutungswirkung der Löschung widerlegt, indem sie nachweist, noch Vermögenswerte zu besitzen, die vom laufenden Verfahren nicht berührt sind[103]. Unabhängig von der Frage, ob es der Gesellschaft gelingen wird, eventuell vorhandene Vermögenswerte substantiiert darzulegen, stellt sich als weiteres Problem, welche Ansprüche überhaupt noch denkbar bzw. berücksichtigungsfähig sind.
Darunter können Regressansprüche gegen Dritte zählen, die der Gesellschaft für den Fall zustehen, dass der Prozess verloren geht. Hat die Gesellschaft z.B. eine Rechtsschutzversicherung, stehen ihr unabhängig vom Verfahrensausgang vermögenswerte Ansprüche zu, im Falle des Obsiegens nämlich gegen den Beklagten (§ 91 Abs. 1 ZPO), im Falle des Unterliegens ein Freistellungs- oder Zahlungsanspruch gegen die Versicherung[104]. Dies gilt auch für den Fall,

[101] BGHZ 105, 259 (262); *Rowedder/Rasner*, § 74 Rn. 22; *Bork*, JZ 1991, 847; *Saenger*, GmbHR 1994, 303 f.
[102] Zur Vertretung der Gesellschaft s. u. Punkt 2.
[103] Diese Möglichkeit erkennen auch diejenigen an, die nicht der hier vertretenen Lehre vom erweiterten Doppeltatbestand folgen und das Vorhandensein von sonstigem Abwicklungsbedarf für die Beurteilung der Rechts- und Parteifähigkeit für unerheblich halten.
[104] BGHZ 105, 259 (261); OLG Hamm NJW-RR 1987, 1254 (1255); *Bork*, JZ 1991, 847; *Saenger*, GmbHR 1994, 304; *Bokelmann*, NJW 1977, 1130.

dass die Versicherung aus Gründen der Einfachheit nicht an die Gesellschaft, sondern direkt an den Kostengläubiger zahlt, denn die Gesellschaft bleibt Gläubigerin des Erstattungsanspruchs[105].
Auch können potentielle Kostenerstattungsansprüche gegen den Beklagten denkbar sein. Während einige den potentiellen prozessualen Kostenerstattungsanspruch aus § 91 ZPO genügen lassen[106], berücksichtigen andere nur materiellrechtliche Kostenerstattungsansprüche, etwa Ansprüche auf Schadensersatz[107].

b) Passivprozess

aa) Tatsächliche Vollbeendigung

Wird eine Gesellschaft während eines Prozesses, in dem sie die Rolle des Beklagten einnimmt, tatsächlich vollbeendet, so erlöschen auch die bereits klageweise geltend gemachten Verbindlichkeiten der Gesellschaft und es ergeben sich im Vergleich zur Situation beim Aktivprozess keine Unterschiede hinsichtlich der prozessualen Rechtsfolgen. Die Gesellschaft verliert ihre Rechts- und Parteifähigkeit (§ 50 Abs. 1 ZPO). Die Klage ist somit als unzulässig abzuweisen[108].
Die Abweisung der Klage als unzulässig wegen Wegfalls der Beklagten entspricht auch der heute nahezu einhelligen Ansicht im Bereich der Personengesellschaften[109]. Hier soll jedoch die Möglichkeit bestehen, den Prozess im Wege des gewillkürten Parteiwechsels gegen die Gesellschafter fortzuführen, wobei die Zustimmung der Gesellschafter nur im Berufungsrechtszug erfor-

105 *Bork*, JZ 1991, 847.
106 Insbesondere Teile der Rechtsprechung, z.B. BGH NJW-RR 1986, 394; OLG Hamm NJW-RR 1987, 1254; OLG Koblenz NJW-RR 1999, 39 = ZIP 1998, 967 = EWiR 1998, 475 (mit abl. Anm. *Vollkommer/Vollkommer*); FG Hamburg EFG 1978, 133; auch *Theil*, JZ 1979, 568; anders jedoch BGH NJW 1982, 238; BGHZ 74, 212 (213).
107 *Bork*, JZ 1991, 848; *Saenger*, GmbHR 1994, 304.
108 *Bork*, JZ 1991, 848; *Saenger*, GmbHR 1994, 304.
109 BGHZ 74, 212 f.; *Staub/Habersack*, § 124 Rn. 39; *Zöller/Vollkommer*, § 50 Rn. 17a; *K. Schmidt*, GesR, § 46 II 3 a aa; *R. Fischer*, FS Hedemann, S. 85 ff.; *Huber*, ZZP 82 (1969), 249 ff.; im Ergebnis ebenso *Henckel*, Parteilehre, S. 177 ff, 245 ff. – A.A. RGZ 64, 77 (78 f.); 124, 146 (149 ff.); *Jaeger*, FG Sohm, S. 56 ff.; *Mahr*, GesRZ 1990, 151 f.

derlich ist[110]. Die Gesellschaft verliert ihre Parteifähigkeit auch dann, wenn das Erlöschen nicht im Handelsregister eingetragen wurde, weil der Eintragung der Löschung nach § 157 Abs. 1 HGB nur deklaratorische Bedeutung zukommt. Gutgläubige Dritte werden in diesem Fall aber gem. § 15 Abs. 1 HGB geschützt. Die Gesellschaft gilt ihnen gegenüber als fortbestehend und kann, obwohl sie erloschen ist, verklagt werden. Nach herrschender Ansicht kann dies den Gesellschaftern als Maßnahme, durch die die Verjährung der Gesellschafterschuld unterbrochen wird, entgegen gehalten werden[111].

bb) Vermeintliche Vollbeendigung

Allerdings bereitet gerade im Passivprozess die Feststellung der Vollbeendigung der beklagten Gesellschaft enorme Schwierigkeiten. Ob diese noch Vermögen besitzt oder nicht, ist mitunter schwer zu ermitteln.

(1) Dieses Problem stellt sich jedenfalls nicht, sofern man eine Gesellschaft solange noch nicht als vollbeendet ansieht wie noch sonstiger Abwicklungsbedarf besteht. So kann der Kläger beispielsweise einen Anspruch auf Mitwirkung der Gesellschaft an einer sonstigen Abwicklungsmaßnahme geltend machen. Dann ist die Gesellschaft weiterhin existent und behält ihre Rechts- und Parteifähigkeit[112].

(2) Lehnt man diese Ansicht ab oder lässt sich kein sonstiger Abwicklungsbedarf feststellen, lassen es einige ausreichen, dass der Kläger einen vermögensrechtlichen Anspruch einklagt, weil dem Begehren die konkludente Behauptung zugrunde liegen soll, dass der geltend gemachte Anspruch auch realisierbar sei, die Gesellschaft folglich noch Vermögen besitze[113].

---

110 *Staub/Habersack*, § 124 Rn. 26, 39; *Zöller/Vollkommer*, § 50 Rn. 17a; *R. Fischer*, FS Hedemann, S. 89 ff.; *Huber*, ZZP 82 (1969), 249 ff.; *Dellinger*, JBl. 1991, 641. Zu diesem Problemkreis ausführlich *Oberhammer*, OHG im ZP, S. 181-223.

111 *Staub/Habersack*, § 124 Rn. 38 m.w.N.

112 *Saenger*, GmbHR 1994, 304; *Bork*, JZ 1991, 848.

113 *Scholz/K. Schmidt*, § 60 Rn. 49; *Bokelmann*, NJW 1977, 1131; *Piorreck*, Rpfleger 1978, 175. Gegen eine Indizwirkung BayObLGZ 1995, 9 (12); MünchKommAktG/*Hüffer*, § 262 Rn. 78.

Andere hingegen fordern, dass der Kläger schon einzelne Vermögenswerte der Gesellschaft substantiiert vortragen müsse, z.B. Sachwerte oder Regressansprüche der Gesellschaft gegen Dritte, sollte diese den Prozess verlieren[114].

(3) Das Vorhandensein von Vermögenswerten der Gesellschaft soll sich unter Umständen auch aus dem Streitstoff selbst ergeben. Exemplarisch genannt werden Fälle, in denen die Gesellschaft Vermögensrechte im Wege der Widerklage geltend macht oder Gegenansprüche (z.B. §§ 273, 320 BGB) einredeweise erhebt[115].

(4) Schließlich stellt sich wieder die Frage, ob mögliche Kostenerstattungsansprüche der Gesellschaft berücksichtigt werden können. Die überwiegende Ansicht bejaht dies für materiellrechtliche Kostenerstattungsansprüche, verneint dies jedoch für den prozessualen Kostenerstattungsanspruch, weil es widersprüchlich sei, wenn der Kläger die Zulässigkeit der Klage aus einem Umstand herleiten wolle, der voraussetzt, dass die Klage als unbegründet abgewiesen werde[116].
Bork will hingegen im Passivprozess den prozessualen Kostenerstattungsanspruch berücksichtigen[117]. Nach seiner Auffassung besteht solange noch vermögensrechtlicher Abwicklungsbedarf, bis die Vermögensrechte der Gesellschaft vollständig abgewickelt sind, dazu gehöre auch der seit Prozessbeginn aufschiebend bedingte Kostenerstattungsanspruch. Dieser entfalle im Passivprozess jedoch erst, wenn die Klage rechtskräftig für zulässig und begründet erklärt worden ist. Bis zu diesem Zeitpunkt bleibe der Anspruch aufschiebend bedingt bestehen und damit auch die Rechts- und Parteifähigkeit der beklagten Gesellschaft, was dazu führe, dass eine Gesellschaft im Passivprozess bis zur endgültigen Entscheidung in der Hauptsache immer parteifähig sei.

---

114 *Bork*, JZ 1991, 848 f.; *Saenger*, GmbHR 1994, 304; *Heller*, Die vermögenslose GmbH, S. 195.

115 *Bork*, JZ 1991, 849; *Saenger*, GmbHR 1994, 304; *Dellinger*, Liquidation, S. 401.

116 BGHZ 74, 212 (213); *Dellinger*, Liquidation, S. 401 ff.; *Heller*, Die vermögenslose GmbH, S. 190 f. m.w.N.; *Saenger*, GmbHR 1994, 304.

117 *Bork*, JZ 1991, 849 f.; ebenso BAGE 36, 125 = NJW 1982, 1831 = JZ 1982, 372 (mit Anm. *Theil*); östOGH GesRZ 1991, 225 (mit abl. Anm. *Dellinger*) sowie die in Fn. 106 Genannten. Verhalten zustimmend *Oberhammer*, OHG im ZP, S. 171 ff.

2. Kritik

Es dürfte deutlich geworden sein, dass für die Frage, welche Auswirkungen die Vollbeendigung einer Gesellschaft auf ein unmittelbar bevorstehendes oder bereits anhängiges Zivilverfahren hat, ein recht diffuses Meinungsbild existiert. Eine Patentlösung wurde ganz offensichtlich noch nicht gefunden. Die bisherigen Ansätze eignen sich dafür aber auch nicht, denn sie weisen hinsichtlich verschiedener Gesichtpunkte mehr oder weniger gravierende Schwachstellen auf.

a) Gefahr divergierender Entscheidungen im Fall der Amtslöschung

Im Fall der Amtslöschung der Gesellschaft nach § 141a FGG kann sich ein erstes Problem aus der Gefahr divergierender gerichtlicher Entscheidungen ergeben. Die Vermögenslosigkeit wird zweifach von Amts wegen geprüft, nämlich einerseits durch das Registergericht als Voraussetzung des § 141a FGG (§ 12 FGG) bzw. als Voraussetzung der Parteifähigkeit durch das Prozessgericht andererseits (§§ 50, 56 Abs. 1 ZPO). An die Feststellungen und Entscheidungen des Registergerichts ist das Prozessgericht jedoch nicht gebunden, sondern es kann die tatsächliche Lage anders beurteilen[118].
Angenommen, die Gesellschaft klagt einen Anspruch ein, der ihren einzigen Vermögenswert darstellt. Zum einen wird das Prozessgericht über das Bestehen dieses Anspruchs entscheiden. Gleichzeitig muss das Registergericht beurteilen, ob die Voraussetzungen des § 141a FGG vorliegen, d.h. ob die Gesellschaft vermögenslos ist. Um dies feststellen zu können, wird es ebenfalls prüfen, ob die Tatbestandsvoraussetzungen des eingeklagten Anspruchs vorliegen. Hält es diese für nicht gegeben, wird die Gesellschaft wegen Vermögenslosigkeit[119] im Handelsregister gelöscht. Damit wird die Gesellschaft prozessunfähig, weil die organschaftliche Vertretungsmacht mit der Löschung endet. Selbst eine der Entscheidung des Prozessgerichts vorausgehende Ent-

[118] BayObLGZ 1989, 187 (191); OLG Zweibrücken FGPrax 2004, 42 (43); *Bork*, JZ 1991, 846.
[119] Nach hier vertretener Auffassung darf freilich auch kein sonstiger Abwicklungsbedarf vorliegen.

scheidung des Registergerichts entfaltet für ersteres keinerlei Bindungswirkung. Folglich besteht die Möglichkeit, dass das Prozessgericht im Erkenntnisverfahren trotzdem zu dem Ergebnis gelangt, der geltend gemachte Anspruch bestehe. Im Ergebnis werden somit die Voraussetzungen von ein und demselben Anspruch von Organen der Rechtsprechung in zwei parallel laufenden Verfahren geprüft. Es besteht also zumindest die Gefahr, dass es zu konträren Entscheidungen über den gleichen Sachverhalt kommt. Wegen der Einheitlichkeit der Rechtsordnung ein solches Resultat nicht zu befriedigen.

b) Die prozessualen Konsequenzen des Kriteriums der Vermögenslosigkeit

Als weiterer Kritikpunkt ist anzuführen, dass einerseits die Vermögenslosigkeit der Gesellschaft zwar unabdingbare materiellrechtliche Voraussetzung der Vollbeendigung ist, aber in prozessrechtlicher Hinsicht von diesem Kriterium relativ wenig übrig bleibt[120].

aa) Lediglich substantiierte Behauptung ausreichend

Nach herrschender Auffassung soll nämlich für die Parteifähigkeit der Gesellschaft genügen, dass diese noch Rechte für sich in Anspruch nimmt, um ihr Erlöschen aufzuhalten. Ebenso soll für die Parteifähigkeit im Passivprozess die Behauptung des Klägers ausreichen, dass der Gesellschaft noch irgendwelche Ansprüche zustehen[121]. Auf das tatsächliche Vorhandensein von Vermögen kommt es folglich nicht an. Um die Parteifähigkeit der Gesellschaft zu erhalten und damit unter Umständen einen Titel erstreiten zu können, genügt eine lediglich substantiierte[122] Behauptung, dass noch Vermögen vorhanden ist. Stellt sich im Prozess heraus, dass die Behauptung, es sei noch Vermögen vorhanden, gar nicht zutrifft, soll die Klage durch Sachurteil als unbegründet

---

120 So auch *H. Schmidt*, Vollbeendigung, S. 115.

121 Statt aller BGH LM Nr. 1 zu § 74 GmbHG; ebenso *Bokelmann*, NJW 1977, 1131. Zur Frage der Darlegungslast hinsichtlich der Existenz von Vermögenswerten ausführlich *Sammeck*, Vollbeendigung, S. 93 ff.

122 BAG NJW 1988, 2637 (2638) legt nicht einmal auf das substantiierte Vorbringen Wert.

abgewiesen werden statt wegen fehlender Parteifähigkeit durch Prozessurteil als unzulässig[123]. Eine Klageabweisung als unzulässig muss nur der Kläger im Passivprozess gegen die Gesellschaft befürchten, falls er das Vorhandensein von Vermögen nicht behauptet[124].

bb) Fiktion der Parteifähigkeit

In zwei Konstellationen wird trotz materiellrechtlich gegebener Vermögenslosigkeit die Parteifähigkeit der Gesellschaft sogar fingiert.

(1) Abtretung der streitbefangenen Forderung

Im ersten Fall besitzt eine Gesellschaft als einzigen Vermögenswert eine Forderung, die sie einklagen will. Trotz der bereits im Handelsregister eingetragenen Löschung (sofern erforderlich) ist die Gesellschaft nach überwiegender Ansicht[125] nicht vollbeendet und bleibt somit rechts- und parteifähig. Während des gerichtlichen Verfahrens tritt sie nun diese Forderung an einen Dritten ab. Streng genommen ist die Gesellschaft dann vermögenslos und ihre Parteifähigkeit würde entfallen. Das OLG Nürnberg hat nun in genau dieser Konstellation die Parteifähigkeit der klagenden Gesellschaft als fortbestehend fingiert. Begründet wurde die Entscheidung mit der Vorschrift des § 265 Abs. 2 ZPO. Danach hat die Veräußerung oder Abtretung der Streitsache auf den Prozess keinen Einfluss. Die Gesellschaft könne nicht ohne Einwilligung des Beklagten allein aufgrund der erfolgten Veräußerung aus dem Prozessverhältnis ausscheiden. Das Gericht sah es als notwendig an, die weitere Existenz der Gesellschaft trotz erwiesener Vermögenslosigkeit zu fingieren, obwohl die Parteifähigkeit „bei Anwendung rein bürgerlich-rechtlicher Bestimmungen“ nicht bestanden hätte. Ein einmal rechtshängig gewordener Anspruch stelle prozessrechtlich noch Vermögen dar und werde in dieser Eigenschaft durch die Ab-

[123] *Zöller/Vollkommer*, § 50 Rn. 4b; *Saenger*, GmbHR 1994, 303.
[124] So z.B. im Fall BGHZ 74, 212 (213) = JZ 1979, 566 (567).
[125] Anders nur diejenigen, die der Löschung von Kapitalgesellschaften im Register konstitutive Wirkung beimessen, s. dazu bereits oben A II 2 b.

tretung nicht berührt[126]. In dogmatischer Hinsicht begegnet die Anwendung des § 265 Abs. 2 ZPO jedoch Bedenken. Eine Anwendung kommt nur in Betracht, wenn die bisherige Partei auch tatsächlich fortexistiert und wenn das Urteil zwischen den bisherigen Parteien auch den neuen Rechtsinhaber bindet. Die Gesellschaft als bisheriger Rechtsinhaber ist jedoch vollbeendet und damit nicht mehr existent. Allerdings kann der Rechtsnachfolger den Prozess nach einem Parteiwechsel fortführen[127].

In einer ähnlichen Konstellation hat auch der BGH die Parteifähigkeit einer gelöschten Gesellschaft als fortbestehend anerkannt. Die Gesellschaft verlangte mit der Klage Zahlung an verschiedene Pfändungsgläubiger, denen die Forderung zur Einziehung überwiesen worden war. Nach Ansicht des BGH war die Forderung mit der Überweisung zur Einziehung noch nicht aus dem Vermögen der klagenden Gesellschaft ausgeschieden. Um dieser die Möglichkeit zu erhalten, als Vermögen in Betracht kommende Ansprüche gerichtlich durchzusetzen, sei ihre Parteifähigkeit auch ohne Rücksicht darauf anzunehmen, ob der geltend gemachte Anspruch wirklich besteht[128].

(2) Zulassungsstreit

Die zweite zu betrachtende Konstellation betrifft den Streit über den Fortbestand der Parteifähigkeit, den sog. Zulassungsstreit. Bis zur Entscheidung darüber wird die Gesellschaft nach ständiger Rechtsprechung des BGH als parteifähig behandelt, d.h. ihre Parteifähigkeit wird insoweit fingiert als es im Verfahren noch um diese Parteifähigkeit geht[129]. Sie kann daher noch Erledigungserklärungen abgeben, Kostenanträge stellen, einer auf den Wegfall der Parteifähigkeit gestützten Erledigungserklärung des Gegners widersprechen

[126] OLG Nürnberg GmbHR 1959, 28; ebenso OLG Hamburg KTS 1986, 506 (507). Das OLG Düsseldorf (DB 1988, 543) nimmt die Parteifähigkeit sogar ohne Rückgriff auf eine Fiktion an, falls die streitgegenständliche Forderung vor Prozessbeginn abgetreten wurde. Grundlegend *Jaeger*, FG Sohm, S. 56 ff.

[127] *Stein/Jonas/Schumann*[21], § 265 Rn. 19; ebenso *Rosenberg/Schwab/Gottwald*, § 43 Rn. 36.

[128] BGH WM 1977, 581.

[129] BGHZ 24, 91 (94); 74, 212 (214); BGH NJW 1982, 238; OLG Koblenz NJW-RR 1999, 39 (40); *Stein/Jonas/Bork*, § 50 Rn. 42; *Zöller/Vollkommer*, § 50 Rn. 8; MünchKomm-ZPO/*Lindacher*, § 50 Rn. 57.

und Klageabweisung beantragen und gegen das gegen sie ergangene Sachurteil Rechtsmittel einlegen[130]. Darauf, ob der Gesellschaft tatsächlich noch Vermögen zusteht, kommt es nicht an.

cc) Umfang des vorhandenen Vermögens

Nicht geklärt ist weiter die Frage, welchen Umfang das noch vorhandene Vermögen erreichen muss. Immer wieder stößt man auf die Formulierung, dass selbst Vermögen in geringem Umfang die Vollbeendigung der Gesellschaft verhindert, während hingegen andere sogar verschwindend geringes Vermögen ausreichen lassen[131]. Mindestanforderungen lassen sich aus diesen vagen Begriffen jedenfalls nicht ableiten. Es dürfte auch äußerst schwierig sein zu beurteilen, ob z.B. eine Forderung in Höhe von 500 € geringes oder nur verschwindend geringes Vermögen einer Gesellschaft darstellt. Lediglich als Anhaltspunkt dienen kann dabei die Tatsache, dass die Gesellschaft die Forderung gerichtlich geltend macht, es also für lohnend erachtet, ein Verfahren anzustrengen, das schließlich mit einem gewissen Kostenaufwand verbunden ist. Eine Bewertung anhand objektiver Kriterien scheidet jedenfalls aus. Es besteht also keinerlei Rechtssicherheit, wie viel Vermögen eine Gesellschaft noch besitzen muss, um als noch nicht vollbeendet zu gelten.

dd) Berücksichtigungsfähige Vermögenswerte, insbesondere der prozessuale Kostenerstattungsanspruch

Unklar ist ferner, welche Vermögenswerte überhaupt bei der Prüfung der Vermögenslosigkeit Berücksichtigung finden können. Nach herrschender Ansicht verhindern alle bilanzierbaren Vermögensgegenstände die Vollbeendigung einer Gesellschaft, wobei in Einzelheiten vieles umstritten ist und sich

[130] BGHZ 24, 91 (94); BGH NJW-RR 1986, 394; OLG Koblenz NJW-RR 1996, 744; *Stein/Jonas/Bork*, § 50 Rn. 58; *Zöller/Vollkommer*, § 50 Rn. 8; jeweils m.w.N.
[131] S. dazu die Nachw. o. Fußn. 44, 45.

eine nahezu unübersehbare Kasuistik herausgebildet hat[132]. Zu den anzuerkennenden Rechtspositionen werden beispielsweise realisierbare Forderungen[133] und Beteiligungen an einer fremden Gesellschaft gezählt, sofern wiederum diese über ein ihre Verbindlichkeiten übersteigendes Vermögen verfügt und damit tatsächlich einen Vermögenswert darstellt[134]. Der BFH geht noch weiter und lässt sogar genügen, dass eine Kapitalgesellschaft überhaupt noch steuerliche Pflichten zu erfüllen hat oder gegen sie ergangene Haftungsbescheide angreift[135].

Besonders kritisch sind die Auffassungen zu würdigen, die als Vermögenswert lediglich einen möglichen prozessualen Kostenerstattungsanspruch ausreichen lassen wollen. Trotz der Befürchtung, man könne dabei zu „antinomischen Argumentationen" verleitet werden[136] oder in einen „argumentativen Irrgarten" geraten[137], müssen diese Ansätze einer eingehenden Betrachtung unterzogen werden.
Voraussetzung für einen prozessualen Kostenerstattungsanspruch nach §§ 91 ff. ZPO ist ein bestehendes Prozessrechtsverhältnis. Der Anspruch entsteht bereits mit Rechtshängigkeit des prozessualen Anspruchs, ist aber aufschiebend bedingt durch eine zumindest vorläufig vollstreckbare Kostengrundentscheidung[138].

(1) Für den *Aktivprozess* lassen Teile der Rechtsprechung den potentiellen Kostenerstattungsanspruch gegen den Beklagten im Fall des Obsiegens genügen[139]. Da ein solcher Anspruch bei jedem Prozess entstehen kann, wäre die Konsequenz, dass eine Gesellschaft immer als parteifähig anzusehen wäre.

---

[132] Ausführlich (und zusammenfassend) dazu *Sammeck*, Vollbeendigung, S. 76 ff. sowie die in Fußn. 46 Genannten (jeweils m.w.N. aus der umfangreichen Rechtsprechung).
[133] BayObLG GmbHR 1985, 215; OLG Hamm NJW-RR 1993, 547 (549); *Baumbach/Hueck/Schulze-Osterloh*, Anh § 77 Rn. 5; *Hachenburg/Ulmer*, Anh § 60 Rn. 17; *Lutter/Hommelhoff*, § 60 Rn. 16; *Michalski/Nerlich*, § 60 Rn. 285; *Rowedder/Rasner*, § 60 Rn. 34; *Scholz/K. Schmidt*, § 60 Rn. 49.
[134] BGH MDR 1988, 490.
[135] Vgl. die Nachweise o. Fußn. 99.
[136] So *H. Schmidt*, Vollbeendigung, S. 116.
[137] So *John*, AcP 185 (1985), 235.
[138] BGH NJW 1988, 3204 (3205), allg. Ansicht.
[139] S. dazu die Nachw. o. Fußn. 106.

Dem kann nicht gefolgt werden. Für die Zulässigkeit der Klage muss die Gesellschaft im Aktivprozess entweder noch vorhandenes Vermögen oder sonstigen nichtvermögensrechtlichen Abwicklungsbedarf schlüssig geltend machen. Kann sie dies nicht, verliert sie den Prozess und erlangt folglich keinen Kostenerstattungsanspruch. Letzterer steht ja unter der aufschiebenden Bedingung einer Kostengrundentscheidung, die jedoch zugunsten der Klägerin nur bei Zulässigkeit der Klage ergehen kann. Wenn die Klage aber mangels Parteifähigkeit der klagenden Gesellschaft unzulässig wird, steht endgültig fest, dass diese Bedingung nicht eintreten kann und der bedingte Anspruch erlischt. Daher darf der Prozesskostenerstattungsanspruch bei der Prüfung, ob die Klage zulässig ist, nicht berücksichtigt werden. Die Zulässigkeit des Verfahrens würde ansonsten aus sich selbst hergeleitet werden, indem man aus dem Bedingten auf den Eintritt der Bedingung schließt[140].

(2) Auch im *Passivprozess* besteht die Gefahr eines Zirkelschlusses, wenn man die Existenz der Partei mit dem ihr möglicherweise zustehenden Prozesskostenerstattungsanspruch begründen will, der wiederum die Existenz der Partei voraussetzt[141]. Zudem würde der Kläger, der sich auf den potentiellen Kostenerstattungsanspruch der beklagten Gesellschaft beruft, um deren Parteifähigkeit darzulegen, sich in Widerspruch zu seinem eigenen Klagevorbringen setzen, denn der Anspruch würde erst mit Abweisung seiner Klage entstehen und sich zudem nur gegen den Kläger selbst richten[142]. Folgt man dieser Auffassung, muss die Klage wegen fehlender Parteifähigkeit als unzulässig abgewiesen werden. Dies führt nun zu dem kuriosen Ergebnis, dass mit Rechtskraft des Urteils der Gesellschaft ein Anspruch auf Erstattung der Prozesskosten zusteht, sofern man anerkennt, dass auch zugunsten einer nicht bestehenden

---

[140] *Bork*, JZ 1991, 847 f.; *Saenger*, GmbHR 1994, 304; *Heller*, Die vermögenslose GmbH, S. 182.

[141] *Dellinger*, Liquidation, S. 403; ebenso *Bork*, JZ 1991, 847, aber nur für den Aktivprozess.

[142] BGHZ 74, 212 (213) = JZ 1979, 566 (567). Ablehnend daher auch *Saenger*, GmbHR 1994, 304; *Dellinger*, Liquidation, S. 403; *Rosenberg/Schwab/Gottwald*, § 43 Rn. 37; *Heller*, Die vermögenslose GmbH, S. 191.

Partei ein Kostenfestsetzungsbeschluss ergehen kann[143]. Diese hat dann wieder einen Vermögenswert und ist demzufolge parteifähig. Eine neue Klage mit dem gleichen Streitgegenstand dürfte folglich nicht mehr wegen fehlender Parteifähigkeit als unzulässig abgewiesen werden, obwohl dem Kläger als Haftungsmasse unter Umständen lediglich der Kostenerstattungsanspruch gegen sich selbst aus dem verlorenen Erstverfahren zur Verfügung stehen würde[144]. Andererseits könnte die Gesellschaft versuchen, ihren Anspruch auf Erstattung der Prozesskosten gegen den Kläger zu vollstrecken. Dieser könnte wiederum dagegen im Wege der Vollstreckungsgegenklage nach § 767 ZPO einwenden, er rechne mit dem ursprünglich eingeklagten Anspruch auf. In diesem Rechtsstreit müsste dann der gesamte eigentliche Erstprozess geführt werden, um die sachliche Berechtigung des Aufrechnungseinwandes zu prüfen[145], ein aus prozessökonomischer Sicht geradezu widersinniges Ergebnis. Daran würde sich selbst dann nichts ändern, wenn ein Gläubiger der Gesellschaft den aufschiebend bedingten Kostenerstattungsanspruch hat pfänden und sich zur Einziehung überweisen lassen, denn nach Ansicht der Rechtsprechung ist die Forderung damit noch nicht aus dem Gesellschaftsvermögen ausgeschieden[146]. Diese prozessuale Konsequenz wird von der Ansicht vermieden, die eine Gesellschaft im Passivprozess immer als parteifähig ansieht, da erst mit einer der Klage stattgebenden rechtskräftigen Entscheidung in der Hauptsache feststehe, dass die beklagte Gesellschaft vermögenslos ist. Diese Lösung entspricht einer gesellschaftsrechtlich geprägten Betrachtungsweise, wonach ein Verband unabhängig von der Löschung im Handelsregister so lange existiert, wie noch vermögensrechtlicher oder sonstiger nichtvermögensrechtlicher Abwicklungsbedarf besteht[147]. Hinsichtlich der Frage, ob der prozessuale Kostenerstattungsanspruch als Vermögenswert zu beachten ist, wird

[143] Dafür z.B. OLG Hamburg MDR 1976, 845; OLG Frankfurt MDR 1979, 319; *Theil*, JZ 1979, 568; wohl auch *Sammeck*, Vollbeendigung, S. 151. – A.A. OLG Koblenz NJW-RR 2001, 285; OLG Brandenburg NJW-RR 2002, 1217.

[144] Darauf weist *Sammeck*, Vollbeendigung, S. 151, 153 zu Recht hin.

[145] *Theil*, JZ 1979, 568; *Sammeck*, Vollbeendigung, S. 151. – A.A *Heller*, Die vermögenslose GmbH, S. 191.

[146] BGH WM 1977, 581. – A.A. *Sammeck*, Vollbeendigung, S. 152 f.

[147] S. dazu die Nachw. in Fußn. 117.

sich in rechtsdogmatischer Hinsicht jedenfalls keine Patentlösung finden lassen[148].

ee) Zwischenergebnis

Es dürfte deutlich geworden sein, dass von dem materiellrechtlichen Kriterium der Vermögenslosigkeit in prozessualer Hinsicht wenig übrig geblieben ist. Betrachtet man zudem die Konstellationen, in denen der Fortbestand der Gesellschaft fingiert wird, muss das vorgebliche Festhalten an diesem Merkmal im Ergebnis nur noch als eine leere Worthülse erscheinen. Letztlich wird die Existenz einer Gesellschaft als Prozesspartei, sei sie nun vermögenslos oder nicht, immer angenommen, sofern auch nur irgendein prozessuales Bedürfnis hierfür besteht[149]. Klare Abgrenzungskriterien sind nicht ersichtlich, so dass von einem Zustand der Rechtssicherheit nicht ausgegangen werden kann.

c) Die prozessualen Konsequenzen des Kriteriums des sonstigen Abwicklungsbedarfs

Rechtssicherheit hinsichtlich des Kriteriums des sonstigen nichtvermögensrechtlichen Abwicklungsbedarfs kann ebenfalls nicht festgestellt werden. Unabhängig von der Frage, ob dieser überhaupt zu berücksichtigen ist, was von der Lehre vom erweiterten Doppeltatbestand zutreffend bejaht wird, ist äußerst umstritten, welche Positionen im einzelnen dazu führen, dass eine Gesellschaft ihre Rechts- und Parteifähigkeit behält. Insbesondere die arbeitsgerichtliche Rechtsprechung nimmt nach Belieben das Fortbestehen der Rechts- und Parteifähigkeit an. So werden die Führung von Kündigungsschutzprozessen und die Erteilung von Zeugnissen als nichtvermögensrechtlicher Abwicklungsbedarf angesehen[150].

---

148 So auch *Sammeck*, Vollbeendigung, S. 152, der seine Entscheidung dann anhand wertender Überlegungen für das seiner Ansicht nach „kleinere Übel“ trifft.
149 So auch *H. Schmidt*, Vollbeendigung, S. 122.
150 Vgl. die Nachweise o. Fußn. 63.

Es muss wiederum festgestellt werden, dass immer wenn ein prozessuales Bedürfnis für die Existenz eines rechts- und parteifähigen Prozesssubjekts besteht, eine Gesellschaft auch als ein solches behandelt wird. Klare, dem Erfordernis der Rechtssicherheit genügende Kriterien sind jedenfalls nicht erkennbar.

d) Zwischenergebnis

Die Aufzählung der wichtigsten Kritikpunkte zeigt, dass die bisher vertretenen Ansätze zur Frage, welche Auswirkungen die (scheinbare) Vollbeendigung einer Gesellschaft auf ein gerichtliches Verfahren hat, mehr oder weniger große Schwachstellen aufweisen.

Zum einen besteht die Gefahr divergierender Entscheidungen zwischen Prozess- und Registergericht, mit der möglichen Folge, dass eine Gesellschaft als vermögenslos gelöscht wird, obwohl sich im Erkenntnisverfahren das Bestehen des geltend gemachten vermögensrechtlichen Anspruchs herausstellt. Das Tatbestandsmerkmal „Vermögenslosigkeit" sollte aus Gründen der Rechtseinheit übereinstimmend ausgelegt werden.

Des weiteren bleibt von diesem Merkmal als materiellrechtlicher Voraussetzung der Vollbeendigung in prozessualer Hinsicht wenig erhalten. Es wird als ausreichend angesehen, das Vorliegen von Vermögen substantiiert darzulegen bzw. in einigen Konstellationen wird darauf sogar vollständig verzichtet und die Parteifähigkeit einfach fingiert.

Außerdem ist unklar, welchen Umfang das noch vorhandene Vermögen aufweisen muss. Zudem besteht keinerlei Klarheit darüber, welche Vermögenswerte zu berücksichtigen sind. Der prozessuale Kostenerstattungsanspruch scheidet jedenfalls aus.

Ähnliche Defizite sind auch hinsichtlich des Kriteriums „sonstiger nichtvermögensrechtlicher Abwicklungsbedarf" festzustellen. Insbesondere die divergierende Rechtsprechung der obersten Bundesgerichte zur Frage, welche Positionen eine (Nachtrags-) Liquidation rechtfertigen, trägt in nicht unerheblichem Maße zur Rechtsunsicherheit bei.

Im Ergebnis wird der Fortbestand der Parteifähigkeit einer Gesellschaft unabhängig von den materiellrechtlichen Voraussetzungen immer dann als gegeben angesehen, wenn das Bedürfnis für die Existenz eines Rechtsträgers oder einer Partei besteht. Dies vermag möglicherweise in praktischer, keinesfalls jedoch in dogmatischer Hinsicht zu befriedigen.

3. Eigener Ansatz

Die bisherigen Ansichten zur (vermeintlichen) Vollbeendigung einer Gesellschaft vor oder während eines anhängigen Rechtsstreits zeichnen sich – wie gesehen – teilweise durch mühsame Hilfskonstruktionen und wenig klare, meist interessengeleitete Strukturen aus. Hier soll ein Konzept vorgestellt werden, das zum einen für die Gerichte relativ einfach zu handhaben wäre und zum anderen gleichzeitig den Schutz der Beteiligten unter dem Gesichtspunkt der Rechtsklarheit und Rechtssicherheit berücksichtigt.

Ausgangspunkt für die Frage der Parteifähigkeit ist nach § 50 ZPO die Rechtsfähigkeit. Eine Gesellschaft darf noch nicht vollbeendet sein. Dies wäre der Fall, wenn keinerlei vermögensrechtlicher oder sonstiger nichtvermögensrechtlicher Abwicklungsbedarf mehr gegeben wäre (Lehre vom erweiterten Doppeltatbestand)[151]. Meines Erachtens ist bereits hier anzusetzen. Ein gerichtliches Verfahren ist als nichtvermögensrechtlicher Abwicklungsbedarf für die Gesellschaft anzusehen. Die Konsequenz ist, dass eine Gesellschaft immer parteifähig ist, solange noch Prozesse zu führen sind und zwar unabhängig davon, ob die Gesellschaft als Klägerin oder als Beklagte auftritt.

Die Anerkennung des Prozessrechtsverhältnisses per se als sonstigen Abwicklungsbedarf wird zwar teilweise zumindest nicht ausgeschlossen[152], aber bisher überwiegend abgelehnt. Eine Begründung erfolgt meist überhaupt nicht, nur gelegentlich findet sich der Hinweis, dass ein Prozess schließlich kein

[151] Dazu bereits oben A II 2 c, d.

[152] Befürwortend *Leipold*, AP Nr. 6 zu § 50 ZPO; *Baumbach/Hueck/Schulze-Osterloh*, § 74 Rn. 18, 19.

Selbstzweck sei[153]. Diese Argumentation vermag jedoch nicht zu überzeugen, wie sich im folgenden zeigen wird.

a) Trennung zwischen Erkenntnisverfahren und Vollstreckungsverfahren; Einwand des fehlenden Rechtsschutzbedürfnisses

Die ablehnende Haltung resultiert bei eingehender Betrachtung aus der fehlenden Trennung zwischen Erkenntnis- und Vollstreckungsverfahren. Es wird nämlich behauptet, dass Abwicklungsbedarf hinsichtlich vermögensrechtlicher Leistungsklagen gegen eine vermögenslose Gesellschaft nicht bestehen könne, weil diese nicht in der Lage sei, die Leistung zu erbringen[154]. Für einen Titel gegen die Gesellschaft fehle in dieser Situation das Rechtsschutzbedürfnis, da keine Vollstreckung möglich sei[155].

Die ZPO kennt aber zwei Verfahren, die getrennt voneinander zu betrachten sind und jeweils unterschiedliche Zwecksetzungen aufweisen. Im Erkenntnisverfahren soll über das materielle Recht geurteilt werden, d.h. es wird entschieden, ob der geltend gemachte Anspruch besteht oder nicht. Für die Durchsetzung dieses Leistungsurteils, also die Frage, ob eine Vollstreckung tatsächlich möglich ist oder eben nicht, weil kein Vermögen vorhanden ist, stellt die Prozessordnung ein spezielles Regelungswerk, das Vollstreckungsverfahren, zur Verfügung. Dies bedeutet nun aber umgekehrt, dass die Erfolgsaussichten der Vollstreckung nicht im Erkenntnisverfahren zu prüfen sind. Die Zulässigkeit eines Leistungsurteils ist nicht von dessen Vollstreckbarkeit abhängig[156]. So kann beispielsweise jemand aufgrund eines Dienstvertrages dazu verurteilt werden, eine unvertretbare Handlung vorzunehmen, obwohl die Durchsetzung des Titels wegen § 888 Abs. 3 ZPO ausgeschlossen ist. Soweit dem entgegengehalten wird, dass bei einer von vorneherein aussichtslosen Vollstreckung dem Kläger jedenfalls das Rechtsschutzinteresse fehlt, mangelt es an der Stichhaltigkeit der Argumentation. Die Vollstreckbarkeit eines Urteils ist schließlich nicht sein einziger Zweck. Der Kläger kann aus

---

[153] *Dellinger*, Liquidation, S. 405; *Saenger*, GmbHR 1994, 304.
[154] *Dellinger*, Liquidation, S. 405.
[155] BGHZ 74, 212 (213); *Heller*, Die vermögenslose GmbH, S. 191 f.
[156] So auch *H. Schmidt*, Vollbeendigung, S. 110.

ganz anderen Gründen an einem Titel interessiert sein, z.B. wegen der Präjudizwirkung im Hinblick auf eine beabsichtigte Inanspruchnahme Dritter oder für den Fall, dass sich zu einem späteren Zeitpunkt noch Vermögen findet, das der Gesellschaft zusteht[157]. Bei Personengesellschaften würde zudem wegen § 129 Abs. 1 HGB den persönlich haftenden Gesellschaftern, die wegen Gesellschaftsschulden in Anspruch genommen werden, die Möglichkeit genommen, eventuell vorhandene Einwendungen der Gesellschaft geltend machen zu können. In den vorgenannten Konstellationen lässt sich das Rechtsschutzinteresse nur schwer verneinen. Mit der Frage der Parteifähigkeit der Gesellschaft hat dies jedenfalls nichts zu tun[158].

b) Schutz des Prozessgegners und Risikoverteilung

Die mangelnde Vollstreckbarkeit von Urteilen fällt vielmehr in die Risikosphäre des gegen die Gesellschaft vorgehenden Klägers. Es gibt keine Sicherheit dafür, dass der verurteilte Beklagte vermögend ist. Auch hier zeigt sich der Vorteil der Ansicht, das Prozessrechtsverhältnis als sonstigen Abwicklungsbedarf anzusehen. Niemandem würde die Chance genommen, ein Urteil zu erhalten und einen Vollstreckungsversuch zu unternehmen. Ob der Titel dem Kläger etwas nützt, stellt sich im Vollstreckungsverfahren heraus. Befürchtet er, nur Kosten zu erzeugen und auf diesen wegen der Vermögenslosigkeit der Gesellschaft sitzen zu bleiben[159], hat er aufgrund seiner Dispositionsfreiheit ja auch die Möglichkeit, entweder kein gerichtliches Verfahren anzustrengen, oder, sofern die Klage bereits rechtshängig ist, das Verfahren ganz oder zumindest beschränkt auf die Hauptsache für erledigt zu erklären[160]. Zu einem Prozess gegen eine Gesellschaft wie auch gegen andere natürliche Per-

[157] *Bork*, JZ 1991, 850 Fn. 118; *Sammeck*, Vollbeendigung, S. 132 ff. m.w.N. Zum späteren Auffinden von Gesellschaftsvermögen vgl. auch den Fall OLG Hamm NJW-RR 1990, 477 = DB 1990, 1226.
[158] Ebenso *Bork*, JZ 1991, 850 Fn. 118.
[159] Können die Prozesskosten von der beklagten und unterlegenen Gesellschaft wegen deren Vermögenslosigkeit nicht beigetrieben werden, haftet für diese der Kläger als subsidiärer Kostenschuldner (§§ 49 S. 1, 58 Abs. 2 GKG).
[160] Diese Möglichkeit wird allgemein anerkannt, vgl. nur BGH NJW 1982, 238 f. = JR 1982, 102 (103 f.); MünchKommZPO/*Lindacher*, § 50 Rn. 16b.

sonen kann schließlich niemand gezwungen werden. Die Entscheidung darüber steht dem Kläger aufgrund seiner Privatautonomie frei. Ein gerichtliches Verfahren wird vernünftigerweise nur derjenige anstrengen, der sich von dieser Maßnahme auch den erhofften Erfolg verspricht. Das Risiko, zwar einen Titel zu erhalten, diesen aber nicht vollstrecken zu können, hat er folglich auch selbst zu tragen. Umgekehrt kann sich eine Gesellschaft einem möglicherweise gegen sie ergehenden Urteil nicht durch die absichtliche Herbeiführung ihrer Vermögenslosigkeit entziehen.

Klagt eine Gesellschaft selbst, muss sie den Prozesskostenvorschuss nach §§ 49 S. 1, 61 Abs. 1 Nr. 1, 65 GKG aufbringen, was ihr im Normalfall nur gelingen dürfte, sofern sie noch Vermögen besitzt. Zwar haben juristische Personen und parteifähige Vereinigungen die Möglichkeit, Prozesskostenhilfe zu beantragen (§ 116 S. 1 Nr. 2 ZPO); dies hilft aber nur darüber hinweg, falls die beabsichtigte Rechtsverfolgung oder Rechtsverteidigung hinreichende Aussicht auf Erfolg bietet und nicht mutwillig erscheint (§ 116 S. 2 i.V.m. § 114 letzter Hs. ZPO). In diesem Fall wird nämlich bereits im Rahmen der Schlüssigkeitsprüfung festgestellt, ob der Rechtsstandpunkt des Antragstellers überhaupt vertretbar erscheint[161].

Ferner ist zu bedenken, dass es keinen Anspruch darauf gibt, nur von einem zahlungskräftigen Kläger verklagt zu werden. Dem Risiko, von einem Kläger in Anspruch genommen zu werden, der zwar die vorzuschießenden Prozessführungskosten aufbringen, jedoch die gegnerischen Kosten nicht erstatten kann, ist jeder Beklagte ausgesetzt, sieht man einmal von der Ausnahmeregelung des § 110 ZPO ab[162]. Das Einleiten oder Betreiben eines gesetzlich eingerichteten und geregelten Verfahrens ist schließlich nicht rechtswidrig, selbst wenn das Klägerbegehren sachlich nicht gerechtfertigt ist und dem Prozessgegner aus dem Verfahren darüber hinaus Nachteile erwachsen, es sei denn, es liegt ausnahmsweise ein Fall der vorsätzlichen sittenwidrigen Schädigung nach § 826 BGB vor[163].

Geht man von der Vernunft der Beteiligten aus, ergeben sich keinerlei Probleme. Die Gesellschaft selbst wird nur klagen, wenn sie den Anspruch für

[161] MünchKommZPO/*Wax*, § 114 Rn. 104.
[162] BGHZ 96, 151 (156); 100, 217 (221); BGH NJW 1999, 1717 (1718).
[163] BGHZ 154, 269 (271 ff.) = NJW 2003, 1934 (1935) m.w.N.

gegeben und dessen Verfolgung für lohnend hält. Ebenso wird sie nur verklagt werden, wenn der Kläger seinem Begehren eine gewisse Erfolgsaussicht unterstellt. Mit jedem Prozess ist ein gewisses Kostenrisiko verbunden, das eintritt, wenn der Kostenschuldner vermögenslos ist. Ob es sich dabei um eine Gesellschaft oder um eine natürliche Person handelt, spielt keine Rolle.

c) Prozessökonomische Aspekte

Zu beachten ist schließlich das öffentliche Interesse, dass die staatlichen Rechtsschutzressourcen nicht unnötig in Anspruch genommen werden. Bei anhängigen und bereits weitgehend zur Entscheidungsreife gelangten Verfahren würde die Beendigung des Verfahrens ohne eine Entscheidung in der Sache selbst nur unwesentlich zu einer Entlastung der Justiz beitragen.
Sieht man hingegen das Prozessrechtsverhältnis als sonstigen Abwicklungsbedarf an, würden bereits anhängige Verfahren und auch neu aufzunehmende Prozesse mit einer Sachentscheidung enden. Dabei sind selbstverständlich auch Fälle denkbar, in denen es im Nachhinein effizienter gewesen wäre, einen Prozess nicht bis zum Ende zu bringen. In der Gesamtschau dürfte aber keine übermäßige Belastung der Justiz herauskommen.

d) Verhältnis zum registerrechtlichen Löschungsverfahren

Ein bestehendes Prozessrechtsverhältnis ist als sonstiger Abwicklungsbedarf anzusehen und verhindert die Vollbeendigung einer Gesellschaft. Dies bedeutet, dass die Löschung der Gesellschaft im Handelsregister durch das Registergericht während eines anhängigen Rechtsstreits unzulässig ist[164]. Ergibt sich die Vermögenslosigkeit in einem späteren Vollstreckungsverfahren, kann das Registergericht die Gesellschaft im Register löschen.
Wird die Löschung dennoch vorgenommen, hat dies nur auf die Prozess-, nicht jedoch auf die Parteifähigkeit Auswirkungen.

---

164 So auch *Scholz/ K. Schmidt*, § 74 Rn. 17a.

e) Zwischenergebnis

Ein gerichtliches Verfahren stellt nichtvermögensrechtlichen Abwicklungsbedarf dar. Solange noch Prozesse zu führen sind, ist eine Gesellschaft somit noch nicht vollbeendet und behält ihre Rechts- und Parteifähigkeit.
Ob eine Gesellschaft tatsächlich noch Vermögen hat, ist keine im Erkenntnisverfahren zu untersuchende Frage, sondern die Erfolgsaussichten der Durchsetzung eines Urteils werden im Vollstreckungsverfahren geprüft. Die Zulässigkeit eines Leistungsurteils ist nicht von der Möglichkeit einer aussichtsreichen Vollstreckung abhängig. Die Vollstreckbarkeit eines Urteils ist zudem nicht sein einziger Zweck.
Der Schutz des Prozessgegners steht diesem Ergebnis nicht entgegen. Mit jedem Prozess ist ein gewisses Kostenrisiko verbunden, das eintritt, wenn der Kostenschuldner vermögenslos ist, unabhängig davon, ob es sich um eine Gesellschaft oder um eine natürliche Person handelt.

II. Prozessfähigkeit

Die Gesellschaft selbst ist prozessunfähig und muss im gerichtlichen Verfahren vertreten werden. Dazu sind ihre gesetzlichen Vertreter berufen, weshalb im folgenden von fehlender Prozessfähigkeit gesprochen wird, wenn es an einem zur Vertretung befugten gesetzlichen Vertreter fehlt. In dieser Hinsicht ist zwischen Kapital- und Personengesellschaften zu unterscheiden.

1. Kapitalgesellschaften

Eine werbende Aktiengesellschaft wird durch ihren Vorstand (§ 78 Abs. 1 AktG), eine GmbH durch ihre Geschäftsführer (§ 35 Abs. 1 GmbHG) gerichtlich und außergerichtlich vertreten. Befindet sich die Gesellschaft bereits im Stadium der Auflösung, ergibt sich deren Prozessfähigkeit aufgrund der Bestellung von Liquidatoren nach §§ 265, 269 Abs. 1 AktG bzw. §§ 66, 70 S. 1 GmbHG.

Die Löschung der Gesellschaft im Handelsregister führt nach heute herrschender Auffassung dazu, dass die bisherigen gesetzlichen Vertreter ihre Vertretungsmacht verlieren. Soll die Klage erst noch erhoben werden, stellt sich dann die Frage der Prozessfähigkeit der Gesellschaft. Ein bereits anhängiges Verfahren wird nach §§ 241, 239 ZPO unterbrochen[165].

Ein zu führender Rechtsstreit stellt jedoch nichtvermögensrechtlichen Abwicklungsbedarf dar. Die Gesellschaft ist somit noch nicht vollbeendet und bleibt folglich rechts- und parteifähig, selbst wenn sie unzulässigerweise im Handelsregister gelöscht wurde. Voraussetzung für die Aufnahme bzw. Fortführung des Verfahrens ist dann die Schaffung ordnungsgemäßer organschaftlicher Vertretung. Dies geschieht nach heute nahezu einhelliger Auffassung durch die registerrechtliche Bestellung von Nachtragsliquidatoren nach § 273 Abs. 4 AktG (direkt oder analog), bzw. im Fall der Amtslöschung der Gesellschaft (§ 141a FGG) nach §§ 264 Abs. 2 AktG, 66 Abs. 5 GmbHG[166].

Eine Unterbrechung des Rechtsstreits soll jedoch dann nicht stattfinden, wenn die Gesellschaft durch einen Prozessbevollmächtigten vertreten wird (§ 246 Abs. 1 ZPO), denn die Prozessvollmacht werde durch den Verlust der Prozessfähigkeit nicht aufgehoben (§ 86 ZPO). Der Bevollmächtigte könne aber nach § 246 Abs. 1 Hs. 2 ZPO von sich aus die Aussetzung des Verfahrens beantragen[167].

Diese Ausnahme vermag im Ergebnis nicht zu überzeugen. Da eine juristische Person selbst nicht handlungsfähig ist, erfolgt die Willensbildung durch ihre Organe. Mit der Löschung im Register verlieren die bisherigen Organe aber

[165] MünchKommZPO/*Lindacher*, §§ 51, 52 Rn. 38; *Stein/Jonas/Bork*, § 56 Rn. 14; *Zöller/Vollkommer*, § 51 Rn. 4b.

[166] *Baumbach/Hueck/Schulze-Osterloh*, § 60 Rn. 65; *Michalski/Nerlich*, § 66 Rn. 101; MünchKommZPO/*Lindacher*, §§ 51, 52 Rn. 38a; *Rowedder/Rasner*, § 74 Rn. 15, 24 f. *Stein/Jonas/Bork*, § 51 Rn. 38. Zu den früher vertretenen Ansichten ausführlich *Bokelmann*, NJW 1977, 1130 m.w.N. Vgl. auch *Schemmann*, Parteifähigkeit, S. 77 ff., der zwar die Parteifähigkeit von im Register gelöschten juristischen Personen von der Wiedereintragung im Register abhängig macht, aber entgegen diesem Grundsatz dennoch die Parteifähigkeit der Gesellschaft bejaht, falls ein Liquidator bestellt wird.

[167] BayObLG ZIP 2004, 2204 (2205); OLG Karlsruhe GmbHR 2004, 1288; MünchKommZPO/*Lindacher*, §§ 51, 52 Rn. 38; *Stein/Jonas/Bork*, § 56 Rn. 14; *Saenger*, GmbHR 1994, 305.

ihre Vertretungsmacht. Die Gesellschaft kann folglich keinen Willen bilden, insbesondere dem Prozessbevollmächtigten keine Weisungen mehr erteilen. Dieser würde somit faktisch die Organstellung übernehmen und könnte das Verfahren nach seinen eigenen Vorstellungen weiterführen. Um dies zu verhindern, muss im Falle der Löschung im Register ein anhängiger Prozess stets unterbrochen werden, bis die Gesellschaft wieder ordnungsgemäß (z.B. durch Nachtragsliquidatoren) organschaftlich vertreten wird und zwar unabhängig davon, ob ein Prozessbevollmächtigter bestellt war oder nicht.

2. Personengesellschaften

Personengesellschaften werden im Prozess gem. § 51 Abs. 1 ZPO durch die vertretungsberechtigten Gesellschafter vertreten. Dies sind bei der BGB-Gesellschaft im Zweifel alle Gesellschafter zusammen (Gesamtvertretung, §§ 709, 714 BGB), bei der OHG jeder einzelne Gesellschafter (Einzelvertretung, §§ 125, 126 Abs. 1 HGB). Befindet sich die Gesellschaft im Stadium der Auflösung, so sind die Liquidatoren zur Vertretung befugt (§ 730 Abs. 2 S. 2 Hs. 2 BGB i.V.m. § 714 BGB, § 149 S. 2 HGB), also bei Personengesellschaften im Zweifel alle Gesellschafter gemeinsam (§§ 730 Abs. 2 S. 2 Hs. 2 BGB, 146 Abs. 1 HGB)[168].

Stellt sich heraus, dass die Gesellschaft trotz scheinbar abgeschlossener Liquidation noch über Vermögen verfügt oder sonstiger Abwicklungsbedarf (z.B. ein anhängiger Rechtsstreit) besteht, ist sie noch nicht vollbeendet. In diesem Fall behalten die bisherigen Liquidatoren nach zutreffender Ansicht ihr Amt regelmäßig weiter. Eine Neubestellung durch das Gericht analog § 273 Abs. 4 AktG ist daher nicht erforderlich[169]. Eine Ausnahme ist lediglich für den Fall

---

[168] Ausführlich *Hillers*, Liquidation, S. 22 ff.

[169] BGH NJW 1979, 1987; MünchKommBGB/*Ulmer*, § 730 Rn. 39; *Ebenroth/Boujong/Joost*, § 155 Rn. 22; *Staub/Habersack*, § 155 Rn. 35; *Heymann/Sonnenschein/Weitemeyer*, § 157 Rn. 5; *Dellinger*, Liquidation, S. 413 f., freilich mit unterschiedlichen Auffassungen zur Frage, wann Vollbeendigung eintritt, s. dazu bereits oben A III.
Eine Bestellung eines Nachtragsliquidators durch das Gericht analog § 273 Abs. 4 AktG soll nur dann erforderlich sein, wenn es sich um eine Publikumsgesellschaft handelt. In diesem Fall würden die handelsrechtlichen Abwicklungsregelungen wegen der körper-

der Amtslöschung einer OHG wegen Vermögenslosigkeit anzunehmen, wo das Gericht Liquidatoren ernennen muss (§§ 145 Abs. 3, 146 Abs. 2 S. 3 HGB).

Für den Fall, dass die Gesellschaft zwar kein Vermögen mehr besitzt, aber noch sonstiger Abwicklungsbedarf besteht, soll nach einer teilweise im Schrifttum vertretenen Ansicht keine Liquidation durch einen Nachtragsliquidator durchgeführt werden. Vielmehr sei der Verwahrer der Bücher und Papiere (§ 157 Abs. 2 HGB) insoweit als zur Vertretung der Gesellschaft befugt anzusehen[170]. Die Bestellung eines Vertretungsorgans durch das Gericht würde sich dadurch zwar erübrigen, aber nach dem Wortlaut des Gesetzes ist zur Abwicklung einer Gesellschaft der Verwahrer der Bücher und Papiere eindeutig nicht berufen. Sofern kein Liquidator vorhanden ist, muss daher auch für diese Konstellation ein solcher bestellt werden.

schaftlichen Struktur nicht passen, so BGH NJW 2003, 2676 = ZIP 2003, 1338. Zustimmend *Riehm*, NZG 2003, 1054, der darin ein Modell für alle Handelsgesellschaften erblickt.

[170] *Staub/Habersack*, § 155 Rn. 35; *Ebenroth/Boujong/Joost*, § 155 Rn. 22; *Schlegelberger/K. Schmidt*, § 155 Rn. 57.

C. Zusammenfassung

Ein anhängiges zivilgerichtliches Verfahren hindert die Vollbeendigung einer Gesellschaft, denn es stellt nichtvermögensrechtlichen Abwicklungsbedarf dar. Die Gesellschaft behält somit ihre Rechts- und Parteifähigkeit.
Die Klärung der Frage, ob eine Gesellschaft tatsächlich noch Vermögen hat, ist nicht im Erkenntnis-, sondern im Vollstreckungsverfahren zu untersuchen. Die Zulässigkeit eines Leistungsurteils darf nicht von der Möglichkeit einer erfolgreichen Vollstreckung abhängen. Das Kostenrisiko des Prozessgegners wird dadurch nicht unverhältnismäßig erhöht und jedes eingeleitete Verfahren kann, sofern die übrigen Sachurteilsvoraussetzungen gegeben sind, mit einer Sachentscheidung durch das Prozessgericht enden.
Die Vertretung der selbst prozessunfähigen Gesellschaft im gerichtlichen Verfahren erfolgt durch ihre dazu berufenen gesetzlichen Vertreter.
Bei Personengesellschaften sind dies die vertretungsberechtigten Gesellschafter oder, falls sich die Gesellschaft bereits im Stadium der Auflösung befindet, die Liquidatoren. Da ein anhängiger Rechtsstreit nichtvermögensrechtlichen Abwicklungsbedarf darstellt, ist die Gesellschaft noch nicht vollbeendet, die bisherigen gesetzlichen Vertreter behalten ihre Rechtsposition und sind zur Vertretung der Gesellschaft befugt.
Bei Kapitalgesellschaften verlieren die bisherigen gesetzlichen Vertreter mit der Löschung im Handelsregister ihre Vertretungsmacht. Bereits anhängige Verfahren werden dann gem. §§ 241, 239 ZPO unterbrochen, bis die ordnungsgemäße organschaftliche Vertretung wieder hergestellt ist, also Nachtragsliquidatoren nach § 273 Abs. 4 AktG (direkt oder analog) bzw. im Fall der Amtslöschung der Gesellschaft (§ 141a FGG) nach §§ 264 Abs. 2 AktG, 66 Abs. 5 GmbHG ernannt sind. Dies gilt auch, falls die Gesellschaft durch einen Prozessbevollmächtigten vertreten wird (§ 246 Abs. 1 ZPO).

§ 5 Zusammenfassung der Ergebnisse

Die Arbeit untersucht die Auswirkungen der Eröffnung eines Insolvenzverfahrens über das Gesellschaftsvermögen, der Umwandlung sowie der Vollbeendigung von Gesellschaften auf einen zum Zeitpunkt des jeweiligen Ereignisses anhängigen Zivilprozess. Die wesentlichen Ergebnisse lassen sich thesenartig wie folgt zusammenfassen:

A. Die Eröffnung des Insolvenzverfahrens über das Vermögen einer Gesellschaft

Die Eröffnung des Insolvenzverfahrens über das Vermögen einer Gesellschaft bewirkt eine Unterbrechung aller zu diesem Zeitpunkt anhängigen zivilgerichtlichen Verfahren (mit Ausnahme des Vollstreckungsverfahrens), in denen die Gesellschaft formal Partei ist (§ 240 S. 1 ZPO)[1]. Die gleiche Rechtsfolge tritt gem. § 240 S. 2 ZPO ein, falls bereits im Eröffnungsverfahren ein vorläufiger Insolvenzverwalter bestellt wird, auf den die Verwaltungs- und Verfügungsbefugnis über das Gesellschaftsvermögen übergeht[2]. Anfechtungsprozesse sowie Verfahren, in denen die Einziehungsbefugnis für den rechtshängigen Anspruch und damit auch die Prozessführungsbefugnis mit Eröffnung des Insolvenzverfahrens über das Vermögen der Gesellschaft auf den Insolvenzverwalter übergeht, werden gem. § 17 Abs. 1 S. 1 AnfG (analog) unterbrochen[3].

Die Unterbrechung des Verfahrens ist einerseits notwendig um sicherzustellen, dass der Insolvenzverwalter, der aufgrund des Wechsels der Prozessführungsbefugnis neu in den Prozess eintritt, sein Grundrecht auf rechtliches Gehör wahrnehmen kann. Zum anderen bewirkt die Eröffnung des Insolvenzverfahrens, dass eine Einzelzwangsvollstreckung nicht mehr möglich ist (§ 89

[1] § 2 B II 2.
[2] § 2 B III 1 c.
[3] § 2 B III 1 d bb (1).

InsO). Vielmehr greifen die insolvenzrechtlichen Sonderregelungen zur Titulierung von Forderungen ein. In Passivprozessen besteht somit ein Prozesshindernis, dem die Unterbrechung des Verfahrens ebenfalls Rechnung trägt[4].
Im Gegensatz zu einem Insolvenzverfahren über das Vermögen von natürlichen Personen, das vorrangig der Verwertung des Schuldnervermögens zum Zweck der Gläubigerbefriedigung dient, liegt einem Insolvenzverfahren über das Vermögen von Gesellschaften noch ein weiterer Zweck zugrunde. Es ist sowohl als Gesamtvollstreckungsverfahren als auch als besonders ausgestaltetes gesellschaftsrechtliches Liquidationsverfahren anzusehen, das die Vollabwicklung des Rechtsträgers zum Gegenstand hat[5]. Diesem Anliegen des Gesetzgebers ist bei Anwendung der Vorschriften der Insolvenzordnung Rechnung zu tragen. In der Insolvenz von Gesellschaften ist folglich kein verfahrensfreies Gesellschaftsvermögen anzuerkennen[6] und die Möglichkeit der Freigabe von Vermögensgegenständen aus der Insolvenzmasse durch den Insolvenzverwalter als unzulässig zu qualifizieren[7].
Die Unterbrechung des Verfahrens endet, wenn der Rechtsstreit entweder nach den für das Insolvenzverfahren geltenden Vorschriften aufgenommen oder das Insolvenzverfahren beendet wird. Hinsichtlich der Aufnahme von Verfahren ist nach Aktivprozessen, Passivprozessen zur Teilungsmasse und Passivprozessen zur Schuldenmasse zu differenzieren, für die jeweils unterschiedlichen Regelungen (§§ 85, 86, 180 Abs. 2 InsO) gelten[8]. Als Beendigungsgründe kommen die Aufhebung oder Einstellung des Insolvenzverfahrens in Betracht. Grundsätzlich fällt mit Rechtskraft des Aufhebungs- bzw. Einstellungsbeschlusses auch die Verwaltungs- und Verfügungsbefugnis wieder an die insolvente Gesellschaft zurück. Zum Schutz des Prozessgegners findet bei durch den Insolvenzverwalter aufgenommenen Verfahren jedoch § 265 Abs. 2 ZPO entsprechende Anwendung[9].

---

[4] § 2 B I.
[5] § 2 B III 2 b aa.
[6] § 2 B III 2 b bb.
[7] § 2 B III 2 b cc (2).
[8] § 2 C I.
[9] § 2 C II.

B. Die Umwandlung von Gesellschaften

Sowohl eine Verschmelzung als auch eine Spaltung von Gesellschaften während eines anhängigem Zivilprozesses bewirken einen gesetzlicher Parteiwechsel vom übertragenden auf den übernehmenden und damit neuen materiell berechtigten Rechtsträger[10]. Geht im Rahmen einer Spaltung die materielle Berechtigung gleichzeitig auf mehrere der beteiligten Rechtsträger über, bilden diese eine einfache Streitgenossenschaft im Sinne der §§ 59 ff. ZPO[11]. Damit entsprechen sich stets die materielle Berechtigung und die Prozessführungsbefugnis. Der Prozessgegner wird dadurch geschützt, dass der neu in den Rechtsstreit eintretende Rechtsträger an die bisherigen Prozessergebnisse gebunden bleibt[12].

Maßgeblicher Zeitpunkt für den Parteiwechsel ist das Wirksamwerden des Umwandlungsvorganges mit der Eintragung im Register[13]. Anhängige Verfahren werden ohne Unterbrechung fortgesetzt. Neben der Anzeige der neuen Vertretungsverhältnisse bedarf es lediglich einer Änderung des Rubrums sowie einer Berichtigung der Firma.

C. Die Vollbeendigung von Gesellschaften

Ein anhängiges zivilgerichtliches Verfahren hindert die Vollbeendigung einer Gesellschaft, denn es stellt nichtvermögensrechtlichen Abwicklungsbedarf dar. Die Gesellschaft behält folglich für die Dauer des Rechtsstreits ihre Rechts- und Parteifähigkeit[14].

Die Klärung der Frage, ob eine Gesellschaft tatsächlich noch Vermögen hat, ist nicht Gegenstand des Erkenntnis-, sondern des Vollstreckungsverfahrens. Die Zulässigkeit eines Leistungsurteils darf nicht von der Möglichkeit einer

[10] § 3 B II 3 (Verschmelzung); § 3 C II 2 b (Aufspaltung); § 3 C II 3 b (Abspaltung/Ausgliederung).
[11] § 3 C II 2 b, 3 b.
[12] § 3 C II 3 b.
[13] § 3 B II 3, C II 2 b, C II 3 b.
[14] § 4 B I 3.

erfolgreichen Vollstreckung abhängen. Das Kostenrisiko des Prozessgegners wird durch die Fortführung des Verfahrens nicht unverhältnismäßig erhöht und jedes eingeleitete Verfahren kann, sofern die übrigen Sachurteilsvoraussetzungen gegeben sind, mit einer Sachentscheidung durch das Prozessgericht enden[15].

Da eine Gesellschaft selbst prozessunfähig ist, muss sie im gerichtlichen Verfahren durch ihre dazu berufenen gesetzlichen Vertreter vertreten werden.

Bei Personengesellschaften sind dies die vertretungsberechtigten Gesellschafter oder, falls sich die Gesellschaft bereits im Stadium der Auflösung befindet, die Liquidatoren. Da ein anhängiger Rechtsstreit nichtvermögensrechtlichen Abwicklungsbedarf darstellt, ist die Gesellschaft noch nicht vollbeendet, die bisherigen gesetzlichen Vertreter behalten ihre Rechtsposition und sind zur Vertretung der Gesellschaft befugt[16].

Bei Kapitalgesellschaften verlieren die bisherigen gesetzlichen Vertreter mit der Löschung im Handelsregister ihre Vertretungsmacht. Bereits anhängige Verfahren müssen dann gem. §§ 241, 239 ZPO unterbrochen werden, bis die ordnungsgemäße organschaftliche Vertretung wieder hergestellt ist. Dies ist dann der Fall, wenn Nachtragsliquidatoren nach § 273 Abs. 4 AktG (direkt oder analog) bzw. im Fall der Amtlöschung der Gesellschaft (§ 141a FGG) nach §§ 264 Abs. 2 AktG, 66 Abs. 5 GmbHG ernannt werden. Dies gilt selbst dann, wenn die Gesellschaft durch einen Prozessbevollmächtigten vertreten wird (§ 246 Abs. 1 ZPO)[17].

---

15 § 4 B I 3.
16 § 4 B II 2.
17 § 4 B II 1.

Literaturverzeichnis

Ahmann, Karin-Renate: Der Finanzgerichtsprozeß einer im Handelsregister gelöschten GmbH, in: GmbHR 1987, 439-444.

Bamberger, Heinz Georg / Roth, Herbert (Hrsg.): Kommentar zum Bürgerlichen Gesetzbuch, München 2002/2003 (zitiert: Bamberger/Roth/Bearbeiter, § Rn.).

Bassenge, Peter / Herbst, Gerhard / Roth, Herbert: Gesetz über die Angelegenheiten der freiwilligen Gerichtsbarkeit – Rechtspflegergesetz, 9. Auflage, Heidelberg 2002 (zitiert: Bassenge/Herbst/Roth, § Rn.).

Baumbach, Adolf (Begr.) / Lauterbach, Wolfgang / Albers, Jan / Hartmann, Peter: Zivilprozessordnung mit Gerichtsverfassungsgesetz und anderen Nebengesetzen, 63. Auflage, München 2005 (zitiert: Baumbach/Bearbeiter, ZPO, § Rn.).

Baumbach, Adolf (Begr.) / Hopt, Klaus J.: Handelsgesetzbuch (Kommentar), 31. Auflage, München 2003 (zitiert: Baumbach/Hopt, § Rn.).

Baumbach, Adolf (Begr.) / Hueck, Alfred: GmbH-Gesetz, 17. Auflage, München 2000 (zitiert: Baumbach/Hueck/Bearbeiter, § Rn.).

Bergmann, Hans: Hat die Löschung einer Kapitalgesellschaft konstitutive oder deklaratorische Bedeutung?, in: DNotZ 1935, 782-786.

Binz, Fritz / Hess, Harald: Der Insolvenzverwalter, Heidelberg 2004 (zitiert: Binz/Hess, Rn.).

Boecken, Winfried: Der Übergang von Arbeitsverhältnissen bei Spaltung nach dem neuen Umwandlungsrecht, in: ZIP 1994, 1087-1095.

Bokelmann, Gunther: Der Prozeß gegen eine im Handelsregister gelöschte GmbH, in: NJW 1977, 1130-1133.

Boor, Hans Otto de: Zur Lehre vom Parteiwechsel und vom Parteibegriff, in: Sonderausgabe aus der Festschrift der Leipziger Juristenfakultät für Heinrich Siber, Leipzig 1941 (zitiert: de Boor, Parteiwechsel, S.).

Bork, Reinhard: Aktuelle Fragen zu § 93 InsO, in: RWS-Forum Insolvenzrecht 2003, 97-112.

Bork, Reinhard: Die als vermögenslos gelöschte GmbH im Prozeß, in: JZ 1991, 841-850.

Bork, Reinhard: Einführung in das Insolvenzrecht, 3. Auflage, Tübingen 2002 (zitiert: Bork, InsR, Rn.).

Bork, Reinhard / Jacoby, Florian: Das Schicksal des Zivilprozesses bei Abspaltungen, in: ZHR 167 (2003), 440-458.

Brandani, Andrea: Die BGB-Gesellschaft in der Liquidation, Frankfurt a.M. u.a. 2002 (zitiert: Brandani, Liquidation, S.).

Braun, Eberhard (Hrsg.): Insolvenzordnung (Kommentar), 2. Auflage, München 2004 (zitiert: Braun/Bearbeiter, § Rn.).

Brehm, Wolfgang: Allgemeiner Teil des BGB, 5. Auflage, Stuttgart u.a. 2002 (zitiert: Brehm, AT, Rn.).

Brehm, Wolfgang: Anmerkung zu BGH, Urteil v. 08.05.2003 – IX ZR 385/00, in: WuB VII A. § 265 ZPO 1.03.

Brehm, Wolfgang: Anmerkung zu BGH, Urteil v. 19.03.1987 – III ZR 2/86, in: JR 1988, 16-17.

Brehm, Wolfgang: Freiwillige Gerichtsbarkeit, 3. Auflage, Stuttgart u.a. 2002 (zitiert: Brehm, FGG, Rn.).

Brehm, Wolfgang / Meyer, Peter: Anmerkung zu BAG, Urteil v. 17.01.2002 – 2 AZR 57/01, in: EzA § 4 KSchG n.F. Nr. 62.

Buchner, Gerhard: Amtslöschung, Nachtragsliquidation und masselose Insolvenz von Kapitalgesellschaften, Köln / Berlin / Bonn / München 1988 (zitiert: Buchner, Amtslöschung, S.).

Bumiller, Ursula / Winkler, Karl: Freiwillige Gerichtsbarkeit, 7. Auflage, München 1999 (zitiert: Bumiller/Winkler, § Rn.).

Butzer, Hermann: Die Liquidation von Personenhandelsgesellschaften – ein Überblick, in: Jura 1994, 628-635.

Crisolli, Karl-August: Die Auflösung und Löschung von Gesellschaften nach dem Gesetz vom 9. Oktober 1934, in: JW 1934, 2657-2661.

Crisolli, Karl-August: Scheintod einer Aktiengesellschaft?, in: JW 1934, 963-964.

Crisolli, Karl-August / Groschuff, Hans / Kaemmel, Ernst: Umwandlung und Löschung von Kapitalgesellschaften, 3. Auflage, Leipzig 1937 (zitiert: Crisolli/Groschuff/Kaemmel, § Rn.).

Däubler, Wolfgang: Die Löschung der GmbH wegen Vermögenslosigkeit, in: GmbHR 1964, 246-247.

Dellinger, Markus: Personenhandelsgesellschaft, Gläubigerschutz und Vollbeendigung während eines Passivprozesses, in: JBl. 1991, 629-641.

Dellinger, Markus: Rechtsfähige Personengesellschaften in der Liquidation, Wien 2001 (zitiert: Dellinger, Liquidation, S.).

Ebenroth, Carsten Thomas / Boujong, Karlheinz / Joost, Detlev: Handelsgesetzbuch (Kommentar), München 2001 (zitiert: Ebenroth/Boujong/Joost, § Rn.).

Ehricke, Ulrich / Ries, Julian: Die neue Europäische Insolvenzverordnung, in: JuS 2003, 313-320.

Eickmann, Dieter (Hrsg.): Heidelberger Kommentar zur Insolvenzordnung, 3. Auflage, Heidelberg 2003 (zitiert: HK-InsO/Bearbeiter, § Rn.).

Ensthaler, Jürgen: Die Liquidation von Personengesellschaften, Berlin 1985 (zitiert: Ensthaler, Liquidation, S.).

Ensthaler, Jürgen: Gemeinschaftskommentar zum Handelsgesetzbuch, 6. Auflage, Neuwied / Kriftel 1999 (zitiert: GK-Bearbeiter, § Rn.).

Erman, Walter (Begr.): Bürgerliches Gesetzbuch (Handkommentar), 11. Auflage, Köln 2004 (zitiert: Erman/Bearbeiter, § Rn.).

Fischer, Frank O.: Prozesskostenhilfeverfahren – Wirkung von Unterbrechung und Aussetzung des Zivilprozesses, in: MDR 2004, 252-256.

Fischer, Robert: Die Personalhandelsgesellschaft im Prozess, in: Festschrift für Justus Wilhelm Hedemann zu seinem 80. Geburtstag am 24. April 1958, Berlin 1958, S. 75-94 (zitiert: R. Fischer, FS Hedemann, S.).

Fuchs, Karlhans: Die persönliche Haftung des Gesellschafters gemäß § 93 InsO, in: ZIP 2000, 1089-1098.

Gaedeke, o.V.: Kostenrisiko des in den Prozeß eintretenden Konkursverwalters, in: JW 1939, 733-737.

Grasmann, Günther: Inlandswirkungen des Auslandskonkurses über das Vermögen eines im Konkurseröffnungsstaat ansässigen Gemeinschuldners, in: KTS 1990, 157-182.

Groschuff, Hans: Firmenlöschung, in: JW 1934, 940-950.

Grunewald, Barbara: Gesellschaftsrecht, 5. Auflage, Tübingen 2002 (zitiert: Grunewald, GesR, Rn.).

Grunsky, Wolfgang: Die Veräußerung der streitbefangenen Sache, Tübingen 1968 (zitiert: Grunsky, Veräußerung, S.).

Grunsky, Wolfgang: Grundlagen des Verfahrensrechts, 2. Auflage, Bielefeld 1974 (zitiert: Grunsky, VerfR, §).

Grziwotz, Herbert: Die Liquidation von Personengesellschaften, in: DStR 1992, 1365-1369.

Gundlach, Ulf / Frenzel, Volkhard / Schmidt, Nikolaus: Die Verfahrensunterbrechung durch Insolvenzeröffnung, in: NJW 2004, 3222-3225.

Gutsche, Lason: Die Organkompetenzen im Insolvenzverfahren, Köln 2003 (zitiert: Gutsche, Organkompetenzen, S.).

Haarmeyer, Hans / Wutzke, Wolfgang / Förster, Karsten: Handbuch zur Insolvenzordnung (InsO/EGInsO), 3. Auflage, München 2001 (zitiert: Haarmeyer/Wutzke/Förster, Rn.).

Habscheid, Edgar J.: § 240 ZPO bei ausländischen Insolvenzen und die Universalität des Konkurses, in: KTS 1998, 183-190.

Hachenburg, Max (Begr.) / Ulmer, Peter (Hrsg.): Gesetz betreffend die Gesellschaften mit beschränkter Haftung (GmbHG), Großkommentar, Band 3 (§§ 53-85), 8. Auflage, Berlin / New York 1997 (zitiert: Hachenburg/Bearbeiter, § Rn.).

Hadding, Walther: Zur Rechtsfähigkeit und Parteifähigkeit der (Außen-) Gesellschaft bürgerlichen Rechts sowie zur Haftung ihrer Gesellschafter für Gesellschaftsverbindlichkeiten, in: ZGR 2001, 712-743.

Hahn, Carl (Hrsg.): Die gesamten Materialien zu den Reichs-Justizgesetzen, Band 2, 2. Auflage, Aalen 1983 (Neudruck der Ausgabe Berlin 1881) (zitiert: Hahn, Materialien II, S.).

Happ, Wilhelm (Hrsg.): Die GmbH im Prozeß, Köln 1997 (zitiert: Happ, § Rn.).

Häsemeyer, Ludwig: Die Altlasten – Ein Prüfstein für wechselseitige Abstimmungen zwischen dem Insolvenzrecht und dem Verwaltungsrecht, in: Festschrift für Wilhelm Uhlenbruck zum 70. Geburtstag, Köln 2000, S. 97-115 (zitiert: Häsemeyer, FS Uhlenbruck, S.).

Häsemeyer, Ludwig: Insolvenzrecht, 3. Auflage, Köln / Berlin / Bonn / München 2003 (zitiert: Häsemeyer, InsR, Rn.).

Hauck, Friedrich: Neueste Entwicklung der Rechtsprechung zu § 613a BGB, in: Sonderbeilage zu NZA Heft 18/2004, 17-27.

Heiderhoff, Bettina: Aufteilung des Kostenerstattungsanspruchs nach Prozessübernahme durch den Insolvenzverwalter?, in: ZIP 2002, 1564-1568.

Heller, Christoph: Die vermögenslose GmbH, Köln / Berlin / Bonn / München 1989 (zitiert: Heller, Die vermögenslose GmbH, S.).

Henckel, Wolfram: Besprechung von Karsten Schmidt, Wege zum Insolvenzrecht der Unternehmen, Köln 1990, in: ZIP 1991, 133-135.

Henckel, Wolfram: Einwirkung des Insolvenzverfahrens auf schwebende Prozesse, in: Festschrift für Ekkehard Schumann zum 70. Geburtstag, Tübingen 2001, S. 211-226 (zitiert: Henckel, FS Schumann, S.).

Henckel, Wolfram: Freigabe und Neuerwerb, in: Festschrift für Gerhart Kreft, Recklinghausen 2004, S. 291-305 (zitiert: Henckel, FS Kreft, S.).

Henckel, Wolfram: Insolvenzrechtsreform zwischen Vollstreckungsrecht und Unternehmensrecht, in: Festschrift für Franz Merz zum 65. Geburtstag, Köln 1992, S. 197-215 (zitiert: Henckel, FS Merz, S.).

Henckel, Wolfram: Parteilehre und Streitgegenstand im Zivilprozeß, Heidelberg 1961 (zitiert: Henckel, Parteilehre, S.).

Henckel, Wolfram: Prozeßrecht und materielles Recht, Göttingen 1970 (zitiert: Henckel, PR und MR, S.).

Hennrichs, Joachim: Formwechsel und Gesamtrechtsnachfolge bei Umwandlungen, Berlin 1995 (zitiert: Hennrichs, Umwandlungen, S.).

Hennrichs, Joachim: Zum Formwechsel und zur Spaltung nach dem neuen Umwandlungsgesetz, in: ZIP 1995, 794-801.

Herbig, o.V.: Rechtsfragen bei der Löschung von Kapitalgesellschaften, in: DNotZ 1935, 787-794.

Hess, Burkhard: Grundfragen und Entwicklungen der Parteifähigkeit, in: ZZP 117 (2004), 267-304.

Heymann, Ernst (Begr.) / Horn, Norbert (Hrsg.): Handelsgesetzbuch (ohne Seerecht), Band 2, Zweites Buch (§§ 105-237), 2. Auflage, Berlin / New York 1996 (zitiert: Heymann/Bearbeiter, § Rn.).

Hillers, Klaus: Personengesellschaft und Liquidation, Köln / Berlin / Bonn / München 1988 (zitiert: Hillers, Liquidation, S.).

Hofmann, Paul: Zur Liquidation einer GmbH, in: GmbHR 1976, 229-235 und 258-269.

Hönn, Günther: Die konstitutive Wirkung der Löschung von Kapitalgesellschaften, in: ZHR 138 (1974), 50-79.

Höpfner, Alexander: Möglichkeiten des Insolvenzverwalters zur Rückgängigmachung oder wirtschaftlichen Kompensation der Freigabe, in: ZIP 2000, 1517-1522.

Huber, Michael: Anfechtungsgesetz (Kommentar), 9. Auflage, München 2000 (zitiert: Huber, AnfG, § Rn.).

Huber, Peter: Internationales Insolvenzrecht in Europa, in: ZZP 114 (2001), 133-166.

Huber, Ulrich: Die Parteifähigkeit der Personalgesellschaft des Handelsrechts und ihr Wegfall während des Prozesses, in: ZZP 82 (1969), 224-257.

Hüffer, Uwe: Aktiengesetz, 6. Auflage, München 2004 (zitiert: Hüffer, AktG, § Rn.).

Hüffer, Uwe: Das Ende der Rechtspersönlichkeit von Kapitalgesellschaften, in: Gedächtnisschrift für Dietrich Schultz, Köln / Berlin / Bonn / München 1987, S. 99-115 (zitiert: Hüffer, GS Schultz, S.).

Jaeger, Ernst: Die offene Handelsgesellschaft im Zivilprozesse, in: Festgabe der Leipziger Juristenfakultät für Dr. Rudolph Sohm zum 8. Juli 1914, München und Leipzig 1915, S. 1-79 (zitiert: Jaeger, FG Sohm, S.).

Jaeger, Ernst (Begr.) / Henckel, Wolfram (Bearb.): Konkursordnung (Großkommentar), 9. Auflage, Berlin / New York 1997 (zitiert: Jaeger/Henckel, KO, § Rn.).

Jaeger, Ernst (Begr.) / Henckel, Wolfram / Gerhardt, Walter (Hrsg.): Insolvenzordnung (Großkommentar), Berlin ab 2004 (zitiert: Jaeger/Bearbeiter, InsO, § Rn.).

Jansen, Paul: FGG, 2. Auflage, Berlin ab 1969 (zitiert: Jansen, § Rn.).

Jauernig, Othmar (Hrsg.): Bürgerliches Gesetzbuch, 11. Auflage, München 2004 (zitiert: Jauernig/Bearbeiter, § Rn.).

Jauernig, Othmar: Zivilprozessrecht, 28. Auflage, München 2003 (zitiert: Jauernig, ZPR, §).

Jauernig, Othmar: Zur Rechts- und Parteifähigkeit der Gesellschaft bürgerlichen Rechts, in: NJW 2001, 2231-2232.

Jauernig, Othmar: Zwangsvollstreckungs- und Insolvenzrecht, 21. Auflage, München 1999 (zitiert: Jauernig, ZVIR, §).

Jestaedt, Thomas: Schiedsverfahren und Konkurs, Berlin 1985 (zitiert: Jestaedt, Schiedsverfahren, S.).

John, Uwe: Personenrecht und Verbandsrecht im Allgemeinen Teil des Bürgerlichen Rechts – Werner Flumes Buch über "Die juristische Person", in: AcP 185 (1985), 209-243.

Kallmeyer, Harald (Hrsg.): Umwandlungsgesetz (Kommentar), 2. Auflage, Köln 2001 (zitiert: Kallmeyer/Bearbeiter, UmwG, § Rn.).

Keidel, Theodor (Begr.) / Kuntze, Joachim / Winkler, Karl (Hrsg.): Freiwillige Gerichtsbarkeit (Kommentar), 15. Auflage, München 2003 (zitiert: Keidel/Bearbeiter, § Rn.).

Kellermann, Alfred: Gesellschaft bürgerlichen Rechts: Rechtsfähigkeit, Parteifähigkeit, Haftung der Gesellschafter, in: Festschrift für Herbert Wiedemann zum 70. Geburtstag, München 2002, S. 1069-1080 (zitiert: Kellermann, FS Wiedemann, S.).

Kirberger, Petra: Die Notwendigkeit der gerichtlichen Liquidatorenbestellung im Falle der Nachtragsliquidation einer wegen Vermögenslosigkeit gelöschten Gesellschaft oder Genossenschaft, in: Rpfleger 1975, 341-344.

Kirchhof, Hans-Peter / Lwowski, Hans-Jürgen / Stürner, Rolf (Hrsg.): Münchener Kommentar zur Insolvenzordnung, München ab 2001 (zitiert: MünchKomm-InsO/Bearbeiter, § Rn.).

Kropff, Bruno / Semler, Johannes (Hrsg.): Münchener Kommentar zum Aktiengesetz, Band 7 (§§ 222-277), 2. Auflage, München 2001 (zitiert: MünchKomm-AktG/Bearbeiter, § Rn.).

Leible, Stefan / Staudinger, Ansgar: Die europäische Verordnung über Insolvenzverfahren, in: KTS 2000, 533-575.

Leipold, Dieter: Anmerkung zu BAG, Urteil v. 15.12.1976 – 5 AZR 600/75, in: AP Nr. 1 zu § 325 ZPO.

Leipold, Dieter: Anmerkung zu BAG, Urteil v. 22.03.1988 – 3 AZR 350/86, in: AP Nr. 6 zu § 50 ZPO.

Leipold, Dieter: Ausländischer Konkurs und inländischer Zivilprozeß – Harmonie oder Dissonanz in der Rechtsprechung des Bundesgerichtshofs?, in: Festschrift für Karl-Heinz Schwab zum 70. Geburtstag, München 1990, 289-307 (zitiert: Leipold, FS Schwab, S.).

Lenzen, Elmar: Unterbrechung von Beweisverfahren und/oder Schiedsverfahren durch Insolvenzeröffnung?, in: NZBau 2003, 428-430.

Liersch, Oliver: Deutsches Internationales Insolvenzrecht, in: NZI 2003, 302-311.

Lindacher, Walter F.: Die Nachgesellschaft, in: Festschrift für Wolfram Henckel zum 70. Geburtstag am 21. April 1995, Berlin / New York 1995, S. 549-562 (zitiert: Lindacher, FS Henckel, S.).

Ludwig, Daniel: Neuregelungen des deutschen Internationalen Insolvenzverfahrensrechts, Frankfurt a.M. u.a. 2004 (zitiert: Ludwig, Neuregelungen, S.).

Lüke, Gerhard: Besprechung von Jestaedt, Schiedsverfahren und Konkurs, Berlin 1985, in: ZZP 101 (1988), 92-101.

Lüke, Gerhard / Wax, Peter (Hrsg.): Münchener Kommentar zur Zivilprozessordnung, 2. Auflage, München ab 2000 (zitiert: MünchKomm-ZPO/Bearbeiter, § Rn.).

Lutter, Marcus / Hommelhoff, Peter: GmbH-Gesetz (Kommentar), 16. Auflage, Köln 2004 (zitiert: Lutter/Hommelhoff, § Rn.)

Lutter, Marcus / Winter, Martin (Hrsg.): Umwandlungsgesetz (Kommentar), 3. Auflage, Köln 2004 (zitiert: Lutter/Bearbeiter, UmwG, § Rn.).

Mahr, Franz Erich: Rechtsprobleme bei Vollbeendigung einer Personenhandelsgesellschaft während eines Rechtsstreites, in: GesRZ 1990, 148-152.

Marowski, B.: Die Rechtsverhältnisse bei gelöschten Kapitalgesellschaften, in: JW 1938, 11-14.

Marx, Tanja: Auswirkungen der Spaltung nach dem Umwandlungsgesetz auf Rechtsverhältnisse mit Dritten, Berlin 2001 (zitiert: Marx, Auswirkungen, S.).

Meyer, Guido: Selbstständige Beweisverfahren in der Insolvenz eines Verfahrensbeteiligten, in: NZI 2005, 9-15.

Meyer, Peter / Schulteis, Thomas: Die Haftung des Insolvenzverwalters gemäß §§ 60, 61 InsO bei der Fortführung von Unternehmen, in: DZWIR 2004, 319-323.

Meyer-Landrut, Joachim / Miller,F. Georg / Niehus, Rudolf J.: GmbH-Gesetz, Berlin / New York 1987 (zitiert: Meyer-Landrut/Miller/Niehus, § Rn.).

Michalski, Lutz: OHG-Recht (Kommentar), Köln / Berlin / Bonn / München 2000 (zitiert: Michalski, OHG, § Rn.).

Michalski, Lutz (Hrsg.): Kommentar zum Gesetz betreffend die Gesellschaften mit beschränkter Haftung (GmbH-Gesetz), München 2002 (zitiert: Michalski/Bearbeiter, § Rn.).

Mitlehner, Stephan: Anmerkung zu OLG Naumburg, Urteil v. 01.03.2000 – 5 U 192/99, in: ZIP 2000, 977-980.

Müller, Hans-Friedrich: Der Verband in der Insolvenz, Köln / Berlin / Bonn / München 2002 (zitiert: H.-F. Müller, Verband, S.).

Müller, Jürgen: Zu Voraussetzungen, Verfahren und Folgen der Löschung einer GmbH, in: JurBüro 1985, 335-340.

Müller, Klaus J.: Die gesamtschuldnerische Haftung bei der Spaltung nach §§ 133, 134 UmwG, DB 2001, 2637-2640.

Müller-Bonanni, Thomas: Der Betriebsinhaberwechsel im Rahmen des Umwandlungsgesetzes, Frankfurt am Main u.a. 2004 (zitiert: Müller-Bonanni, Betriebsinhaberwechsel, S.).

Musielak, Hans-Joachim (Hrsg.): Kommentar zur Zivilprozessordnung, 4. Auflage, München 2005 (zitiert: Musielak/Bearbeiter, § Rn.).

Oberhammer, Paul: Die Offene Handelsgesellschaft im Zivilprozeß, Wien 1998 (zitiert: Oberhammer, OHG im ZP, S.).

Oetter, Joachim: Strukturveränderung im Konzern durch Spaltung, Frankfurt am Main u.a. 2003 (zitiert: Oetter, Strukturveränderung, S.).

Palandt, Otto (Begr.): Bürgerliches Gesetzbuch, 64. Auflage, München 2005 (zitiert: Palandt/Bearbeiter, § Rn.).

Pape, Gerhard: Zu den Voraussetzungen der Löschung von Kapitalgesellschaften gem. § 2 I 2 LöschG, in: KTS 1994, 157-168.

Petersen, Jens: Der Gläubigerschutz im Umwandlungsrecht, München 2001 (zitiert: Petersen, Gläubigerschutz, S.).

Piorreck, Karl Friedrich: Löschung und Liquidation von Kapitalgesellschaften nach dem Löschungsgesetz, in: Rpfleger 1978, 157-160.

Pohlmann, Ulrich: Befugnisse und Funktionen des vorläufigen Insolvenzverwalters, Köln 1988 (zitiert: Pohlmann, Befugnisse, S.).

Prütting, Hanns: Die Parteifähigkeit der Gesellschaft bürgerlichen Rechts als Methodenproblem, in: Festschrift für Herbert Wiedemann zum 70. Geburtstag, München 2002, S. 1177-1197 (zitiert: Prütting, FS Wiedemann, S.).

Rebmann, Kurt / Säcker, Franz Jürgen / Rixecker, Roland (Hrsg.): Münchener Kommentar zum Bürgerlichen Gesetzbuch, 4. Auflage, München ab 2001 (zitiert: MünchKommBGB/Bearbeiter, § Rn.).

Richardi, Reinhard / Wlotzke, Otfried (Hrsg.): Münchener Handbuch zum Arbeitsrecht, 2. Auflage, München 2000 (zitiert: MünchHdbArbR/Bearbeiter, § Rn.).

Rieble, Volker: Verschmelzung und Spaltung von Unternehmen und ihre Folgen für Schuldverhältnisse mit Dritten, in: ZIP 1997, 301-314.

Riegger, Bodo / Weipert, Lutz (Hrsg.): Münchener Handbuch des Gesellschaftsrechts, Band 1: GbR, OHG, München 1995 (zitiert: MünchHdbGesR I/Bearbeiter, § Rn.).

Riehm, Thomas: Gerichtliche Bestellung des Nachtragsliquidators – ein Modell für alle Handelsgesellschaften, in: NZG 2003, 1054-1056.

Röhricht, Volker / Graf von Westphalen, Friedrich (Hrsg.): Handelsgesetzbuch (Kommentar), 2. Auflage, Köln 2001 (zitiert: Röhricht/v. Westphalen/Bearbeiter, § Rn.).

Rosenberg, Leo / Schwab, Karl Heinz / Gottwald, Peter: Zivilprozessrecht, 16. Auflage, München 2004 (zitiert: Rosenberg/Schwab/Gottwald, § Rn.).

Roth, Günter H. / Altmeppen, Holger: Gesetz betreffend die Gesellschaften mit beschränkter Haftung (GmbHG), 4. Auflage, München 2003 (zitiert: Roth/Altmeppen, § Rn.).

Rowedder, Heinz / Schmidt-Leithoff, Christian (Hrsg.): Gesetz betreffend die Gesellschaften mit beschränkter Haftung (GmbHG), 4. Auflage, München 2002 (zitiert: Rowedder/Bearbeiter, § Rn.).

Runkel, Hans-Peter: Probleme bei Neuerwerb in der Insolvenz, in: Festschrift für Wilhelm Uhlenbruck zum 70. Geburtstag, Köln 2000, S. 315-333 (zitiert: Runkel, FS Uhlenbruck, S.).

Saenger, Ingo: Die im Handelsregister gelöschte GmbH im Prozeß, in: GmbHR 1994, 300-306.

Sammeck, Ralph: Die Vollbeendigung einer Personenvereinigung während des Passivprozesses, Köln 1996 (zitiert: Sammeck, Vollbeendigung, S.).

Schemmann, Till: Parteifähigkeit im Zivilprozeß. Situative Parteifähigkeit, Parteifähigkeits- und Existenzmängel, München 2002 (zitiert: Schemmann, Parteifähigkeit, S.).

Schilken, Eberhard: Zivilprozessrecht, 4. Auflage, Köln / Berlin / Bonn / München 2002 (zitiert: Schilken, ZPR, Rn.).

Schlegelberger, Franz (Begr.): Handelsgesetzbuch (Kommentar), Band III/1. Halbband, 5. Auflage, München 1992 (zitiert: Schlegelberger/Bearbeiter, § Rn.).

Schmidt, Hubert: Zur Vollbeendigung juristischer Personen, Bielefeld 1989 (zitiert: H. Schmidt, Vollbeendigung, S.).

Schmidt, Karsten: „Altlasten in der Insolvenz" – unendliche Geschichte oder ausgeschriebenes Drama?, in: ZIP 2000, 1913-1921.

Schmidt, Karsten: Das Insolvenzrecht und seine Reform zwischen Prozeßrecht und Unternehmensrecht, in: KTS 1988, 1-18.

Schmidt, Karsten: Das Prozeßrechtsverhältnis bei Umstrukturierung, Auflösung und Konkurs einer Handelsgesellschaft, in: Festschrift für Wolfram Henckel zum 70. Geburtstag am 21. April 1995, Berlin / New York 1995, S. 749-772 (zitiert: K. Schmidt, FS Henckel, S.).

Schmidt, Karsten: Der Konkursverwalter als Gesellschaftsorgan und als Repräsentant des Gemeinschuldners – Versuch einer Konkursverwaltertheorie für heute und morgen –, in: KTS 1984, 345-400.

Schmidt, Karsten: Die BGB-Außengesellschaft: rechts- und parteifähig, in: NJW 2001, 993-1003.

Schmidt, Karsten: Die Handels-Personengesellschaft in Liquidation, in: ZHR 153 (1989), 270-299.

Schmidt, Karsten: Gesellschaftsrecht, 4. Auflage, Köln / Berlin / Bonn / München 2002 (zitiert: K. Schmidt, GesR, §).

Schmidt, Karsten: Insolvenzordnung und Gesellschaftsrecht, in: ZGR 1998, 633-671.

Schmidt, Karsten: Klage und Rechtshängigkeit bei Konkurseröffnung vor Klagezustellung, in: NJW 1995, 911-916.

Schmidt, Karsten: Löschung und Beendigung der GmbH, in: GmbHR 1988, 209-213.

Schmidt, Karsten: Löschungsgesetz und GmbH & Co. – Zugleich über die Auflösung der Komplementär-GmbH als Auflösungsgrund der KG, in: BB 1980, 1497-1501.

Schmidt, Karsten (Hrsg.): Münchener Kommentar zum Handelsgesetzbuch, Band 2 (§§ 105-160), München 2004 (zitiert: MünchKomm-HGB/Bearbeiter, § Rn.).

Schmidt, Karsten: Prozessunterbrechung und Prozessaufnahme in der Gesellschaftsinsolvenz – Ungelöste Probleme im Umgang mit § 240 ZPO, §§ 85 ff. InsO –, in: Festschrift für Gerhart Kreft zum 65. Geburtstag, Recklinghausen 2004, S. 503-524 (zitiert: K. Schmidt, FS Kreft, S.).

Schmidt, Karsten: Unterbrechung und Fortsetzung von Prozessen im Konkurs einer Handelsgesellschaft – Fragen und Thesen zu §§ 240 ZPO, 10 ff. KO (96 ff. InsO) –, in: KTS 1994, 309-320.

Schmidt, Karsten: Wege zum Insolvenzrecht der Unternehmen, Köln 1990 (zitiert: K. Schmidt, Wege, S.).

Schmidt, Karsten: Zum Liquidationsrecht der GmbH & Co. KG, in: GmbHR 1980, 261-266.

Schmidt, Karsten: Zur Ablösung des Löschungsgesetzes – Was ändert die Insolvenzrechtsreform für GmbH bzw. GmbH & Co.?, in: GmbHR 1994, 829-835.

Schmidt, Karsten / Schulz, Wolf: Konkursfreies Vermögen insolventer Handelsgesellschaften?, in: ZIP 1982, 1015-1022.

Schmitt, Joachim / Hörtnagl, Robert / Stratz, Rolf-Christian (Hrsg.): Umwandlungsgesetz / Umwandlungssteuergesetz, 3. Auflage, München 2001 (zitiert: Schmitt/Hörtnagl/Stratz, § Rn.).

Schollmeyer, Eberhard: § 240 ZPO und Auslandskonkurs, in: IPRax 1999, 26-28.

Scholz, Franz: Fortsetzung der aufgelösten Gesellschaft mit beschränkter Haftung und Aktiengesellschaft, in: ZHR 93 (1929), 73-166.

Scholz, Franz: Fortsetzung der aufgelösten GmbH, in: JZ 1952, 199-205.

Scholz, Franz (Begr.): Kommentar zum GmbH-Gesetz, 9. Auflage, Köln 2000/2002 (zitiert: Scholz/Bearbeiter, § Rn.).

Schulz, Wolf: Anmerkung zu BVerwG, Urteil v. 20.01.1984 – 4 C 37/80, in: NJW 1984, 2428-2429.

Schulz, Wolf: Die masselose Liquidation der GmbH, Heidelberg 1986 (zitiert: Schulz, Masselose Liquidation, S.).

Schulz, Wolf: Zur Verdrängung und Ersetzung der Gesellschaftsorgane durch den Konkursverwalter, in: KTS 1986, 389-418.

Schwab, Karl Heinz / Walter, Gerhard: Schiedsgerichtsbarkeit (Kommentar), 6. Auflage, München 2000 (zitiert: Schwab/Walter, Kap. Rn.).

Seibold, Marc: Die Spaltung von Aktiengesellschaften nach dem Umwandlungsgesetz, Bayreuth 2001 (zitiert: Seibold, Spaltung, S.).

Semler, Johannes / Stengel, Arndt (Hrsg.): Umwandlungsgesetz (Kommentar), München 2003 (zitiert: Semler/Stengel/Bearbeiter, § Rn.).

Smid, Stefan: Deutsches und Europäisches Internationales Insolvenzrecht, Stuttgart u.a. 2004 (zitiert: Smid, IntInsR, Art./§ Rn.).

Smid, Stefan: Grundzüge des Insolvenzrechts, 4. Auflage, München 2002 (zitiert: Smid, Grundzüge, § Rn.).

Smid, Stefan (Hrsg.): Insolvenzordnung (Kommentar), 2. Auflage, Stuttgart / Berlin / Köln 2001 (zitiert: Smid, InsO, § Rn.).

Staub, Hermann (Begr.) / Canaris, Claus-Wilhelm u.a. (Hrsg.): Großkommentar HGB, 4. Auflage, Berlin / New York ab 1995 (zitiert: Staub/Bearbeiter, § Rn.).

Staudinger, Julius von (Begr.): Kommentar zum Bürgerlichen Gesetzbuch mit Einführungsgesetz und Nebengesetzen, §§ 705-740, 13. Bearbeitung, Berlin 2003 (zitiert: Staudinger/Bearbeiter, § Rn.).

Stein, Friedrich / Jonas, Martin (Begr.): Kommentar zur Zivilprozessordnung, Bände 1 bis 3, 7 bis 9, 22. Auflage, Tübingen ab 2002 (zitiert: Stein/Jonas/Bearbeiter, § Rn.), übrige Bände 21. Auflage, ab 1993 (zitiert: Stein/Jonas/Bearbeiter[21], § Rn.).

Stickelbrock, Barbara: Anmerkung zu BGH, Beschluss v. 11.12.2003 – VII ZB 14/03, in: EWiR 2004, 309-310.

Stürner, Rolf: Aktienrechtliches Spruchstellenverfahren und Insolvenz, in: Festschrift für Wilhelm Uhlenbruck zum 70. Geburtstag, Köln 2000, S. 669-683 (zitiert: Stürner, FS Uhlenbruck, S.).

Stürner, Rolf: Umwelthaftung und Insolvenz, in: Festschrift für Franz Merz zum 65. Geburtstag, Köln 1992, S. 563-580 (zitiert: Stürner, FS Merz, S.).

Theil, Clemens: Anmerkung zu BGH, Urteil v. 05.01.1979 – II ZR 73/78, in: JZ 1979, 567-568.

Thomas, Heinz / Putzo, Hans / Reichold, Klaus / Hüßtege, Rainer: Zivilprozessordnung (Kommentar), 26. Auflage, München 2004 (zitiert: Thomas/Putzo, § Rn.).

Uhlenbruck, Wilhelm: Die Durchsetzung von Gläubigeransprüchen gegen eine vermögenslose GmbH und deren Organe nach geltendem und neuem Insolvenzrecht, in: ZIP 1996, 1641-1651.

Uhlenbruck, Wilhelm: Die Freigabe von Massegegenständen durch den Insolvenzverwalter als Problem der Gläubigergleichbehandlung, in: KTS 2004, 275-290.

Uhlenbruck, Wilhelm (Hrsg.): Insolvenzordnung (Kommentar), 12. Auflage, München 2003 (zitiert: Uhlenbruck, § Rn.).

Uhlenbruck, Wilhelm: Kosten eines nach Unterbrechung wieder aufgenommenen Prozesses im Insolvenzverfahren, in: ZIP 2001, 1988-1989.

Ulmer, Peter: Die höchstrichterlich „enträtselte" Gesellschaft bürgerlichen Rechts, in: ZIP 2001, 585-599.

Vallender, Heinz: Auflösung und Löschung der GmbH – Veränderungen aufgrund des neuen Insolvenzrechts, in: NZG 1998, 149-252.

Voigt, Walther: Der Einfluß des Konkurses auf die schwebenden Prozesse des Gemeinschuldners, Leipzig 1903 (zitiert: Voigt, Einfluß, S.).

Vollkommer, Gregor: Verfahrensunterbrechung nach § 240 ZPO bei Prozeßstandschaft und Sicherungszession, in: MDR 1998, 1269-1271.

Wagner, Gerhard: Grundprobleme der Parteifähigkeit, in: ZZP 117 (2004), 305-374.

Weber, Friedrich: Die Funktionsteilung zwischen Konkursverwalter und Gesellschaftsorganen im Konkurs der Kapitalgesellschaft, in: KTS 1970, 73-89.

Wellkamp, Ludger: Verfahrensprobleme bei der Insolvenz der Gesellschaft bürgerlichen Rechts, in: KTS 2000, 331-342.

Wertenbruch, Johannes: Die Parteifähigkeit der GbR - die Änderungen für die Gerichts- und Vollstreckungspraxis, in: NJW 2002, 324-329.

Wessel, Wilhelm: Die Inanspruchnahme des persönlich haftenden Gesellschafters in der Insolvenz der Gesellschaft nach § 93 InsO, in: DZWIR 2002, 53-56.

Widmann, Siegfried / Mayer, Dieter (Hrsg.): Umwandlungsrecht, Loseblattsammlung Bonn / Berlin (Stand: September 2003) (zitiert: Widmann/Mayer/Bearbeiter, § Rn.).

Wieczorek, Bernhard (Begr.) / Schütze, Rolf A. (Hrsg.): Zivilprozeßordnung und Nebengesetze, 3. Auflage, ab 1994 (zitiert: Wieczorek/Bearbeiter, § Rn.).

Wiedemann, Herbert: Gesellschaftsrecht, Band II: Recht der Personengesellschaften, München 2004 (zitiert: Wiedemann, GesR II, §).

Wimmer, Klaus (Hrsg.): Frankfurter Kommentar zur Insolvenzordnung, 3. Auflage, Neuwied / Kriftel 2002 (zitiert: FK-InsO/Bearbeiter, § Rn.).

Wimpfheimer, Heinrich: Die Gesellschaften des Handelsrechts und des bürgerlichen Rechts im Stadium der Liquidation, München 1908 (zitiert: Wimpfheimer, Liquidation, S.).

Winnefeld, Robert: Löschung oder Fortbestand einer vermögenslosen GmbH?, in: BB 1975, 70-72.

Zeuner, Albrecht: Verfahrensrechtliche Folgen des Betriebsübergangs nach § 613a BGB, in: Festschrift für Karl-Heinz Schwab zum 70. Geburtstag, München 1990, S. 575-595 (zitiert: Zeuner, FS Schwab, S.).

Zimmermann, Walter: Zivilprozeßordnung mit GVG und Nebengesetzen, 6. Auflage, Heidelberg 2002 (zitiert: Zimmermann, § Rn.).

Zöller, Richard (Begr.): Zivilprozessordnung (Kommentar), 25. Auflage, Köln 2005 (zitiert: Zöller/Bearbeiter, § Rn.).

Zöllner, Wolfgang: Materielles Recht und Prozessrecht, in: AcP 190 (1990), 471-495.

Lebenslauf

14.12.1976	geboren in Ansbach
1996	Abitur am Laurentius-Gymnasium Neuendettelsau
1996-1997	Grundwehrdienst
1997-2002	Studium der Rechtswissenschaften mit wirtschaftswissenschaftlicher Zusatzausbildung an der Universität Bayreuth
2002	Erstes Juristisches Staatsexamen
2002-2005	Wissenschaftlicher Mitarbeiter am Lehrstuhl für Bürgerliches Recht und Verfahrensrecht (Prof. Dr. Wolfgang Brehm) an der Universität Bayreuth
2005	Promotion
seit April 2005	Rechtsreferendar im OLG-Bezirk Nürnberg